Valerie Paradiž

Hörst du mich?
Leben mit einem autistischen Kind
Aus dem Amerikanischen von Anke Grube

Walter

Titel der amerikanischen Originalausgabe:
Elijah's Cup. A Family's Journey into the Community and
Culture of High-Functioning Autism and Asperger's Syndrome
The Free Press, New York
© 2002 Valerie Paradiž

Bibliografische Information der Deutschen Bibliothek

Die Deutsche Bibliothek verzeichnet diese Publikation in der Deutschen
Nationalbibliografie; detaillierte bibliografische Daten
sind im Internet über http://dnb.ddb.de abrufbar.

© der deutschen Übersetzung
2003 Patmos Verlag GmbH & Co. KG
Walter Verlag, Düsseldorf und Zürich
Alle Rechte vorbehalten.
Umschlaggestaltung: Groothius, Lohfert, Consorten (Hamburg)
Satz: Typo Fröhlich GmbH, Düsseldorf
Druck und Bindung: Bercker Graphische Betriebe, Kevelaer
ISBN 3-530-40147-1
www.patmos.de

Für Avis und Greg

Inhalt

Eine kurze Anmerkung zur Sprache

Die Autorin hat mit Absicht nicht den politisch korrekten Ausdruck »ein Mensch mit Autismus« gewählt. Dieser behutsame Umgang mit der Sprache entstand aus dem sehr positiven Wunsch heraus, behinderte Menschen nicht mit kränkenden Etikettierungen zu versehen. Jedoch wird dies in der Behindertenbewegung (nicht nur von Autisten) immer kritischer gesehen. Viele nehmen diesen vorsichtigen Sprachgebrauch als Etikettierungssystem wahr, das behinderte Menschen strikt von einem integralen Aspekt ihrer Persönlichkeit trennt. Ein Mensch mit Autismus beispielsweise »hat« etwas, möglicherweise etwas, das entfernt oder kuriert werden sollte. Diese denkbare Auslegung wollen die Behinderten-Aktivisten vermeiden. Ein Autist andererseits ist jemand.

Einleitung

Ich schrieb mein erstes Gedicht für meinen Sohn Elija, als er zwei Jahre alt war. Zu der Zeit wußte ich noch nicht, daß aus dem, was ich eines Nachmittags in einem Akt verzweifelter Selbsterhaltung niedergekritzelt hatte, schließlich dieses Buch werden sollte. Ich wußte auch nicht, daß Elija autistisch war. Es war ein Gedicht über seinen ersten epileptischen Anfall, der unvermittelt über unsere Familie hereingebrochen war und die Bahn unseres Lebens für immer veränderte.

Als Elijas Autismus ans Licht kam, war das Schreiben von Lyrik und kurzen Prosastücken für mich ein Weg, während einer Zeit tiefen Verlustes meine Selbstachtung zu bewahren. Es war eine Orientierungshilfe, und bald wurde das, was als Überlebensstrategie begonnen hatte, zu einem großen Abenteuer. Als Elija sieben Jahre alt war, kam mir zum erstenmal der Gedanke, daß diese Texte – die Aufzeichnungen vieler Reisen, die die Tiefen unseres autistischen Lebens ausloteten und unsere Aufnahme in eine ganz besondere Gemeinschaft autistischer Freunde schilderten – ein Buch ergeben könnten.

An einem sonnigen Tag in unserem Haus im ländlichen Staat New York geschah dann etwas, das mir eine Ahnung von dem größeren Bild vermittelte. Es war im August, während der Hundstage, als die Sonne schon am Morgen zu heiß brannte und Elija mich wiederholt bat, ihm doch mehr Farben im Laden für Künstlerbedarf zu kaufen. Er hatte die großen Plastikflaschen leuchtender, nicht-giftiger Farben aufgebraucht, mit denen ich ihn im Winter und Frühling hindurch versorgt hatte. Farbe war äußerst wichtig für Elija. Es war eine Perseveration. Das heißt, er dachte hauptsächlich in der Kategorie Farbe und tat das wiederholt und unverwandt, den ganzen Tag lang. Zu der Zeit hatte er es sich zur Gewohnheit gemacht, alle Kleider abzulegen und den ganzen Körper in einer einzigen Farbe zu bemalen, womit er sich jedes Mal methodisch selbst in Rot, Purpur, Blau oder Gelb verwandelte. An diesem heißen Morgen war Elija wild entschlossen, irgendwo Farbe aufzutreiben, und schließlich entdeckte er ganz hinten in einem unaufgeräumten Schrank eine volle, noch ungeöffnete Flasche. Sofort machte er sich daran, sich auszuziehen und seinen dünnen Leib ganz mit orangener Farbe zu bedecken.

»Ich... will... rausgehen«, sagte er stockend zu mir, als er sich von oben bis unten angemalt hatte. Elija hat Entwicklungsrückstände, und mit sieben waren alle Worte, die er äußerte, hart errungene Trophäen. Ich betrachtete sie nicht als selbstverständlich.

»Ich glaube, da spricht nichts dagegen«, antwortete ich. »Warm genug ist es ja.«

Ich öffnete Elija die Tür, und bald tollte er wie ein Elf, ganz in Orange gekleidet, auf der großen, flachen Platte aus bläulichem Sandstein herum, einem geologischen Wunder, das sich direkt vor unserer Haustür befindet. Binnen Sekunden kamen die Libellen. Die Farbe seines Körpers muß sie angezogen haben. Sie schwärmten um Elija herum, kamen ihm beharrlich sehr nahe, bereit, sich auf ihm niederzulassen, und schossen wieder davon, wenn er hochhüpfte und mit den Armen wedelte. Die Libellen waren so schnell, daß es unmöglich war, sie alle zu zählen, aber einmal waren mindestens zwanzig um Elija herum. Er hatte überhaupt keine Angst. Er bewegte sich mit ihnen wie in einer Choreographie, sich eines großen Zusammenspiels bewußt.

Dieser ungewöhnliche Anblick versetzte mich in die Zeit zurück, die ich als Austauschstudentin in Deutschland verbracht hatte. Ich saß neben meinen Gasteltern, Mama und Papa, am Teich im ihrem Garten. Im Teich, und, noch wichtiger, über dem Teich wimmelte es von Leben. Überall waren Libellen, schossen pfeilschnell durch die Luft, und Mama wies mich darauf hin, daß sie gerade ihre Eier auf dem Wasser ablegten. Deshalb setzten sie immer wieder ganz leicht auf der spiegelglatten Teichoberfläche auf.

Ich erzählte Mama, daß wir Kinder bei uns in den Vereinigten Staaten vor Libellen wegrannten und uns die törichte Seele aus dem Leib schrien. Allein der Name (»dragonflies«) jagte uns Angst ein, und weil sie größer waren als Bienen, Hornissen und Faltenwespen, assoziierten wir sie mit drohender Gefahr. Das würde einem Deutschen, jung oder alt, niemals einfallen, denn in Deutschland werden diese Insekten als Wesen von anmutiger Schönheit wahrgenommen. Die strahlenden Grün- und Blautöne ihrer schlanken Körper schillern in der Sonne, und ihre Flügel sind von zarter Durchsichtigkeit.

Ich überschreite gern kulturelle Grenzen. Von meiner deutschen Familie habe ich gelernt, daß das wahrscheinlich eins der wagemutigsten und bedeutungsvollsten Dinge ist, die ein Mensch in seinem Leben tun kann. An dem Tag, als ich Elija mit den Libellen tanzen sah, wußte ich, daß ich ein Buch über Autismus und Grenzgängertum schreiben wollte. Ich wollte die Angst abbauen, die viele Leute vor einem andersartigen menschlichen Geist empfinden. Jetzt lege ich diese aus Liebe geleistete Arbeit den Lesern vor, in der Hoffnung, das das Buch für sie wagemutig und bedeutungsvoll sein wird. Ich hoffe, in diesem Buch wird das deutlich werden, was ich von Elija gelernt habe – Autismus nicht als Geisteskrankkeit anzusehen, die partout geheilt werden muß, sondern vielmehr als spezielle Lebensart, die eine eigene Geschichte und eine eigenständige, reiche Kultur besitzt.

Kapitel 1

Elijas Becher

Bevor ich noch wußte, was epileptische Anfälle waren, wurde mein Sohn davon erfaßt. Im Alter zwischen zwei und drei Jahren fiel er viele Male um, zum ersten Mal in der Küche, wo er auf dem Boden zusammenbrach. Später geschah es wie in einem geographischen Traum. Jeder Anfall hatte seinen eigenen Ort und seine eigene Zeit: im Supermarkt, Gang zwei; nackt auf dem Teppich im Haus meines Vaters; oben auf dem Silver Hollow, mitten im Winter. Das ist keine Sache, an die man sich gewöhnen kann. Jeder Ort und alle Umstände bleiben einem unauslöschlich im Gedächtnis. Jedesmal ist es ein plötzlicher, unvermittelter Verlust.

Ich rührte gerade die Suppe um, als Elija in der Küche stürzte. Ein Schneesturm war heraufgezogen, und wir waren abends daheim, unsere kleine Familie oben auf dem Silver Hollow. Ich rührte unentwegt die Suppe im Topf um, ein Ehe-Eintopf von sieben Jahren, im eigenen Saft getränkt. Elija zog seine kreisförmigen Bahnen, was er oft tat. Durch das Eßzimmer, das Wohnzimmer, das Schlafzimmer und zurück in die Küche. Sein Vater schrieb im Arbeitszimmer hinter verschlossenen Türen Gedichte oder Zeitungsartikel, eine verbotene Schwelle, die ich nur mit Vorsicht übertrat. Ein gegenseitiges Übereinkommen kühler Distanz. Wenn Ben dann wieder zum Vorschein kam, führten unsere Gespräche im Kreis, wohl auch ein Teil unserer Übereinkunft.

»Wo ist mein Hochzeitskleid geblieben? Es hängt nicht mehr im Schrank.«

»Was ist mit Elija los? Er spricht nicht gerade viel.«

Elija zieht in kreisförmigen Bahnen durch das Haus. Er wendet nicht den Kopf, wenn jemand seinen Namen ruft. Wir haben sein Gehör untersuchen lassen, aber es ist alles in

14

Ordnung. Er lernt einfach spät sprechen. Er ist einfach nur unabhängig. Er will auf Fensterbänke klettern und wortlos durch das Glas blicken. Er will die Papierhülsen von Pastellkreiden abziehen und die Stifte in Reihen anordnen oder das Schwellenspiel spielen und sich hinter einer Tür verstecken, die Tür öffnen, die Tür schließen, durch den Spalt einen verstohlenen Blick auf Mami werfen. Er hat noch nicht »Mami« zu mir gesagt. Er lernt einfach spät sprechen. Er sagt nur die kleinen Worte, die einsilbigen. »Weh, Weh, Weh.« Den ganzen Tag lang. Oder »Spaß, Spaß, Spaß«, wobei er durch die Scheibe schaut. Er sagt die Wörter so oft, daß sie anfangen, sich im Kreis zu drehen. Er sagt sie so häufig, daß ich ebenfalls anfange, Dinge zu wiederholen.

»Wo ist bloß mein Hochzeitskleid? Ob es wohl noch paßt?«

Elija saust um die Ecke und stürzt zu meinen Füßen nieder.

»Plumps, plumps« sage ich. Er ist ein wenig unbeholfen, er fällt ständig hin. »Elija hat Plumps gemacht«, wiederhole ich. Aber er tut nichts. Er liegt flach auf dem Gesicht. Ich nehme den Löffel aus dem Topf und beuge mich herunter, um Elija aufzuhelfen. Er liegt flach auf dem Gesicht, und ich verliere ihn, verliere ihn an die Blüten. An diese unsichtbaren Blumen, die den ganzen Raum in seinem Kopf einnehmen. Diese Sträuße aus Dornen und Farbe, Buketts von unbarmherziger Gnade. So viele Rosen und Tulpen und so wenig Zeit zum Denken. Ich rufe seinen Namen, aber er hört mich nicht. Ich nehme ihn in die Arme, aber er sieht mich nicht. Seine Augen verdrehen sich. Sein Kiefer verkrampft sich, und seine zarten Glieder beginnen zu zittern. Ich rufe und rufe, aber Elija antwortet nicht.

Es dauerte lange, bis der Krankenwagen am oberen Ende unserer steilen Straße angekommen war. Der Schnee lag mittlerweile tief, und die Ostranders mußten ihn wegräumen. Die Ostranders waren Holzfäller, die in den Wäldern um unser Haus herum arbeiteten. Sie konnten mit schwerem

Gerät umgehen, und wir hörten sie den ganzen Tag im Wald Bäume fällen. Manche der gebildeten Leute aus Woodstock bezeichneten sie als reaktionäre Proleten und rümpften die Nase über sie. Aber die Ostranders hatten Schneepflüge und Schneemobile und Funkgeräte, und sie wußten, wie man damit umging. Jeden Tag vor Sonnenaufgang machten sie ein Feuer im Wald in der Nähe ihrer Hütte, in der sie sich aufwärmten. Es waren geheimnisvolle Männer, Winter-Zauberer in öligen Jeans und schweren Jacken, die im Wald verschwanden, um großes Getöse zu machen. Elija und ich bekamen sie selten zu Gesicht, wenn wir in der Nähe ihres Feuers spielten, aber sie hielten es immer in Gang. Wir gingen dorthin, um in die Glut zu schauen. Wir gingen dorthin, weil uns ihre Zauberer-Spuren gefielen.

Elija war noch benommen, als ich aus dem Fenster den Krankenwagen ankommen sah. Ich balancierte ihn auf meiner Hüfte und sorgte dafür, daß er aufrecht blieb. Obwohl er aus seiner unerklärlichen Abwesenheit erwacht war, wollte er schlafen. Alles war unerklärlich und bewegte sich. Ich wollte ihn nicht einschlafen lassen. Ich wollte ihn nicht wieder fortgehen lassen, und so hielt ich ihn aufrecht und wies hartnäckig aus dem Fenster auf die großen Scheinwerfer des Schneepflugs.

»Sieh nur, sieh! Die Lichter scheinen durch den fallenden Schnee! Schau! Schau, dort! Die Zauberer sind gekommen, um uns zu helfen!«

Elija blickte aus dem Fenster, aber er sah nicht hin. Ein Finger, der auf etwas zeigte, war für ihn bedeutungslos. Er war kein Hinweis darauf, sich gemeinsam etwas anzuschauen. Elija sah irgendwo anders hin, irgendwo zwischen hier und dort. Das Glas hatte etwas damit zu tun. Glas ist von unergründlicher Wichtigkeit. Das ist einer der Orte, wo wir voneinander abweichen, einer der Orte, wo uns die Kommunikation im Stich läßt. Während ich aus dem Fenster blickte, wurde sein schlaffer, dünner Körper von meiner Hüfte gestützt. Vielleicht waren unsere Körper kein Ort des Versagens. Schließlich ist er vollständig auf mich angewiesen. Und so schauten wir beide auf unsere unterschiedliche Weise und sahen unsere unterschiedlichen Gesichter, und was ich draußen vor der Fensterscheibe sah, waren die Ostranders, die die Autos für die Fahrt bergab bereitmachten.

Im Krankenwagen weinte Elija, festgeschnallt und völlig in sich zurückgeworfen, den ganzen Weg nach Kingston. Niemand war auf der Straße. Die Welt um uns herum war still. Große Schneeflocken fielen vom Himmel, wurden allmählich zu dichtem Gestöber. Ich hielt seine Hand und blickte aus dem Fenster auf seinen Vater, der hinter uns herfuhr. Ich spähte durch den Sturm, aber ich konnte Bens Gesicht nicht ausmachen. Alles, was ich sah, waren zwei stumme Scheinwerfer, die hinter uns blieben. *Wenn das vorbei ist, wenn das überstanden ist, werde ich gehen, fürchte ich.* Es gab viel Grund zur Dankbarkeit – und viel zu verwünschen. Der Schnee war mein einziger Zeuge. Elija brüllte den ganzen Weg zum Krankenhaus, und ich konnte das Gesicht meines Mannes nicht sehen. *Wenn das vorbei ist, wenn das überstanden ist, werde ich mein Hochzeitskleid suchen und gehen.*

In der Notaufnahme schien dann ein CT erforderlich. Die Ärztin meinte, Elija sei »postiktual« und müsse auf einen Tumor untersucht werden. Sie verschrieb ein Beruhigungsmittel, und er wurde einen langen Flur hinuntergeschoben, aufgebahrt auf einer Krankentrage, die viel zu groß war für ein Kleinkind. Im Untersuchungsraum rang die Computertomographie Elija seinen ersten Satz ab. Es war alles, was er zuwege bringen konnte. Der Junge der einsilbigen Wörter, mit Medikamenten betäubt und unfähig, sich zu bewegen, fügte zwei Worte zusammen, als die Techniker seinen Kopf in den großen Zylinder schoben.

»Hilf mir! Hilf mir! Hilf mir!« schrie er. Ich weiß, ich habe ihn das sagen hören. Ich weiß, ich habe diesen Satz gehört. Mir wurde mitgeteilt, ich solle im Nebenraum bleiben und hinter der Glasscheibe warten.

»Hände runter! Nicht den Kopf bewegen!« Nervöse Kommandos wurden Elija zugebellt. Sag das dem Jungen der einsilbigen Worte, der sich in Glasscheiben verliert. Wenn man ihn niederzwingt, wird er einen Satz sagen. Ich war seltsam stolz und losgelöst von der Situation. Schnittbilder von Elijas Gehirn erschienen auf dem Computerbildschirm.

»Hilf mir! Hilf mir! Hilf mir!« schrie er. Ich war seltsam stolz auf seine Fähigkeit, sich auszudrücken.

Die Bilder zeigten, daß Elijas Hirngewebe normal war. Mehr konnte man nicht tun, also setzten wir ihn in den Kindersitz, fuhren durch Kingston nach Hause zurück und stellten uns bei jeder roten Ampel Fragen. Fragen zu den letzten Jahren und Elijas schwieriger Geburt. Fragen zu dem Test zum Entwicklungsstand, dem er sich gerade vor ein paar Wochen unterzogen hatte. *Starke Sprachentwicklungsverzögerungen. Leichte Entwicklungsverzögerung der motorischen Fertigkeiten.* Der Anfall war das besiegelnde Moment. Er machte Elija in meinen Augen »entwicklungsverzögert«, obwohl ich lange gegen diesen Gedanken angekämpft hatte. Ich hatte Elija seit Monaten verteidigt, vielleicht schon seit seiner Geburt. *Die Hebamme kam zu spät.* Ich verteidigte, ohne mich zu beugen. *Sie kam zu spät und gab mir falsche Anweisungen.* Die blindeste Liebe gilt unseren Kindern. Sie ist blind und bedingungslos. Wenn ich Atheistin bin, kommt meine Liebe zu Elija blindem Glauben nahe, und wenn ich gläubig bin, macht diese ehrfurchtgebietende Verantwortung es mir schwer, erleuchtet zu werden. Letztendlich spielt es keine große Rolle. Ich verteidigte, ohne mich einem Urteil zu unterwerfen.

»Mit Elija stimmt etwas nicht!« brüllte mein Schwiegervater mich einmal an. »Wann wirst du das endlich einsehen? Ich vertraue dir nicht mehr! Ich habe kein Vertrauen mehr in dein Urteilsvermögen als Mutter! Wann wirst du endlich einsehen, daß er einen anderen Trommler hört?«

Meinem Schwiegervater platzte bei einer Familienfeier der Kragen. Er war der erste, der aussprach, was er dachte, der erste, der einen Streit vom Zaun brach. Elija saß an diesem Tag auf dem Fußboden – isoliert wie gewöhnlich. Und ich brüllte zurück – schweigend, wie gewöhnlich. Ich stritt mich niemals laut, weder mit meinem Schwiegervater noch mit sonst jemandem. Meine Auseinandersetzungen waren lange innerliche Diskussionen, lange innerliche Debatten, die mich unschlüssig im Schweigen hängen ließen. Ein Band in Endlosschleife. Innerlich geführte Auseinandersetzungen erfordern viel Aufmerksamkeit, besonders wenn sie sich zu oft wiederholen. *Die Hebamme kam zu spät.* Ich lerne diese Lektion immer wieder. Ich lerne sie wiederholt, weil Verleugnung ein menschliches Rätsel ist. Endlose Geheimnisse und endlose Offenbarungen liegen vor mir. Es gibt kein Entrinnen. Ich debattiere ständig mit mir selbst, über das eine oder andere. Schwebend zwischen Verteidigung und Unterwerfung. Immer in Bereitschaft und voller Angst vor der nächsten Enthüllung, denn wenn sie kommt, ergreift es mich, scheint es, mit zuviel Gefühl.

Elija war »entwicklungsverzögert« und schlief auf dem Rücksitz, während Ben und ich uns die trauernden Köpfe zermarterten. Es war unsere Zeit, Fragen zu stellen und zu reifen. Fragenstellen und Reifen können zwei Menschen auseinanderbringen. Die Antworten werden so notwendig, so sehr dringlich. So voller offensichtlicher Abweichung.

»Wie waren noch mal die Werte laut dem Apgar-Index, als Elija nach der Geburt untersucht wurde?«

»Ist die Hebamme zu spät gekommen?«

»Was ist ein Grand mal-Anfall, was ist ein Petit mal-Anfall?«

»Ist sie zu spät gekommen? Ich durfte ihn nicht halten.«

»Seine Werte nach dem Apgar-Index. Erinnerst du dich?«

»Sie haben ihn weggebracht. Sein Gesicht war ganz blau. Ich durfte ihn nicht halten.«

Elija schlief in seinem Kindersitz, erschöpft von dem Geschehenen und den Beruhigungsmitteln, während wir bei jeder Ampel hielten und unsere separaten Fragen stellten. Aber als wir in den Kreisverkehr einbogen, überkam ihn etwas. Es war ein schwaches Geräusch auf dem Rücksitz. Ein leises Keuchen, ein leises, ersticktes Würgen. Ein zartes Schnappen nach Luft, wie bei einem Goldfisch direkt unterhalb der Wasseroberfläche. Als ich mich umdrehte, um nach ihm zu sehen, standen Elijas Augen weit offen, aber nicht in dem vertrauten tiefen Nachsinnen. Das war nicht dieser Ausdruck zerstreuter, nachdenklicher Versunkenheit. Sein Blick war starr. Elija betrachtete kein kleines Ding wie die winzigen Baumwollfusseln, die er oft von seinem Pyjama pflückte. Sein Blick war starr auf nichts gerichtet, und seine Kehle machte leise Musik. Krampfhafte Zuckungen durchliefen sie einen Moment lang, und dann rollten seine Augen nach oben.

»Es passiert schon wieder! Da, auf dem Rücksitz! Wende, wende! Fahr zum Krankenhaus zurück!«

Gerade als ich das sagte, verließ der Anfall Elijas Körper. Sein Gesicht wurde weicher. Die Augen schlossen sich. Er schlief wieder ein.

Elija wurde in die Kinderabteilung eingeliefert, wo eine Krankenschwester versuchte, ihn an den Tropf zu legen. Das war eine medizinische Vorsichtsmaßnahme, eine grobe Störung seines sensiblen Erschöpfungszustands. Sie stocherte in seinem winzigen Arm herum, konnte aber nichts finden.

»Bei den Kleinkindern mit den kleinen Venen ist es schwierig!«

Elija weinte bitterlich, und sein verwirrtes Gesicht lief rot an. Er war ein dünnes Kind, er war schon als Baby mager gewesen. Im ersten Lebensjahr, wo die meisten Säuglinge fett und rundlich werden und ihre Wachstumskurven verheißungsvoll aufwärts zeigen, blieb seine Linie schnurgerade. Keine Gewichtszunahme. Die Ärztin war beunruhigt.

»Ihr Sohn muß unbedingt mehr essen.« Also kroch ich wochenlang auf dem Boden herum und verfolgte Elija mit Babynahrung aus dem Gläschen. Er aß in diesen dünnen Tagen nur, wenn er in Bewegung war. Ich folgte ihm wie ein Soldat durch die Schützengräben. Ich hielt ihm den Löffel vors Gesicht: »Sieh mal! Bananenbrei!« Aber er krabbelte direkt daran vorbei. Das zwang mich, meine Füttertaktiken zu verbessern. Ich fing ihn hinter dem Sofa ab oder verpaßte ihm einen Löffel wie eine Sprengladung, wenn er um die Ecke bog. *Knister, knister, knister*. Da ist er, er krabbelt den Flur herunter! *Knister, knister, knister*. Seine Windeln rascheln. Ich muß ihn erwischen! Muß den einsamen Krabbler einholen! Laut den Tabellen war er auffällig leicht, und er war mit hoher Geschwindigkeit unterwegs, hielt nur inne, um winzigste Dinge zu betrachten. Fusseln, Staubkörnchen, kleine Samen aus dem Garten. Hielt nur dann und wann inne, um ein wenig mit dem Kopf gegen den Boden zu schlagen. Nur ein paar Wiederholungen und dann auf und davon, abweichend vom Maß und lebend in Geistesabwesenheit.

Die Krankenschwester gab den Versuch auf, eine Vene zu finden, und Elija bekam endlich etwas Schlaf. Ich deckte seinen müden Leib mit der Krankenhausdecke zu und legte mich auf das Nebenbett. Laut den Regeln des Krankenhauses durfte nur ein Elternteil in der Nacht bei dem Kind wachen, also ging Ben in ein in der Nähe gelegenes Hotel. Elija lag in schwerem Schlaf, aber seine Augenlider waren zart. Welch eine dünne Hautschicht die Ruhepause von grausamen Härten trennt! Wenn Elija die Augen öffnet, sind sie onyxbraun. Sie sind tief und dunkel und voll komplexer Fragen. Wir sahen die Fragen von Anfang an, vom Tag seiner Geburt an. Vom Tag seiner Ankunft an wußten wir, daß er ein gedankenvoller Mensch war, ein Betrachter.

»Was für ein nachdenkliches Baby!« riefen alle Verwandten aus. »Seht nur, wie intelligent er ist! Man kann es an seinen Augen sehen!«

Als Elija zum erstenmal lächelte, schauten seine Onyx-augen mich direkt an. Es war bei einer Freundin. Draußen fielen die Blätter, und die Luft war orange und kühl. Kinder rannten wild durch das Haus, die Treppen hinauf und herunter, vorbei an ihren Eltern, die plaudernd in der Küche standen, dann zur offenen Tür hinaus auf die hintere Veranda, in den Herbst. Elija und ich saßen allein im Wohnzimmer auf einem Zweiersofa, und ich stillte ihn in warmer Abgeschiedenheit, als er seinen Mund von meiner Brustwarze löste und mich anlächelte. Es war ein langes Lächeln und so verheißungsvoll, daß ich überzeugt war, alle hätten es gesehen. Aber als ich den Kopf hob, um die warmen Glückwünsche entgegenzunehmen, sah ich, daß alle meine Freunde hinausgegangen waren. Ich wandte mein Gesicht wieder Elija zu. Er lächelte noch einmal.

»Elija, wieder ein Schritt vorwärts auf der Entwicklungsleiter!«

Das war die frühe Mutterschaft, so warm und isoliert, und Elija entwickelte sich gemäß den klassischen Entwicklungsstufen. Ich hatte in Babybüchern darüber gelesen und verfolgte jeden Schritt mit starken Gefühlsregungen. Es waren entkräftende Tage voll pädiatrischer Gewißheit. Aber jetzt, im Krankenhaus, wurde jeder Entwicklungsschritt einer genauen Prüfung unterzogen. Das Schlagen mit dem Kopf gegen den Boden. Die fehlenden Wörter. Der winzige Finger, der einfach nicht zeigen will. Welten von Müdigkeit sickerten langsam in mich ein, Welten von Vorfällen im Krankenhaus. *Sein Gesicht war blau. Ich durfte ihn nicht halten.* Zu viele Rätsel, die zu viel Aufmerksamkeit bräuchten. Ich lag auf dem Krankenhausbett und dachte an den namenlosen Arzt. Ein Neurologe, den wir noch nicht zu Gesicht bekommen hatten, war gut mit unserem Fall vertraut. Damals lernte ich, daß in einem Krankenhaus die meisten Dinge in der Abwesenheit einer Anwesenheit geschehen. Deshalb ist ein Arzt ein Gott. Er ist eine abwesende Anwesenheit.

Dösen, grübeln, halb träumen. Rastlos mitten in der Nacht. Ich werfe mich auf dem Krankenhausbett herum. Schaue nach Elija. Überprüfe, ob er noch atmet. Er liegt so schwer in seinem Bett. Ich verlasse den Raum. Nur für eine Minute. Ich gehe zum Dienstzimmer und frage nach dem Weg.
»Den Flur hinunter und dann links. An den Fahrstühlen vorbei und dann weiter geradeaus.«

Ich tappe leise den Flur hinunter, wie ein Mitternachtspatient. Es ist so still auf der Kinderstation mitten in der Nacht. Ich erreiche die Toilette. Verriegele die Tür. Sinne über den Arzt nach. Döse, träume. Dann, überwältigt von einem Gefühl der Seltsamkeit: Es ist zu still hier. Die ganze Station ist still. Ich betätige die Toilettenspülung. Kehre rasch zurück. Gehe schneller. Laufe. Lauf! Lauf zu Elija zurück! Es ist still in der Kinderstation. Keine Schwester im Dienstzimmer! Ich bin fast in unserem Krankenzimmer und in Panik. Ich weiß, sie ist da drin. Sie hat das Schweigen gehört. Sie hat es mitten in der Nacht ganz klar gehört.

Als ich in der Tür stehe, beugt sich die Schwester über Elija. Ich keuche auf, aber sie hebt entschieden die Hand, eine Aufforderung an mich, still zu sein. Da höre ich wieder die Musik, Elija, der leise nach Luft schnappt wie ein Goldfisch. Die Schwester läßt die Hand sinken und legt sie sanft auf seine Brust. »Die Hebamme ist zu spät gekommen«, flüstere ich und nähere mich Elijas Bett.

»Ich weiß, Liebes. Aber Sie brauchen sich nicht zu rechtfertigen. Sie brauchen sich nicht zu rechtfertigen, aber Sie müssen eine Menge lernen. Kommen Sie. So macht man das. So hilft man einem Menschen, der einen epileptischen Anfall hat. Sehen Sie, es ist ganz einfach. Sehen Sie, wie steif er ist? Sie sollten ihn nicht allzuviel bewegen. Unter Umständen können Sie ihn auf die Seite rollen. Ignorieren Sie alles, was Sie sonst noch gehört haben, wie ihm irgend etwas zwischen die Zähne zu schieben, damit er nicht seine Zunge verschluckt.« Das war es, was die Krankenschwester in der weißen Uniform mir sagte. Sie trug auch weiße Schuhe und weiße Strümpfe.»Vergessen Sie diese Ammenmärchen«, flüsterte sie sanft. Sie sprach kaum wahrnehmbar, wie eine gute Lehrerin.»Sprechen Sie niemals zu laut in der Nähe eines Menschen, der einen epileptischen Anfall hat. Er reagiert mit großer Sensitivität auf alle äußeren Reize. Das ist neurologisch bedingt, wissen Sie. Sie können Elija sanft, ganz sanft hindurchbegleiten. Reden Sie mit ihm. Lassen Sie ihn wissen, daß Sie da sind. Berühren Sie ihn oder halten Sie ihn zärtlich, wenn er einen Anfall hat.« Während sie das flüsterte, streichelte die weiße Schwester meinen zarten Jungen und sagte freundliche Dinge zu ihm, bis sein angespannter Leib seufzte und sich löste.

»Also, er ist ein echter Epileptiker.« Das sagte der Gott-Neurologe, als er in unserem Krankenzimmer erschien.»Ein Anfall reicht nicht, um diesen Status zu erreichen, aber zwei Anfälle, drei Anfälle, innerhalb von acht kurzen Stunden – damit hat er in meinen Augen den Titel verdient. Ihr Sohn ist Epileptiker.« Das Gesicht des Neurologen begann zu zucken, und er sah mich durch dicke Brillengläser hindurch an. Er war in Eile und voller Unruhe.»Also, diese Anfälle könnten vollständig aufhören und nie wiederkommen. Aber medizinisch gesprochen, wird ihr Sohn immer anfällig dafür bleiben. Hängt von seinem Alter ab, von der Jahreszeit. Fürs erste ist die diagnostische Abklärung wichtig. MRT und ein EEG. Wir fangen gleich morgen früh an. Gute Nacht.« Er starrte mich einen Augenblick lang abwesend mit seinen großen Insektenaugen an und verschwand dann unvermittelt um die Ecke.

Nach Elijas drittem Anfall kehrte Ben ins Krankenhaus zurück, wo wir den Rest der Nacht ängstlich gemeinsam wachten. Wir waren dabei zu lernen, immer auf dem Sprung zu sein, immer auf einen Anfall gefaßt, und ich weiß, wir sind es beide immer noch. Sobald es einmal in den Körper eingetreten ist, wird man es nicht wieder los. Es ist ein sechster

Sinn. Eine angespannte Aufmerksamkeit, ein Achten auf plötzliche Stille. Eine nervöse Angst vor unerwarteten Weggängen. Selbst jetzt noch, acht Jahre später, muß ich den Kopf wenden, wenn ich voller Schrecken ein bodenloses Schweigen höre, Elija ansehen, seine Hand nehmen, ein paar kleine Worte austauschen. Es ist keine Sache, an die man sich gewöhnen könnte. Es ist ein geographischer Traum. Ben und ich standen jeden Augenblick bereit zur Abreise in jedes ferne Land, in das Elija uns führen mochte. Aber durch unsere Angst wurden wir so zum Zerreißen angespannt, daß es zu unerträglichem Streß führte.

Zwei Stunden später hatte Elija einen vierten Anfall. Er schrie im Schlaf auf, erzitterte, wurde starr, und dann versank er wieder in tiefen, postiktualen Schlaf. Der Gott-Neurologe, der ausgerufen und von dem Vorfall in Kenntnis gesetzt wurde, wies die Krankenschwester an: »Geben Sie ihm eine Phenobarbital-Injektion.« Phenobarbital ist ein Antikonvulsivum, ein altes, verläßliches Medikament. Es verhindert epileptische Anfälle und noch einiges sonst. Es ist ein häßliches Pharmazeutikum, sonderbar rot und klebrig. Auf umheimliche Weise wirkungsvoll. Es unterdrückt alles, und das schien dringend geboten. Wiederholte Anfälle innerhalb kurzer Zeitspannen weisen auf eine erhebliche hirnorganische Schädigung hin. Es konnte zum Status epilepticus kommen, dem Gipfelpunkt aller möglichen epileptischen Anfälle. Es ist mehr als Grand mal, mehr als Petit mal, und die neueste Terminologie. Es ist ein Daueranfall, der nicht abklingt. Unser Kind könnte Anfall um Anfall erleiden, ohne zwischendurch das Bewußtsein wiederzuerlangen. Das ist ein lebensbedrohlicher Zustand, und so stimmten wir der Injektion zu. Der schlimme Stich der Nadel ließ Elija wieder vor Schmerz zusammenzucken. All die Stiche und Piekse fingen an, unsere Familie zu verschleißen, uns niederzuziehen, uns zu zermürben, und immer noch waren wir so angespannt. Weicher wurden wir erst später. Bis dahin war es noch lange hin.

25

Was kann ich über Elijas Becher und die Magnetresonanztomographie sagen? Wie ist es möglich, zwei solche Dinge zusammenzufügen? Elija war ein Prophet, und laut Bibel ist er nicht gestorben, sondern ging einfach davon. Er teilte die Wasser des Jordan und betrat das Flußbett. Dort wartete er auf den feurigen Wagen. Der Wagen kam mit einem feurigen Pferd, das ihn in den Himmel brachte. Man sagt, der Prophet Elija sei nie gestorben, und er beobachtet uns aus dem Schatten heraus. Er ist ein perfekter Zeuge, gänzlich unsichtbar. Öffnet die Tür, öffnet die Tür in der Pessachnacht. Elija wird zur Sederfeier kommen, unsichtbar, und aus seinem Becher trinken. Er wird Wein aus dem Becher trinken, der für ihn bereitgestellt wurde. Was ist das Wesen der Unsichtbarkeit? Sie ist sanft und schwer faßbar, ein notwendiges Kunststück. Mein Sohn ist sanft und schwer faßbar, und ich frage mich: Was hat Elija mit Magnetresonanz zu tun? Ich bin sehr müde, über das Stadium der Erschöpfung hinaus, und versuche verzweifelt, diese beiden Dinge zusammenzufügen. Habe ich auf diesem Stuhl geschlafen, auf dem ich sitze, oder haben Ben und ich die ganze Nacht geredet? Ich kann mich nicht erinnern. Elija und die MRT. Die MRT und Elija. Was werden sie dort finden, in der grauen und weißen Hirnmasse? Warum ist das so wichtig?

Der kalte Morgen scheint durch die Krankenhausjalousien und wirft ein häßliches Bild an die Wand, ein Bild ganz in Grau und Weiß. Es ist Zeit, Elija aus seinem sedierten Schlaf zu wecken. Es ist Zeit, seinen Kopf mit hochfrequenten Magnetfeldern zu umgeben. Zeit, die Kerne in jedem Atom tanzen zu lassen. Zeit, in seinem Gehirn Tausende von Messungen in Tausenden von verschiedenen Winkeln vorzunehmen. Alle Perspektiven werden dann zu einem 3D-Kompositum zusammengefügt. Es ist die alte Frage der Moderne, und es ist keine Frage, die mir mißfällt. Aber ich hatte nie eine Antwort erwartet – ein absolutes Kompositum. Beim Gedanken, daß es eine Antwort geben könnte, wird mir leicht übel. Es ist, als würde man in der Pessachnacht die Tür abschließen, in der Hoffnung, Elija einzusperren. Es ist, als würde man eine Untertasse über seinen Becher legen. Ihn einfangen! Nur um einen Blick zu erhaschen. Es ist wie der verzweifelte Wunsch, ein notwendiges Kunststück des Menschen zu unterminieren. Der Wunsch, den gütigen Zeugen um jeden Preis zu erfassen.

Wir wecken Elija auf und ziehen ihn für die Autofahrt an, für die Fahrt in die MRT-Abteilung. Wir ziehen ihm Socken und Schuhe an, aber bevor wir gehen, müssen noch ein paar Dinge erledigt werden. Nur der Ordnung halber. Blutproben, Thermometer, Urintests für Kleinkinder.

»Befestigen Sie einfach dieses Röhrchen an seinem Penis und legen ihm dann die Windel an«, sagt die diensthabende Schwester.

Weinen, mehr Weinen. Elija wird niemals aufhören. In dem Moment, in dem er zu schreien aufhört, wird er gebrochen sein. Die Schwester kommt geschäftig hereingeeilt, mit weiteren pharmazeutischen Anweisungen für uns.

»Er muß ein Beruhigungsmittel trinken, damit er während der Untersuchung ruhig bleibt.«

Das war der Beginn unserer Medikationsreise. Elijas Becher war vergiftet, und dennoch mußte er ihn trinken. Phenobarbital, Pentobarbital, Chloralhydrat, Tegretol, Felbatol, mit sämtlichen Nebenwirkungen. Das war der Anfang. Er mußte einen Becher der Gewalt bis zur Neige leeren. Er wurde auf das Bett gedrückt und bekam grausame Flüssigkeiten durch seine schmale Speiseröhre gegossen. Flüssigkeiten, die alles veränderten. Sein Vater hielt ihn an den Beinen fest, ich an Brust und Kopf, während die Schwester einschenkte und kreischte: »Schlucken! Schlucken!« Elija spuckte das rote Zeug aus und schrie. Ich drückte ihn aufs Bett und entschuldigte mich im gleichen Atemzug bei ihm, blickte in das Onyx, sandte ihm eine Botschaft.

»Elija! Wir sind so grob! Erwachsene sind grob und stüm-

perhaft!« Er schreit und spuckt. Die Schwester ist niederge-
schmettert.

»Ich hoffe nur, er hat genug geschluckt! Wenn er nicht die
volle Dosis erwischt hat, hat es möglicherweise nicht hinge-
hauen.« Mürrisch erklärt sie uns den Weg zur MRT-Abteilung drei Straßen weiter.

Als wir dort ankommen, wird uns mitgeteilt, daß die Geräte wegen des Schneesturms letzte Nacht nicht richtig funktionieren. Wasser tropft durch das Dach, tropft auf die kostbare Apparatur. Ich werfe einen Blick in den Untersuchungsraum mit dem großen, einschüchternden Zylinder. Ein langer, sargförmiger Kasten. Bedrohlich. Unheilverkündend.
Ich halte Elija im Arm, der wieder eingeschlafen ist, ge-
wickelt wie ein Neugeborenes. Er wird schwerer und schwerer, während uns die Prozedur erklärt wird. Der medizinisch-
technische Assistent redet davon, ein Kontrastmittel ins
Hirngewebe meines Sohnes zu spritzen.

»Über die gesundheitlichen Risiken ist noch wenig bekannt, aber so bekommen wir ein besseres Bild. Unterschreiben Sie hier. Die Bildqualität wird so besser.«

Das tropfende Wasser lenkt mich ab. Ich kann mir diesen
Unfug nicht länger anhören. Ein kleiner Tropfen ist im
Untersuchungszimmer. Ich sehe ihn, er hängt an der Decke,
direkt über dem MRT-Gerät. Er ist winzig klein, aber es ist
ein Tropfen. Er hängt an der Decke, baumelt herab, wird
dick, dicker, am dicksten. Dann tröpfelt er herunter auf die
Sarg-Apparatur. Der MTA redet zu nervös und führt uns in
ein Wartezimmer.

»Nur Geduld«, sagt er. »Es ist nur eine kleinere Repara-
tur.«

Wir warten und warten – wir sind geduldig –, volle zwei
Stunden lang. Wir sind sehr brav, und die Zeitschriften sind
voller Klatsch. Wir sind sehr brav, und die Möbel sind langweilig. Wir warten weiter, bis Elija zu stöhnen beginnt und
die Wirkung des Beruhigungsmittels nachläßt. Er streckt
und windet sich, döst wieder ein. Dann, als ob wir gerade an

diesem furchtbaren Ort eingetroffen wären, kommt der MTA aus dem Hinterzimmer und teilt uns mit, die Untersuchung könne jetzt durchgeführt werden.

»Unterschreiben Sie nur eben diese Papiere, dann fangen wir an.«

»Kein Kontrastmittel«, antworte ich ihm. »Keine Farben. Sie werden sich mit dem Grau und Weiß zufriedengeben müssen.«

Er zuckte mit den Schultern und bereitet Elija auf die Untersuchung vor, aber mittlerweile schläft mein Sohn nur noch halb. Er ist ein großer Kokon, der sich in weißen Laken auf der Patientenliege krümmt und auf die Verwandlung wartet.

»So viel Bewegung können unsere sensible Geräte nicht verkraften!« beklagt sich der MTA, während er versucht, Elija in die richtige Position zu bringen und den Velcro-Gurt um seinen Schädel festzuschnallen, bevor er ihn in die Röhre rollt. Elija, der sich seiner Umgebung nur halb bewußt ist, fuchtelt wild mit Armen und Beinen. Der MTA wirft beide Arme in die Luft und sagt zornig die Untersuchung ab. Seltsamerweise bin ich erleichtert.

»Diese Zylinder-Röhre gefiel mir gar nicht«, sage ich zu Ben, der wortlos nickt. Ben ist so müde, daß er nicht mehr sprechen kann. Elija stöhnt und windet sich in seinen Armen. »Ich will nach Hause, Ben«, sage ich. »Fahren wir zum Krankenhaus zurück und bringen das gottverdammte EEG hinter uns.«

Zu meiner Überraschung verlief das EEG ganz sanft und milde, und Elija verschlief die Prozedur einfach. Eine weißhaarige Spezialistin fuhr durch Elijas dicke Locken und befestigte Elektroden an seiner Kopfhaut. Vierzehn für die rechte Schädelhälfte, vierzehn für die linke. Das macht zwei Längsreihen von insgesamt achtundzwanzig symmetrischen Elektroden und eine extra für Elijas Herzschlag. Die Spezialistin befestigt sie an seinem Brustkorb.

»Also, sschhh jetzt!« sagt sie und legt den Finger an den Mund. Als sie die stille Maschine anstellt, wird der Raum klein und intim. Das Licht ist aus, und die sensiblen Nadeln zeichnen eine Botschaft auf eine lange Papierrolle. Gipfel und Täler, Ebbe und Flut. Es ist alles ganz sanft und milde. Als sie fertig ist, entfernt die Frau die Elektroden von Elijas Kopf und wäscht ihm die Paste aus dem Haar.

»Es ist gut geworden«, flüstert sie, während sie unseren schlafenden Jungen schamponiert. Dann schickt sie die Ergebnisse in die Neurologie, damit der Gott sie deutet. Das wird drei Tage dauern, bekommen wir mitgeteilt, und Elija wird aus dem Krankenhaus entlassen. Es gibt nichts mehr zu tun, also raffen wir uns müde auf und fahren heim zum Silver Hollow. Heil und gesund mit unserem epileptischen Klein-kind.

Kapitel 2
Die Gabe des Verlusts

Die Gabe des Verlusts ist das Blühen vieler Blumen. So viele Rosen und Tulpen, daß wenig Zeit zum Denken bleibt. Sobald der Verlust einem mit all seinen Dornen und Farben aufgegangen ist, bleibt nichts mehr zu tun, als mit dem Erzählen zu beginnen. Eine Krise kommt. Eine Krise geht. Im Raum hängt der Duft von Rosen. Ich weiß, die Wörter, die ich zum Erzählen benutze, sind nichts als flüchtige Düfte. Sie sind leere Gesten. Sie sind medizinische Beschreibungen. Sie sind Erklärungen, die nur ein einziges und engbegrenztes Bild von dem zeichnen, das wirklich mit uns geschehen ist.

Wenn die Verwandten anrufen, drücken sie ihre Sorge und ihr Mitgefühl aus, stellen Fragen über Elija, auf die ich die diagnostischen Antworten gebe.

»Das EEG war unauffällig. Es zeigte keine epileptische Aktivität, keine Läsionen, keinen Fokus, nichts, was die Anfälle erklären könnte.«

Elija ist schnell zu einem medizinischen Fall geworden, und ich habe angefangen, die dazu passende Sprache zu sprechen, gebe meine Gespräche mit den Spezialisten wieder, wenn ich bis spät abends mit meiner Mutter telefoniere, mit meinem Vater, meinen Schwestern und Brüdern. Ich erzähle ihnen alles über die Untersuchungen und die Medikation. Ich erzähle ihnen alles über die Biologie der Epilepsie.

»Er bekommt jeden Tag 30 Milligramm Phenobarbital. Das Phenobarbital unterbindet die unkontrollierten elektrischen Entladungen.«

Aber während ich von Elijas Gehirn und dessen unkontrollierter Aktivität spreche, treibe ich ab unter die Oberfläche von Nebenwirkungen und Warnhinweisen. Ich strenge

mich an, über die MRT, die CT und das EEG hinauszu-
gelangen. Über den Rahmen hinaus, in dem ich Elija festhalten soll. Über den Rahmen hinaus, in dem ich mich selbst
festhalten soll. Nicht angebunden in einer anderen Region,
muß ich darauf achten, was ich sage. *Paß auf, was du in dieser
zeitlosen Stunde sagst! Nimm dich in acht vor den Krisen und den
unmittelbar bevorstehenden Weggängen. Achte auf die Blumen
und darauf, was du über sie sagst. Sei vorsichtig, denn der Körper
muß jede uneingeladene Blüte tragen, bis der Körper stirbt. Sei
vorsichtig, denn im Erzählen schmiedest du die Essenz eines
Lebens.*

Beim Telefonieren bin ich die ganze Zeit in einer Unter-
strömung meines Denkens, allein mit den Fragen, die ich
Elija gern stellen würde. *Ist ein Anfall eine Blume? Ist er ein
Dorn, der im Kopf steckt? Tut es weh? Ist er Farbe? Ist er eine lange
Reise? Ist er die tiefste Isolation, wie eine einsame Mohnblüte, die,
orangefarben und papierdünn, in dem stillen Garten aufgeht?*

Ich würde ihm diese Fragen stellen, aber Elija schläft im
Schlafzimmer, sediert durch Barbiturate. Er schläft, während
meine Stimme mit jedem Telefonat heiserer wird. Er schläft,
wenn ich Mittagessen mache. Er schläft, wenn Essenszeit ist.
Er schläft, wenn meine angeheirateten Verwandten zu Besuch kommen. Er schläft und schläft, und wenn er denn mal
aufwacht, ist er gänzlich seiner einsilbigen Wörter beraubt.

Er hat früher »g'os« für »groß« und »Ba« für Baum gesagt. Er wackelte draußen herum und lachte über Wind-
stöße. »G'os...Ba!« rief er aus und blickte hinauf in die brau-
senden Zweige eines Baumes. Dann lachte er fröhlich, hockte sich hin und kehrte zu seinen Stein-Erkundungen zurück.
Er war so beschäftigt, so sehr beschäftigt, mit all den Stein-
Objekten. Er nahm einen nach dem anderen in die Hand und
tastete mit den Augen jeden Millimeter seiner Formen ab.
Dann, den Gegenstand fest in beiden kleinen Händen hal-
tend, wiegte er ihn hin und her, hin und her, zweimal, vielleicht dreimal. Dann warf er ihn zur Seite. Systematisch.
Elija pflegte dieses Spiel zu wiederholen, nahm den näch-

sten Stein in die Hand und durchlief seine Untersuchungs-
praxis, so peinlich genau und exakt, als könne er irgendwann
zu einem Ende kommen. Als könne er jeden einzelnen Stein
zählen, den es auf der weiten Welt gibt. Als existiere das
Unendliche gar nicht. »Die Grenzen meiner Sprache
bedeuten die Grenzen meiner Welt«, heißt es bei Ludwig
Wittgenstein.[1] Wittgenstein, der österreichische Philosoph,
setzte bei Gegenständen keine Unendlichkeit voraus. Eine
solche Annahme, fand er, sei ein logischer Fehlschluß. Für
Elija war jeder Stein, den er auswählte, vollkommen einzig-
artig. Jeder Stein war stumm. Jeder Stein war etwas, für das
er kein Wort hatte. Eine zwingende Untersuchung, durchgeführt nach der strikten Routine des Hin und Her, Hin und
Her, zwei- oder dreimal. Prägte er sich alle Formen ins
Gedächtnis ein? Achtete er besonders auf die Farbschattie-
rungen? Nahm er jeden einzelnen Fall in sich auf? »Die
Welt ist alles, was der Fall ist«, sagt Wittgenstein.[2] Elija war
vollkommen in Anspruch genommen von den Steinen, von
jedem einzelnen Fall, wenn er still wie ein kleiner Frosch am
gurgelnden Bach hockte, unter dem hohen Brausen der
Bäume.

Aber jetzt ist Winter, und Elija und ich gehen nicht mehr
nach draußen. Wir gehen nicht nach draußen, um nach den
Zauberern Ausschau zu halten oder in die Glut ihres zuver-
lässig vorhandenen Lagerfeuers zu starren. Statt dessen
schläft Elija. Er ist ein medizinischer Fall. Oder er sitzt sediert auf meinem Schoß, bewegt sich von einer sprachlosen
Emotion zur nächsten. Wir verleben unsere Tage zusammen
im Wohnzimmer, beschränkt auf den engen Umkreis eines
alten Schaukelstuhls. Gelegentlich stehen wir auf, um unsere
kreisförmigen Bahnen durch die Wohnung zu drehen. Wenn
Elija von Raum zu Raum stolpert, stöhnend und weinend,
folge ich ihm mit ausgestreckten Händen, um ihn vor scharfen Ecken und Kanten zu bewahren. Elija ist betrunken vom
Phenobarbital. Betrunken und unbeholfen und papierdünn-
traurig. Seine Glieder sind schwer, sein zentrales Nerven-

system ist gedrückt, und auf beiden Wangen hat sich ein hochroter Ausschlag entwickelt, der Phenobarb-Ausschlag, eine Mischung aus einer Nebenwirkung des Medikaments und dem Salz bitterer Tränen.

Aufs Bett gedrückt zu werden und der rote Sirup, der aus seinem Mund spritzt, ist zum regelmäßigen Trauma in Elijas Tagesablauf geworden. Wenn er zuviel von dem Medikament schluckt, sinkt er in einen betäubten Dämmerzustand. Wenn er zu wenig schluckt, besteht die Gefahr des Status epilepticus. Er lebt innerhalb des engen Fensters der Möglichkeiten, die das Antikonvulsivum ihm gewährt.

»Nicht zu viel, nicht zu wenig! Denk an die Warnhinweise!« sagen Ben und ich scharf zueinander, jedesmal wenn wir Elija auf das Bett drücken und ihn zum Weinen bringen. *Wenn Sie Nebenwirkungen wie Fieberreaktionen, Halsschmerzen, Geschwüre im Mund oder geplatzte Blutgefäße unter der Haut bei sich beobachten oder Sie leicht blaue Flecken bekommen oder bluten, benachrichtigen Sie sofort Ihren Arzt.*[3] Aber wie sollte ein wortloses Kleinkind uns auf seine Symptome aufmerksam machen? *Bei der Einnahme von Phenobarbitural kann nervöse Erregung, Reizbarkeit, Aggressivität, Depression oder Verwirrung auftreten, besonders bei Kindern oder Erwachsenen über sechzig.* Elija schafft es immer, das rote Zeug wieder auszuspucken, und jedesmal wenn er es ausspuckt, fahren sein Vater und ich uns an.

»Er hat nicht die volle Dosis bekommen! Halt ihn fest, ich hole die Medizinflasche!«

»Braucht er wirklich noch mehr!?«

»Woher soll ich das wissen? Es ist ja alles rot! Sieh doch! Das Zeug tropft ihm den Hals herunter!«

»Geben wir ihm noch 5 Milligramm!«

Elija brüllt mittlerweile. *Folgende Erscheinungen sind Anzeichen für eine Überdosierung: Atemprobleme, ruckartige Augenbewegungen, scheinbares Betrunkensein, rascher Herzschlag, niedrige Körpertemperatur, starke Dämpfung. Im schlimmsten Fall kann es zum Koma und zum Tod kommen.*[4]

Wir sind ernst und reizbar geworden. Dafür sind wir nicht ausgebildet. Wir fauchen uns während unserer wenig gnädigen Medikamentenausgabe wütend an, und dann verschwindet Ben zornig im Arbeitszimmer, in der Unterströmung *seines* Denkens, hinter dem traurigen Schleier der Trennung, die sein Schreiben mittlerweile bedeutet.

Beide in der Unterströmung unseres jeweiligen Denkens, sprechen wir kaum noch miteinander, bis es Zeit ist, Elija die nächste Dosis zu geben. *Zu den weniger schweren Nebenwirkungen gehören Schwindel, Verwirrtheit, nervöse Erregung, Alpträume, Nervosität und Ängste.*[5] Wenn Elija zu weinen aufgehört hat, nimmt er seine unglückliche Tour durch alle Räume der Wohnung wieder auf. Ich folge jeder seiner Bewegungen. Ich bin zu seinem stummen Schatten geworden. In unserem Haus spricht niemand mehr, schweigend navigieren wir um die blinden Ecken und die scharfen Kanten herum. *Bei Langzeitbehandlung besteht die Gefahr der Gewöhnung. Phenobarbital ist suchterzeugend.*[6] Das ist der Nutzen des engen Pharmazeutikums. Es kann das Glück eines kleinen Jungen auslöschen und ihn in eine synthetische Depression werfen. Es könnte schwere Schädigungen der Leber hervorrufen und, im Laufe der Zeit, Krebs in seinen Zellen wuchern lassen. »Und trotzdem... und trotzdem...« sagen Ben und ich zueinander, mit dem Rücken zur Wand. »Er ist seitdem anfallfrei.«

»Dein Onkel Maurice hat den größten Teil seines Lebens Phenobarbital genommen«, sagt meine Mutter am Telefon.

Ich habe Maurice nie kennengelernt. Er starb mit Anfang Zwanzig. Er war geistig behindert, und als kleines Mädchen hat meine Mutter geholfen, ihn zu betreuen. Da hat sie ihren sanften Bienenfleiß gelernt, damals, als sie nachts mit ihrem kleinen Bruder in einem Bett schlief.

»Sie sagen, die Ursache für die epileptischen Anfälle sei der Keuchhusten gewesen. Er hatte die Krankheit ganz schlimm, als er ein Baby war.«

»Ich wußte gar nicht, daß Maurice Epileptiker war.«

»Doch. Er hatte sein ganzes Leben lang epileptische Anfälle. Mutter und Vater haben alles versucht. Medikamentöse Behandlung, eine spezielle Diät mit hohem Fettanteil. Sie haben ihn sogar in die Mayo-Klinik gebracht. Das war damals, in den vierziger Jahren, eine große Sache. Das Phenobarbital war heftig. Maurice hat hohe Dosen genommen. Als er Anfang Zwanzig war, hatte das Zahnfleisch seine Zähne fast völlig überwuchert.«

Phenobarbital war das bahnbrechende Barbiturat des 20. Jahrhunderts. Bevor es 1912 zum ersten Mal synthetisiert wurde, waren Opium und Alkohol die einzigen sedierend-betäubenden Mittel, die der Menschheit zur Verfügung standen. Die Barbiturate machten das 20. Jahrhundert zum Jahrhundert der Beruhigungsmittel, zum Jahrhundert der Schlaftablette und künstlich herbeigeführter tiefer Bewußtlosigkeit. Aber die Gefahr von Komplikationen wie Todesfällen und Koma veranlaßte neue Forschungen, und es gab neue Verheißungen: Valium, Halcion und die Benzodiazepine. Die wurden in den sechziger Jahren gern verschrieben. Für Leute wie meine Mutter, die zuviel sanften Bienenfleiß besaßen. Valium für die Hausfrau. Valium gegen die Depression. Valium für das katholische Bauernmädchen, das das College verließ, um zu heiraten und sechs Kinder großzuziehen. Jedesmal wurde der Markt mit dem neuesten Wundermittel überschwemmt, und bald bekam es einen schlechten Ruf. Dann wurde es durch ein neues Wundermittel ersetzt, und noch eins, und noch eins. Nun erfahren Elijas Vater und ich, es gebe neue »Designermedikamente«, hochentwickelte Antikonvulsiva, die eigens auf die epileptische Neurologie unseres Kleinkindes abgestimmt seien.

»Alles«, sagen wir uns mit ernstem Zögern, »wir werden alles versuchen, wenn wir nur dem groben Barbiturat entkommen.«

Wir machen einen Termin bei einem Kinderneurologen in New York City, und ein paar Tage später brechen wir von

Woodstock auf, um in das große Krankenhaus in der Metropole zu fahren. Ich sitze neben Elija auf dem Rücksitz und singe seit 100 Meilen Kinderlieder. Ich singe, singe, singe, wie ein Marathon-Kindermädchen. Ich wage nicht aufzuhören, denn wenn ich aufhöre, wird Elija in seinem Kindersitz zu schreien anfangen. Sein Körper ist eine aufgeregte Marionette geworden, und nur Lieder lenken ihn von den nervösen Zuckungen seiner Fäden ab. *This old man, he played one*, immer und immer wieder. Ich singe das Lied viele Male, denn sonst wird es Ärger geben. Auf dem Vordersitz und auf dem Rücksitz. Ich trage bienenfleißig meine Kinderlieder vor, während ich funkelnde Spiegel-Objekte vor Elijas Gesicht bewege. Elija verliert sich, vorübergehend, in den blitzenden Spiegelungen. Er starrt in den Spiegelglanz und vergißt, daß er eigentlich weinen möchte. Aber sobald ich diese tiefe Nähe verlasse, stürzt Elija in Verzweiflung, und durchdringendes Geschrei erfüllt das Auto.

»Sorg dafür, daß er ruhig bleibt! So kann ich nicht fahren!« Ärger vom Vordersitz. Ben ist jetzt wütend.

»Stell das Radio ab!« brülle ich zurück. »Es ist zu laut für Elija!«

Ich habe angefangen, öfter gereizt zu reagieren, als mir gerechterweise zusteht. Ich stehe öfter am Rande des Zusammenbruchs, als ich es in einer Ehe für möglich hielt. Seit Elijas Geburt habe ich vieles auf Eis legen müssen. Meine Lehrtätigkeit, meine literarischen Übersetzungen, meine lange wissenschaftliche Studie, meine Ambitionen auf einen Doktortitel. Ich habe all das vollkommen zur Seite gestellt, damit ich zehnmal mehr *Row row row your boat* singen kann. Und dann noch zehnmal *gently down the stream*. Ich werde das Lied einfach noch einmal singen, und jedesmal dämpfe ich die Lautstärke ein wenig. Ich werde mich für Elija weichmachen und seine volle Aufmerksamkeit auf mich ziehen. Ich werde sein Gehör mit meinen Klangwiederholungen mit Variationen liebkosen.

Anker für das Gehör, Anker für das Gehör, fällt langsam zum

Meeresgrund. Wir sinken, sinken sanft. Wie weit reicht eine Stimme, wenn man unter Wasser ist? Wie weit kann sie sich von den Geschehnissen auf der Oberfläche entfernen? Wo in diesen Tiefen ist die vielsagende Verbindungsstelle, die Verbindungsstelle der Identität? Ist sie zwischen der Stille und dem Lied? Zwischen Elija und mir? Wir sind auf dem Grund angelangt. Der Anker liegt auf dem Grund, und zwischen der Stille und dem Lied bittet mein Sohn mich, ein anderer Mensch zu werden.

Die Autoräder rollen zügig die asphaltierte Fernstraße entlang. Elija hat sich beruhigt und lauscht versunken dem Klang meiner Stimme. Er ist gelassen und aufmerksam. Auch Ben ist still, und das Radio ist ausgestellt. Kein Ärger mehr auf dem Rücksitz. *Gently down the stream.* Auch kein Ärger mehr vom Vordersitz, aber es widerstrebt mir, mit meinem Anker-Lied weiterzumachen. Es widerstrebt mir so sehr, weil Bens Befriedigung darüber mich krank macht. Die zufriedene Annahme, daß Trostspenden meine Pflicht als Mutter ist, macht mich krank.

Elijas Augenlider werden schwer. Mein Klang-Spiel ist fast zu Ende, aber dann, ohne jede Warnung, schreit er lauter als zuvor. Seine Schmerzen kommen ohne Vorwarnung, und er schlägt sich gegen den Kopf. Elija hat den Anker verloren, und Ben sagt wieder barsche Worte. Wir haben die George Washington-Brücke erreicht. Wir überqueren den Hudson. Elija brüllt, und ich bin allzu einsam geworden mit dem, was über Trost vorausgesetzt wird. Mein Sohn ist untröstlich, und Bens Zorn schickt mich zu meinem quälenden Gedanken zurück, dem Gedanken, den ich nicht denken will. Allzubald und oftmals kehre ich zum Tag von Elijas Geburt zurück. Zu seinem blauen Gesicht und dem verabreichten Sauerstoff. Die Krankenschwester hatte ihn mir im Entbindungszimmer in die Arme gelegt, sobald er richtig atmete, und ich machte die ersten zögernden Schritte der mütterlichen Reise. Ich hielt ein Neugeborenes im Arm, erahnte eine neue zwischenmenschliche Beziehung!

»Du bist nicht sehr gut in solchen Dingen«, hat Ben zu mir gesagt, verzweifelt über den Sauerstoff.

Ich versuche, nach 17 Stunden Wehen noch »objektiv« zu bleiben.

»Du bist nicht sehr gut in solchen Dingen.«

Ich habe mit keinem Wort geantwortet. Statt dessen ließ ich die Schuldzuweisung dort hineinschlüpfen, wo das Wort eigentlich sein sollte. Sie schlüpfte hinein und richtete sich in meinem Körper häuslich ein. Da begann diese Einsamkeit, dieses solitäre Unterfangen. Es begann am Anfang mit den zufriedenen Annahmen. Ben konnte damals nicht anders, und er kann jetzt nicht anders. Er kann dem traurigen menschlichen Kunstgriff nicht widerstehen, Schuld zuzuschreiben.

Die blaue, blaue Geburt, der kleine Zeigefinger, der nicht zeigt, das Schlagen mit dem Kopf gegen die Holzdielen, die Stein-Spiele mit den strengen, repetitiven Regeln, der Appetitmangel, die epileptischen Anfälle und die durchdringenden Schreie. Das sind Elijas Blumen, und sie sind voller Dornen und Farbe. Das sind Elijas Blumen, und Ben und ich müssen Zeugnis darüber ablegen. Wir müssen Zeugnis darüber ablegen, aber wir dürfen uns nicht die Schuld daran geben, denn Schuld zuzuschreiben und sie auf sich zu nehmen wäre eine Verneinung von Elijas bloßer Existenz. Und sollte ich diese Einsamkeit annehmen, würde ich auch die Schuld annehmen. Ich würde mir selbst die Schuld geben. Ich würde sie Elija geben. Ich würde die Schuld Ben zuschreiben und allen anderen um mich herum. Ich würde diese Traurigkeit *benutzen*, um gereizt zu reagieren und durchzudrehen und zusammenzubrechen. Ich habe angefangen, den quälenden Gedanken zu denken, und ich muß aufpassen, was ich sage. *Wenn das vorbei ist, wenn das überstanden ist –*

Der neue Kinderneurologe stellt verschiedene Fragen über Elijas Anfälle.

»Was passiert mit seinen Augen?«

»Sie rollen nach oben und nach links.«

»Hat er Krämpfe? Ruckartige Muskelzuckungen in Armen und Beinen?«

»Nein. Er wird steif. Er zittert.«

»Wie lange dauern die Anfälle?«

»Ungefähr eine Minute. Vielleicht länger.«

»Hat noch jemand in der Familie epileptische Anfälle?«

»Vals Onkel war geistig behindert.«

Ben übernimmt heute das Reden, und ich schwinde. Ich schaue mir die Fotos der Kinder des Neurologen an, die an der Wand über seinem Schreibtisch hängen. Das Geleier der medizinischen Diskussion geht weiter, und ich bin Wind und Wellen preisgegeben. »Keine neue Welt ohne neue Sprache«, schreibt die Dichterin Ingeborg Bachmann.[7] Ich folge Elija wie ein Schatten durch den Raum. Er ist nervös und kann keinen Augenblick still bleiben, erforscht das große Sprechzimmer, geht in die engen Räume, hockt unter Tischen, preßt sich hinter die Tür. An diesem unvertrauten Ort, wo die Worte des Neurologen in der Luft schweben wie verirrte Konfettiteile, sucht er nach einer Höhle, in der er sich verkriechen kann.

»Mein Eindruck ist, daß Elija eine Form idiopathischer generalisierter Epilepsie hat.«

»Idiopathisch?« Ben ist entsetzt.

»Idiopathisch bedeutet, daß sich keine Ursache feststellen läßt. Es ist schwierig, genau zu sagen, welche der verschiedenen Anfalls- und Epilepsieformen Elija hat. Es gibt keine klonische Phase, also schließe ich Grand mal aus. Aber es gibt andere mögliche Erklärungen. Wir werden das EEG wiederholen müssen.«

Elija hat sich zu einen kleinen Untersuchungszimmer neben dem Sprechzimmer begeben. Er geht immer ins Nebenzimmer, und ich gehe immer mit ihm. Fort von all den Menschen und ihren Sprechstimmen, hin zu einsamen Inseln von unerhörten, noch nie dagewesenen Formen und Größen. Wie die Hängematteninsel, auf die wir letzte Woche im Haus einer Freundin gingen. Wir waren zu einem Frühjahrspicknick eingeladen und hatten beschlossen, eine Weile hinauszugehen, aber Elija hielt gewollt Distanz zu den anderen Gästen. Er zog es vor, allein zu sein.

Schaukeln, schaukeln, schaukeln in der Hängematte. Keine Menschen. Niemand da, der der Erwähnung wert ist. Wenn ich aufhöre, ihn hin- und herzuschaukeln, beschwert er sich. Also bleibe ich mit ihm auf dieser glückseligen Insel, bis er einschläft. Dann kehre ich über den langen grünen Rasen zu der Gruppe von Menschen zurück, die sich um den Grill drängen. Als ich näherkomme, wenden sich mir lächelnde Gesichter zu, und Stimmen fragen, wie es Elija geht. Ich will sagen, daß ich gerade die Inseln verlassen habe, aber ich bringe nur ein stummes Kopfnicken zustande. Ich bin zu weit weg, stecke zu tief in Elijas Einsamkeit, aber die Gesichter scheinen mit meiner wortlosen Antwort zufrieden und kehren zu ihren Gesprächen zurück.

»Ich schlage vor, Sie machen einen Termin für ein EEG und sedieren mit Chloralhydrat. Und ich muß betonen, die MRT ist absolut notwendig.«

Die magnetische Resonanz reißt mich aus meiner Picknickträumerei und läßt mich die Ohren spitzen. Offenbar ist die Untersuchung wichtig, aber ich spüre keine positive Resonanz in mir. Ich denke an die Leichenhallen-Schublade im Labor, den groben medizinisch-technischen Assistenten und die überflüssige Sedierung, die ihren stümperhaften Zweck nicht erfüllte.

»Wenn das zweite EEG keine epleptiformen Potentiale aufweist, würde ich vorschlagen, Elija auf ein neues Antikonvulsivum zu setzen. Es heißt Tegretol. Hat weniger Nebenwirkungen. Ich weiß, Sie stehen dem Phenobarbital sehr skeptisch gegenüber, aber erst müssen wir die neuen Befunde abwarten. Dann können wir darüber reden, die Medikation zu ändern. Außerdem bereitet es mir schon Sorge, daß Sie so weit vom Krankenhaus entfernt wohnen.« Der Neurologe kritzelte einen Stapel neuer Verschreibungen und Überweisungen aus, unter anderem eine für flüssiges Valium und

Spritzen. »Das Valium ist für die Akutbehandlung. Injizieren Sie 1 cc, wenn ein Anfall länger als drei Minuten dauert. *Sofort*, und rufen Sie den Notarzt.«

Auf der Heimfahrt, während Elija schläft, wenden Ben und ich uns der Frage zu, wie wir die Rechnungen bezahlen und eine passende Kinderfrau finden sollen. Ich muß eine Übersetzung fertigstellen, einen trockenen, akademischen Aufsatz über Franz Kafkas labyrinthische Prosa. Oh, was für eine Ironie. Ich bin zu K. in Kafkas Roman *Das Schloß* geworden, eingestellt, um die Arbeit zu tun, aber meine vergeblichen Versuche, meiner Tätigkeit nachzugehen, werden immer wieder vereitelt. In K.s Fall ist es das kaum durchschaubare Labyrinth der Bürokratie, das ihn daran hindert, seinen Arbeitgeber in dem hoch oben über einem Provinznest gelegenen Schloß zu erreichen. Wenn er nur zum Schloß gelangen könnte, könnte K. endlich seiner Arbeit nachgehen. Aber immer wieder werden ihm Hindernisse in den Weg gelegt:

»Auf wen wartet Ihr?« »Auf einen Schlitten, der mich mitnimmt«, sagte K. »Hier kommt kein Schlitten«, sagte der Mann, »hier ist kein Verkehr.« »Es ist doch die Straße, die zum Schloß führt«, wendete K. ein. »Trotzdem, trotzdem«, sagte der Mann mit einer gewissen Unerbittlichkeit, »hier ist kein Verkehr.« Dann schwiegen beide. Aber der Mann überlegte offenbar etwas, denn das Fenster, aus dem Rauch strömte, hielt er noch immer offen. »Ein schlechter Weg«, sagte K., um ihm nachzuhelfen. Er aber sagte nur: »Ja freilich.« Nach einem Weilchen sagte er aber doch: »Wenn Ihr wollt, fahre ich Euch mit meinem Schlitten.« »Tut das bitte«, sagte K. sehr erfreut, »wieviel verlangt Ihr dafür?« »Nichts«, sagte der Mann. K. wunderte sich sehr. »Ihr seid doch der Landvermesser«, sagte der Mann erklärend, »und gehört zum Schloß. Wohin wollt Ihr denn fahren?« »Ins Schloß«, sagte K. schnell. »Dann fahre ich nicht«, sagte der Mann sofort. »Ich gehöre doch zum Schloß«, sagte K., des Mannes eigene Worte wiederholend. »Mag sein«, sagte der Mann abweisend.[8]

Was würde ich dafür geben, mein Labyrinth der Täuschungen mit dem K.s zu tauschen, des glücklosen Landvermessers. Was würde ich darum geben, andere Ambivalenzen als meine eigenen auszuloten, zu meiner beruflichen Tätigkeit als Übersetzerin im Niemandsland zwischen Deutsch und Englisch zurückzukehren. Ich bin mittlerweile eifersüchtig auf Bens Arbeit und gerate jedesmal in Wut, wenn er die Tür zum Arbeitszimmer schließt. Immer wenn wir das Thema Kinderbetreuung ansprechen, gibt es Streit.

In den Wochen, die auf unsere Fahrt nach New York City folgten, wurden die Untersuchungen wiederholt. Die MRT kam wieder nicht zustande, weil das Chloralhydrat ihn sich so winden ließ, daß kein Bild zu bekommen war. Das EEG hingegen war ebenso wie beim letzten Mal, sanft und unauffällig. Das hieß, wir konnten anfangen, Elija vom Phenobarbital zu entwöhnen.

Es dauerte Wochen, bis das böse Halbleben des Medikaments Elijas Körper verließ, aber als die Tage vergingen, begann er wieder zu sprechen. Zuerst nur ein Wort. »Spaß«, sagte Elija. Ich saß mit ihm in den Armen im Schaukelstuhl, und wir guckten Videos. »Spaß«, wiederholte er. Langsam und allmählich änderten wir die Medikation, gaben jeden Tag weniger Phenobarb und mehr Tegretol. Dabei guckten wir Charlie Chaplin und seine komischen Stummfilme. An die Stelle von Elijas Nebenwirkungen traten Charlies Geräuschwirkungen – krach, bum, klirr.

»Spaß – Spaß – Spaß!« Elija lachte ausgelassen über die stummen Possen des Tramps, darüber, wie Charlie sich auf einem Fest unter die Reichen mischt und mit den Damen flirtet, über Charlie, den Liebhaber, der einer Frau schöne Augen macht, die verloren und ganz allein in einem Restaurant sitzt. Er hat der Schönen etwas zu essen bestellt und fragt sich besorgt, wie in aller Welt er bei dem Brutalo von Kellner die auflaufende Rechnung bezahlen soll. Elija brüllt vor Lachen über die Stunts auf der Rollschuhbahn, wenn

Charlie die Bösewichte mit seinem Stöckchen zu Fall bringt und sie mit dem Gesicht auf das Eis knallen, oder wenn er als Einwanderer auf dem Schiff nach Amerika die Würfel wirft und sein ganzes Hab und Gut setzt. Charlie wirft auch mit anderen Dingen, wie Pasteten und Zangen. Elija weiß sich gar nicht mehr zu lassen, wenn Charlie der Polizei entwischt, den wütenden Schlägen ihrer Knüppel ausweicht und sie verwirrt und verlassen im Staub Kaliforniens zurückläßt. »Spaß – Spaß – Spaß!« Es ist, als wäre der komische Tramp ständig in Elijas Gedanken, als würde er jeden Raum zieren, den Elija betritt, wenn er seine kreisförmigen Bahnen durch die Wohnung zieht. Charlie lehrt ihn die Kunst der Wortlosigkeit, des schönen großen Schweigens. »Willkommen, Elija«, sagt er, »im großen Stummfilmtheater!«

Wir machen eine systematische Studie über Chaplins Filme, spulen das Band zurück, um uns die Szenen, die uns am besten gefallen, noch einmal anzusehen. Elija sitzt stundenlang auf meinem Schoß, sediert, aber glücklich... aber... was ist das? Unheimliche Stille. Elija hat aufgehört zu lachen, und sein Körper ist steif geworden. Jetzt zittert er. Er hat wieder einen Anfall, in meinen Armen, und seine Augen sind nach oben gewendet, zu diesem hohen Ort. Ich stehe nicht auf. Ich rufe nicht. Ich blicke auf die Armbanduhr und fange an, die Zeit zu stoppen. Dreißig Sekunden. Er hat das Bewußtsein noch nicht wiedererlangt. Eine Minute vergeht. Was ist das? Was ist das? Dreißig Sekunden später zittert er immer noch. Noch dreißig Sekunden. Es sind jetzt fast zwei Minuten vergangen, und wenn es nicht aufhört, werde ich Ben rufen. »Hol das Valium!« Aber... Elija seufzt, und seine Glieder werden schlaff. Ohne großes Zeremoniell schläft er in meinen Armen ein.

Ben kommt aus dem Arbeitszimmer und nähert sich dem Schaukelstuhl, in den wir uns gekuschelt haben. Er kommt mit angespannter Aufmerksamkeit, voll nervöser Angst. Ich sehe sie in seinem Körper geschrieben. Sie sitzt in seiner verhärteten Stirn und auf seinen gequälten Wangen. Sie schreit aus seinen ausgestreckten Händen, die tausend Fragen stellen.

»Was ist los?«

»Elija hatte gerade wieder einen Anfall.«

Wie betäubt legen wir unseren Jungen vorsichtig auf das Bett und rufen den Neurologen in New York an, der anordnet, die Tegretol-Dosis zu erhöhen. Es wirkt. Die Anfälle hören auf. Elija bekommt ein paar Tage Ruhe, aber noch wissen wir nicht, daß dies erst der Anfang einer langen Reihe von Medikationssteigerungen ist. Nach ein paar Tagen Ruhe kommen ein paar neue Worte. »Junge weh – weh – weh«, sagt Elija, bis ihn aus heiterem Himmel ein neuer Anfall packt. Dann verstummt er, und die Dosis wird erhöht. Elija spricht. Jetzt sagt er:»Angst.« Dann wieder ein Anfall. Mehr Tegretol. Wieder Wortlosigkeit und Aufs-Bett-Niederdrücken. Ein Anfall. Tegretol. Ein Anfall. Die Sprache kommt und geht wie ein eigenwilliger Freund, und das »weh – weh – weh« erfüllt unser Leben in kleinen Dosen.

Elija hat angefangen, an Orten einen Anfall zu bekommen, die sich mir unauslöschlich in Gedächtnis graben: auf einem Spaziergang im Sportwagen die Silver Hollow Road hinunter, dort, wo die Himbeersträucher sind, in langen Nächten in unserem Bett, zu seinem Schutz zwischen mir und Ben eingekeilt, oder im Supermarkt, im Kindersitz des Einkaufswagens. Elija verliert das Bewußtsein und sinkt zur Seite. Ben nimmt ihn hoch und trägt ihn hinaus. Wir lassen unsere Einkäufe stehen und begeben uns zum Ausgang, wobei unsere Blick wie gebannt an unseren Armbanduhren hängt. Gerade als wir zur Tür hinausgehen, gerade als der Anfall vorbei ist und Elija in den Armen seines Vaters schläft, betritt eine Frau den Laden, die mich mit warmem und wissendem Blick anlächelt. Sie stellt sich irgendein friedliches Familienidyll vor. Wenn ich könnte, würde ich vortreten und ihr Bild korrigieren. Ich würde ihr alles über die unsichtbaren Blumen erzählen. »Wovon man nicht sprechen kann«, sagt Wittgenstein, »darüber muß man schweigen.«[9]

Kapitel 3
Wildfremde

»Warum muß ausgerechnet mir das passieren?« fragt Ben eines Morgens laut, nachdem Elija wieder einen Anfall gehabt hat. Wir sitzen auf zwei Stühlen an entgegengesetzten Enden des Schlafzimmers, während unser Sohn auf dem Bett zwischen uns schläft. »So empfinde ich das.« Bens Hand fährt mit einer weitausholenden Gebärde durch die Luft. »Warum muß ausgerechnet mir das passieren?«

»Ich verstehe dich nicht. Was meinst du damit?«

Ben blickt zur Decke hoch und erklärt mir, seine Vorstellung vom Schicksal sei persönlich, etwas, das ihn heimsucht, von irgendeiner hohen Autorität verhängt.

»Von Gott?« frage ich.

»So in der Richtung. Ich weiß einfach nicht, womit ich das verdient habe.«

Bens Spielart von Trauer stößt mich ab. »Ich weiß nur«, erwidere ich, »daß sich etwas ändern muß.«

Er weiß, worauf ich anspiele. Unser Gespräch ist dabei, in den altgewohnten Streit darüber auszuarten, wem genug Zeit für seine Arbeit bleibt und wem nicht, wer die Kinderbetreuung organisieren soll, wer Elija zur nächsten Blutabnahme fahren wird. Die wöchentlichen Blutbilduntersuchungen sind ganz wichtig. Eine regelmäßige laborchemische Überwachung ist erforderlich, damit das Tegretol keine plötzlichen Schäden an Elijas inneren Organen anrichtet. Meistens findet die Schwester im Labor keine Vene in Elijas kleinem Arm, also geht sie dazu über, seinen winzigen Zeigefinger zu durchbohren. Dann drückt und preßt sie, bis genug kostbare rote Tropfen aus seiner Haut gequollen sind, um ein kleines Röhrchen zu füllen. Am Anfang entschied ich mich dafür, allein mit Elija zur Blutabnahme zu fahren, ohne groß zu fragen. Ich hielt seine Arme und Beine fest, damit er nicht um sich schlug, wenn die Schwester ihm Blut abnahm, und danach, im Auto, versuchte ich, ihn zu halten und zu trösten. Ich tat es, um die ängstlichen Ausreden nicht hören zu müssen, die Ben stets fand, wenn ich ihn bat, zur Abwechslung auch mal ins Labor zu fahren oder wenigstens mitzukommen und mir zu helfen.

»Ich will diese Ehe nicht mehr«, sage ich über den Raum hinweg. »Ich bin unsere Geschichte leid. Ich kenne kein *wir* mehr.«

Genau in dem Augenblick klingelt das Telefon. Es ist unsere Nachbarin, die weiter unten in der Straße wohnt. Sie hat einen Vorschlag zu machen. Eine Frau namens Sharron Loree könnte mir vielleicht mit Elija helfen.

»Sie hat viel Erfahrung mit Kindern.«

»Sharron Loree? Wie ist ihre Nummer?«

»Sie hat kein Telefon, aber sie ist in der Stadt zu finden. Sie fährt einen weißen Kleinbus. Er ist meistens hinter Family geparkt. Nicht zu verfehlen.«

»Nicht zu verfehlen«, denke ich eine halbe Stunde später skeptisch. Ich bin nach Woodstock gefahren, zum Obdachlosenheim der Stadt. Es ist mittlerweile fast aussichtslos, jemanden zu finden, der auf Elija aufpaßt. Freunde und Verwandte sind sehr zögerlich, wenn ich meine verzweifelten Gefallen erbitte.

»Könntest du Elija heute ein paar Stunden nehmen?«

»Ich... nein, ich glaube, das geht nicht. Wie wär's mit 45 Minuten? Es ist einfach zu problematisch. Elija ist so schwierig. Du scheinst die einzige zu sein, die weiß, wie man ihn tröstet.«

Fünfundvierzig Minuten für Friedrich Nietzsches *Die fröhliche Wissenschaft*? In mir steigt meine stille Wut auf. Ich habe keine Zeit, mich für meine mündliche Prüfung an der Universität vorzubereiten, keine Zeit für meine Kafka-Übersetzung. Ben beteiligt sich selten an diesen Fragespielen. Dafür hat er sich zu weit von uns entfernt. Er ist hoch da

47

oben mit seinem zornigen Gott und fragt sich, wieso ausgerechnet ihm das passieren konnte. Ich erbitte Gefallen, die mir immer wieder abgeschlagen werden, und immer mehr bleibe ich ganz allein mit Elija. Wir haben angefangen, die Wohnung jeden Tag für längere Zeit zu verlassen. Ein selbstauferlegtes Exil, vom Morgen bis zur Dämmerung. Elija ist unglücklich, wenn wir von einem Spielplatz zum nächsten ziehen, während Ben, der zu Hause arbeitet, unsere langen Ausflüge als Zeichen fehlinterpretiert, daß ich meine Mutterpflichten ordentlich wahrnehme. Und nun, auch wieder eine falsche Geste, fahre ich nach Woodstock, um diese schwer zu fassende Sharron Loree aufzustöbern.

»Bleib nicht zu lange in der Stadt«, hatte Ben hinter mir hergerufen, als ich zur Tür hinausging. »Ich habe noch einen Termin. Ich brauche den Wagen.«

In Woodstock entdecke ich einen Kleinbus, der versteckt in einer ruhigen Ecke des leeren öffentlichen Parkplatzes steht. Es ist niemand in Sicht. Ich stelle den Motor aus und kurbele das Fenster herunter. Ich werde nur ein paar Minuten warten, um zu sehen, ob Sharron auftaucht. Ich werde den Dunst betrachten, der vom Asphalt aufsteigt. Die warme Frühlingsluft strömt ins Wageninnere und drängt mich, auszusteigen und zwischen den wirbelnden weißen Dunstfetzen zu stehen. Und siehe da: Eine Frau ist wie aus dem Nichts aufgetaucht, wie aus dem Nebel. Sie muß hinter dem Kleinbus hervorgetreten sein, und neben ihr geht ein Mann. Sie bleiben kurz stehen und unterhalten sich. Die Frau hat einen blonden Pferdeschwanz und ein offenes Gesicht. Ich habe sie noch nie zuvor gesehen, aber ich erkenne den Mann. Er hat langes, verfilztes Haar, einen zottigen Bart und trägt einen Cowboyhut. Seit Jahren ist er in Woodstock ein vertrauter Anblick, wenn er einen Einkaufswagen die Tinker Street hinauf- und hinunterschiebt und Dosen und Flaschen aus den Abfallbehältern an der Straße sammelt. Eines Tages, als ich auf der Straße an ihm vorbeiging, murmelte er: »Hallo.«

»Hallo«, antwortete ich und schaute ihm schüchtern ins

Gesicht. Ich sah, daß er hinter dem wettergegerbten Äußeren umwerfend attraktiv war.

Die Frau mit den blonden Haaren reicht dem Cowboy eine Einkaufstüte aus Papier. Er nimmt sie und geht in Richtung Obdachlosenheim davon. Sie schiebt geübt die schwere seitliche Tür des Kleinbusses auf. Das ist mein Stichwort. Sie muß Sharron sein. Ich überquere den Parkplatz und nähere mich ihr.

»Sind Sie Sharron Loree?«

»Ja«, antwortet sie.

Ich erzähle ihr, daß unsere Nachbarn mich geschickt haben, zwei Künstler, die oben in der Silver Hollow Road wohnen. Sharron sagt, sie kennt das Paar. Sie hat früher auf ihre Kinder aufgepaßt.

»Wir suchen eine Vollzeit-Kinderfrau. Wir haben einen dreijährigen Sohn, der gesundheitliche Probleme hat. Aber ich muß Sie warnen, es ist ziemlich stressig.« Ohne das geringste Zögern erklärt Sharron sich bereit, zu einem Vorstellungsgespräch vorbeizukommen.

Zwei Tage später biegt ihr Kleinbus in die Auffahrt ein.

»Ich brauche jemanden, auf den ich mich verlassen kann«, sage ich ohne große Vorreden, als wir uns zusammen an den Küchentisch setzen. Meine eigene nervöse Steifheit läßt mich innerlich zusammenzucken. Ich fühle mich enttäuscht von der letzten Kinderfrau, einer Achtzehnjährigen, die zwei Tage kam, dann nie wieder auftauchte und auch nicht auf meine Anrufe reagierte. »Wir brauchen jemanden, der jeden Tag kommt. Jemanden, der reif genug ist, um mit der Situation fertigzuwerden. Ich muß arbeiten. Ich habe einen Abgabetermin. Das ist flüssiges Valium. Hier sind die Spritzen.«

»Wo ist Elija?« fragt Sharron und schneidet durch den Senf.

»Er hatte wieder einen epileptischen Anfall, kurz bevor Sie kamen. In diesen Phasen schläft er viel. Wir versuchen, die beste Dosis Tegretol zu finden, aber bislang ist uns das noch nicht gelungen.«

Ich stehe vom Tisch auf und lade sie ein, durch die Schlafzimmertür zu spähen. Leise öffne ich die Tür und zeige auf den kleinen Cherub, der auf dem Bett liegt, in eine dicke Daunendecke gekuschelt.

»Ein schöner Junge«, verkündet Sharron etwas zu laut.

Ich erwidere im Flüsterton: »Wir haben nur wenig Zeit zum Reden. Nutzen wir sie. Wenn Elija aufsteht, wird er meine ganze Aufmerksamkeit brauchen.«

»Was für ein magischer Ort«, sagt sie und bleibt stehen, um aus dem Fenster auf die kargen Berge zu schauen, die sich dramatisch direkt hinter dem Haus erheben. »Hier oben sieht es aus wie in der Schweiz.«

»Ja. Es ist ziemlich abgelegen«, antworte ich, entwaffnet durch ihre beiläufige Ungezwungenheit. »Ben gefällt das, aber ich finde, wir sind zu hoch oben. Es war ein schwerer Winter mit den vielen Schneestürmen. Aber warum setzen wir uns nicht wieder? Ich erzähle Ihnen etwas über den Job.« Ich stütze die Ellbogen auf dem Tisch auf, lege mein müdes Gesicht in die Hände und schildere, wieder einmal, die Einzelheiten von Elijas Krankenhausaufenthalt und den scheußlichen Untersuchungen. »Die MRT steht noch aus, aber wir haben einen Termin in einem Labor in Albany.« Sharron hört zu, während ich pflichtgemäß die Geschichte herunterspule, aber bald stelle ich fest, daß ich neue Wendungen hinzufüge. »Ich würde Elija nie in ein Heim geben«, höre ich mich sagen. Ich bin überrascht, weil niemand das je vorgeschlagen hat. »Ich möchte, daß Sie wissen«, teile ich dieser Wildfremden mit, dieser Sharron Loree, als spräche ich mit meiner einzigen Vertrauten, »daß ich so etwas nie tun würde.«

Etwas an der Eigenart von Sharrons Zuhören hat mich veranlaßt, das zu sagen. Es ist wahr, wir erkennen unsere Seelen durch die Seelen anderer Menschen. Es ist wahr, daß etwas, das eine Folge bloßer Zufälle zu sein scheint, von Zufallsbegegnungen und unabsichtlichen Zusammentreffen, sich letztendlich zu einem Leben voll eindeutiger Berührungspunkte summiert. Wir sind nicht unsterblich, und die Beziehungen, die wir zu anderen Menschen aufnehmen können, sind zahlenmäßig ebenso begrenzt wie die Tage unseres Lebens. Ich hebe den Kopf von den Händen, um Sharron anzusehen, die immer noch ruhig zuhört, und was ich sehe, verblüfft mich. Ein bemerkenswertes Gesicht ist das. Sharrons Gesicht. Es ist ein elfenhaftes Gesicht, ein Mond-Gesicht. Strahlend, weise und voller Mitleid. Tränen strömen ihr über die Wangen. Sie fließen reichlich, ihr werden nicht nur die Augen feucht, und trotzdem bebt ihr Körper nicht, wackelt nicht oder bewegt sich sonst irgendwie. Es liegt Würde in ihrem Weinen, und sie macht keine Anstalten, sich die Tränen abzuwischen. Sie sitzt nur da und schaut mich mit vollkommener Wahrhaftigkeit an.

»Die Anfälle bringen mich zum Weinen«, sagt sie schlicht. Wer ist dieser Elf? Diese Sharron Loree? Wie alt ist sie? Hat sie ein Zuhause? Hat sie Familie? Wer ist diese Frau, die Tränen für einen kleinen Jungen übrig hat, auf den sie nur einen kurzen Blick geworfen hat? Eine Wildfremde. Eine Zeugin.

»Wir haben uns schon mal gesehen«, sagt sie, und immer noch laufen ihr die Tränen über die Wangen. »Ich habe Sie und Elija neulich getroffen. Auf dem Flohmarkt. Elija ist in meinen Bus gekrabbelt. Erinnern Sie sich nicht?«

»Sie waren das! Aber natürlich! Was für ein Zufall!«

Erst vor ein paar Tagen war ich mit Elija zum Flohmarkt gefahren, auf einer unserer Exil-Ausflüge, damit er herumwandern konnte und ich mal in die Nähe anderer Leute kam, obwohl es unmöglich war, an einem der Tische voller Antiquitäten und Trödel stehenzubleiben, zu gucken und sich zu unterhalten. Elija streifte frei umher. Er beobachtete und kartographierte, immer auf der Suche nach einem Ort, wo sein Körper einen Platz für sich finden konnte. Als er Sharrons Kleinbus sah, dessen seitliche Schiebetür weit offen stand, hielt er schnurstracks darauf zu und kletterte hinein. Ich versuchte, ihn davon abzuhalten.

»Geh da nicht rein, Schatz!« rief ich, aber es war zu spät. »Schon in Ordnung. Er kann ruhig in meinen Bus«, antwortete eine freundliche Stimme. Sharron stieg ebenfalls in den Wagen und führte ihn herum.

»Sie waren so nett zu uns, Sharron. Elija hat Ihnen vertraut, und er mochte Ihre Sachen. Es war wie ein sicherer Hafen, für uns beide. Manchmal denke ich, er empfindet großen Schmerz, bis er die nächste stimmige Sache findet, über die er nachdenken kann.«

»Ja«, antwortet Sharron. Sie scheint meine Erklärungen nicht zu brauchen, und sie erwidert nicht die Dinge, die einen Stachel hinterlassen, die Platitüden, an die ich mich gewöhnt habe, die Phrasen, die mich vor den wenigen Begegnungen mit anderen Leuten, die Elija und ich haben, zurückschrecken lassen. Sätze wie: »*Alle* Kleinkinder sind aktiv«, »*alle* Kleinkinder erforschen gern ihre Umgebung« oder »*alle* Kleinkinder sind gebieterisch« oder »*alle* Kleinkinder sind anstrengend.« Daß es Worte sind, die einen Stachel hinterlassen, wird nicht immer in dem Augenblick deutlich, in dem sie ausgesprochen werden, aber die Nachwirkungen sind leicht zu erkennen. Diese Nachwirkungen haben mich veranlaßt, meine Interaktionen zu zensieren, sobald das Thema Elija und seine Entwicklung angesprochen wird. Aber bei Sharron schreibe ich mein eigenes Drehbuch, und es ist klar, je origineller ich bin, desto lieber ist es ihr.

»Es tut mir leid, daß ich Sie nicht wiedererkannt habe.«

»Schon gut.«

»Wir konnten nicht stehenbleiben und mit Ihnen reden. Das tun wir nie. Elija ist sehr schnell, und ich weiß, er ist am glücklichsten, wenn ich mich einfach füge und mit ihm hinfliege, wo immer er hinwill. Aber ich fürchte, eines Tages, wenn ich abgelenkt bin, wird er weggehen. Ich werde ihn für immer verlieren.«

»Ja«, sagt Sharron großzügig. Sie hat keine Angst vor mir. Sie ist doch keine Fremde. Und da ist noch etwas an ihr ...

aber ich kann es nicht genau ausmachen. Da ist noch etwas. Etwas *Vertrautes*. Etwas Verwandtes sogar. »Ich finde, Elija sieht nicht krank aus«, sagt sie, macht keinen Hehl aus ihrer Meinung. Ihre Art zu sprechen ist klar und einfach. »Er ist schön. Wie kann er *krank* sein? Wer hat Ihnen denn das erzählt? Die Anfälle sind traurig. *Die* bringen mich zum Weinen.« Noch mehr Tränen strömen ihre Wangen hinunter, und doch bleibt ihr Körper so ruhig. »Ich werde ihn nicht festhalten und ihm Medikamente geben. Und ich mache keine Valium-Injektionen. Das würde ich Elija niemals antun. Also bitten Sie mich nicht darum.«

»Gut«, sage ich überrascht. Sieht so aus, als würde Sharron bleiben.

»Bitten Sie mich nicht darum«, wiederholt sie. Sie bleibt eisern.

»Das werde ich nicht. Ich werde Sie nicht darum bitten«, versichere ich ihr.

»Gut.«

Die Angelegenheit ist erledigt. Irgend etwas an Sharron fordert eine deutliche Sprache. Irgend etwas an ihr bringt mich dazu, kein Blatt vor den Mund zu nehmen.

»Heißt das, Sie übernehmen den Job?«

»Ja«, antwortet sie beiläufig. »Ich will Elija kennenlernen. Ich werde hier warten, bis er aufwacht. Ich hole bloß eben meine Arbeit aus dem Bus.«

Als sie zurückkommt, hat sie eine Aktentasche und einen großen Müllbeutel voller Zeug mitgebracht. Sie läßt den Müllbeutel auf den Boden fallen.

»Das sind Spielsachen«, verkündet sie laut. »Sie sind für die Kinder. Ich hole sie im Gratisladen.«

»Im Gratisladen?«

»Bei Family. Die Reichen bringen da Sachen hin, die sie nicht mehr wollen. Sie können sich gern nehmen, was Sie wollen. Es ist alles umsonst.« Sharron setzt sich wieder an den Tisch, öffnet ihre Aktentasche und macht sich mit einer Schere an die Arbeit. »Wenn Elija aufwacht, zeige ich ihm meine Spielsachen.« Sie schneidet etwas aus, das wie kleine farbige Bilder aussieht.

»Was machen Sie denn?«

»Ich bin Künstlerin.« Sie schneidet noch eine Weile weiter, und nach ein paar Herzschlägen fügt sie hinzu: »Ich muß die Sachen für den Flohmarkt am Samstag fertigmachen.«

»Was sind das denn für Sachen?«

»Ich mache Fotos von meinen Ölbildern. Dann verkleinere ich sie und mache Farbkopien davon. Wollen Sie mal sehen?«

»Ja. Sehr gern.«

Sie schiebt ein paar Fotos, die auf dem Tisch liegen, in meine Richtung. »Ich schneide sie aus, beschichte sie mit Plastik und klebe einen Magneten auf die Rückseite. Es ist Kühlschrank-Kunst. Den Leuten gefällt das.«

»Das hier ist großartig!« erkläre ich und hebe das Bild hoch. Ein Hochseil ist halsbrecherisch über einen Wasserfall gespannt, und darauf wandert ein Brautpaar dahin.

»Danke. Es ist sehr beliebt. Es heißt *Hochzeit auf den Niagarafällen.*«

»Das ist sehr komisch!« rufe ich aus.

»Danke.« Sie schneidet weiter. Nach einer langen Pause dann: »Wollen Sie noch mehr sehen?«

»Klar.«

Jetzt holt Sharron einen dicken Stapel Fotos aus der Aktentasche und reicht sie mir. »Das sind fast alles Bilder von mir.«

»Sie haben all diese Bilder gemalt?«

»Ja, außer dem, das mein Freund gemalt hat. Es ist da irgendwo in dem Stapel. Er hieß Bill Turk. Er starb bei einem Lawinenunglück.«

»Ihr Freund starb bei einem Lawinenunglück?«

»Ja. In Utah. Schauen Sie, das Bild, das Sie sich gerade ansehen, das habe ich nach seinem Tod gemalt. Es heißt *Macho-Todesnachricht.*«

Das Gemälde ist ein Raster mit einzelnen Bildern von Männern, die dem Tod trotzende Bravourleistungen vollbringen. Einer setzt sich gerade einen Schuß Heroin. Die gekreuzten Knochen unter dem Totenschädel sind auf seinen muskulösen Arm tätowiert, direkt über einer roten Aderpresse, die er eng zusammengezogen hat. Ein anderer Mann macht Bungee-Jumping. Ein dritter zielt mit einer Pistole. Da ist ein Alkoholiker, der Schnaps aus einer Flasche säuft. Ein paar Männer sitzen oben auf einem Panzer, und man sieht verschiedene Automarken nach einem Zusammenstoß. Und da ist ein Mann auf Skiern. Eine Flutwelle aus Schnee türmt sich hinter ihm auf.

»Wie lange ist es her, daß er gestorben ist?«

»Zwei Jahre. Ich bin immer noch nicht darüber hinweg.«

Auf dem Raster mit Bildern männlicher Selbstzerstörung ist auch ein Porträt von Humphrey Bogart zu sehen, dem eine Zigarette aus dem verhärteten Mundwinkel hängt. »Ich bin immer noch nicht darüber hinweg. Nach Bill Turks Tod bin ich zurück nach Woodstock gezogen. Ich bin hierher zurückgekehrt, aber mein Traum ist, mir einen Wohnwagen zu kaufen und in der kalifornischen Wüste zu leben. Ich will eine Kindertagesstätte aufmachen, in der Wüste leben und malen. Ich passe gern auf Kinder auf. Darin bin ich gut. Im Malen und im Kinderhüten.«

Ich blättere den Stapel durch. »Das ist ein seltsames und schönes Bild.« Ich halte das Foto hoch, um es ihr zu zeigen.

»Danke«, sagt sie, immer noch schnippelnd.

Das Gemälde zeigt einen nackten Mann, der ganz allein auf einem Sofa schläft, irgendwo in einer trostlosen Landschaft. Die Rückenansicht des Mannes ist dem Betrachter zugekehrt, und das Sofa steht vor einem alten Caravan mit Silberleiste. Es ist eine Szene häuslicher Ruhe, aber sie wirkt unheimlich, weil alles auf der Mondoberfläche steht. Der Mann, das Sofa, der Caravan, einfach niedergesetzt auf die offene Ebene zwischen den Kratern. Die Erde hängt sichtbar in der Ferne, und ein Hund, die Schnauze erhoben, heult sie an. Ah, ein gemütlicher Platz auf dem Mond, fern vom Treiben der Menge.

»Was für ein seltsames und schönes Bild«, wiederhole ich und studiere die vielen skurrilen Details.

»Danke. Es heißt *Ausübung des freien Willens*.«

Ich muß laut über diesen Titel lachen.

»Danke.«

»Der Mond ist wie die Wüste, nicht wahr?« bemerke ich.

»Ja«, antwortet sie. »Ich will in der Wüste leben. Ich will einen Wohnwagen kaufen und eine Kindertagesstätte aufmachen.«

»Und was ist das?« Ich lache leise über das nächste Bild, das ich hochhalte, verblüfft über mein eigenes Lachen, denn ich hatte ganz vergessen, wie es klingt. »Was ist das?« Man sieht eine nackte Frau, die durch einen brennenden Reifen springt, den ihr ein muskulöser Mann im T-Shirt hinhält. Der Frau ist in jeder Hinsicht vollkommen. Perfekte Brüste. Perfekte Hüften. Ein perfekter Sprung.

»Oh, das ist mein Ex-Freund Bob«, antwortet Sharron nonchalant. Sie meint den Mann, der den Flammenreifen hochhält.

»Der Typ auf dem Bild war Ihr Freund?«

»Ja, und die Frau, das soll ich sein.«

»Es sieht aus wie eine Zirkusnummer!«

»Ja. So war das Zusammensein mit Bob.«

Sharron hat einen sehr trockenen Witz und eine etwas böse Zunge. Ich lache laut über ihre Witze, und dabei schnippelt sie, schnippselt, bis Ben aus dem Arbeitszimmer tritt und sich zu uns gesellt. Ich stelle ihn Sharron vor. Sie begrüßen sich höflich.

»Sharron wird bei uns bleiben«, verkünde ich, äußerst zufrieden mit mir. »Sie wird uns helfen. Und sie ist eine ganz erstaunliche Künstlerin!« Ich weise auf die Bilder, die überall auf dem Tisch verteilt sind. Ben nickt, nur halb interessiert. Er ist abgelenkt und grantig, und er bleibt lange genug bei uns stehen, um das Gespräch im Keim zu ersticken. Dann geht er wieder an die Arbeit.

»Mensch, der scheint ja nicht gerade brennend daran

interessiert zu sein, mich kennenzulernen«, sagt Sharron ziemlich laut, als Ben den Raum verläßt. Auf ihrem rundem Gesicht liegt ein spitzbübisches Grinsen. Ich lächle zurück, mit ambivalenten Gefühlen. Was Sharron zu sagen hat, sagt sie ganz direkt. Sie wirkt belebend auf mich in unserem ernsten Haus, und sie bringt mich aus dem Gleichgewicht.

»Ach, Sie brauchen sich keine Sorgen zu machen. Er ist nur autistisch. Ich hab schon mal autistische Freunde gehabt.« Das war einer von Sharrons ersten Eindrücken von Elija. Sie hatte sich auf den Küchenfußboden gesetzt und zugeschaut, wie er sechs Seltersflaschen gleichzeitig zum Drehen brachte. »Er ist autistisch«, sagte sie, so geradeheraus wie am Tag ihres Vorstellungsgesprächs. Jetzt, eine Woche später, hat sie mit ihrer Freimütigkeit bereits einen festen Platz in unserer Familienkonstellation eingenommen.

Sharron war die erste, die das Wort »Autismus« in unserem Haus aussprach. Meine Erinnerung daran ist nebelhaft. Aber nach der Morgendämmerung löst sich der Nebel langsam auf, und bald tauchte das Wort auch in anderen Zusammenhängen auf. Beispielsweise an dem Tag, als Ben und ich Elija nach Albany brachten, damit endlich die MRT gemacht werden konnte. Eine neue Kinderneurologin, die dritte Meinung, die wir einholen, sprach das Wort aus, während sie die Untersuchung vornahm.

»Wie geht es mit seiner Sprachentwicklung voran?«

»Langsam. Er spricht ein paar Worte, aber die Anfälle bringen ihn tagelang zum Schweigen.«

»Neigt er dazu, Wörter zu wiederholen?«

»Ja.«

»Reagiert er auf seinen Namen?«

»Nein. Gewöhnlich nicht, obwohl er es manchmal tut, wenn ich singe. In letzter Zeit bin ich dazu übergegangen, praktische Dinge wie ›Iß dein Mittagessen‹ oder ›Komm mal her‹ zu singen. So versteht er mich besser.«

Während ich die Fragen der Neurologin beantworte,

schaltet Elija, der brav auf dem Untersuchungstisch liegt, das Licht an und aus.

»Lassen Sie mich Ihnen eins sagen«, erklärt die Neurologin und nimmt die Brille ab. »Ich will Ihnen keine Angst einjagen oder ohne richtige Diagnose irgendwelche Andeutungen machen, aber ist Ihnen schon mal der Gedanke gekommen, daß Ihr Sohn Autismus haben könnte?«

»Ja«, antworte ich ohne zu überlegen, obwohl es mir unbegreiflich ist, warum ich das sage. Ich weiß gar nichts über Autismus, und doch sind ihre Worte weder überraschend noch bestürzend. Auf irgendeine unerklärliche Weise hat es Bedeutung für mich gewonnen. Vielleicht wegen Sharron. Der Nebel lichtet sich. Autismus. Es kommt mir vertraut vor. Sogar verwandt.

»So, wie Sie seine Sprache schildern, glaube ich, daß er echolalisch ist.«

»Echolalisch?«

»Ja. Wenn er, wie Sie sagen, Dinge wiederholt, ist es möglich, daß er echolalisch ist. Das ist eins der häufigsten Merkmale der autistischen Sprache. Es heißt das, wonach es klingt. Ihr Sohn könnte Wörter wiederholen, die er von Ihnen gehört hat, oder aus dem Fernsehen, das ist auch möglich. Aber diese Diagnose kann ich nicht stellen. Sie werden ein detailliertes Entwicklungsprofil erstellen lassen müssen. Das kann ich nicht für Sie tun.« Elija betätigt weiter den Lichtschalter, ganz entspannt und in seine Beschäftigung vertieft. Die Neurologin, die eine kritische, berufsmäßige Aura hat, schaut ihn an. »Ich glaube, das Sedativ wirkt jetzt. Diesmal sollten wir die MRT machen können. Das Phenobarbital sollte es schaffen. Schauen Sie, er wird schläfrig. Warten Sie hier einfach ein paar Minuten, bis der MTA Sie ruft.«

Elijas Lider sind schwer. Er ist am Einnicken. Er betätigt den Lichtschalter an der Wand, auf und ab, auf und ab. *Echolalie. Echolalie. Es heißt das, wonach es klingt. Echolalie. Onomatopoeia. Das Licht ist aus. Jetzt wieder an. An und aus. An und aus. Echolalie. Elija ist schläfrig, schläfrig. Das Licht ist aus.*

Obwohl es Sommer ist und die Luft draußen heiß und schwül, ist der MR-Untersuchungsraum wie ein Eisschrank. Elija, mittlerweile sediert, wird in das Gerät gerollt, aber es ist diesmal kein tiefer Tunnel. Es ist ein großer, ringförmiger Doughnut.

»Wollen Sie während der Untersuchung dabeibleiben?« fragt der MTA freundlich, während er Elijas Kopf in den Ring manövriert. Ben und ich nicken stumm, höchst erstaunt darüber, daß wir tatsächlich so weit gekommen sind. »Gut denn. Ich warne Sie, es wird ein Klopfgeräusch geben.«

»Ein Klopfgeräusch?«

»Ja. Kann ziemlich laut sein, wenn der supraleitende Magnet ins Wasserbad fällt. Manche Leute sind dann verunsichert. Ich möchte nur, daß Sie darauf vorbereitet sind.«

Wir nicken wieder, obwohl unsere wahre Sorge unausgesprochen bleibt. Ich weiß, daß Ben genauso wie ich an Elijas Angst vor unerwarteten, lauten Geräuschen denkt. Als ich ihn stillte, schrie er jedesmal voller Qual, wenn ich unverhofft niesen mußte, und einmal geriet er in helle Panik, als die Sirene der Feuerwache wie immer täglich um die Mittagszeit losheulte, gerade als wir daran vorbeikamen. Es erschütterte ihn noch Tage hinterher, als könne er sich gar nicht von der Erinnerung an das schrille Geräusch befreien.

Der MTA läßt uns im Untersuchungsraum allein und schließt die Tür. Die gekühlte Luft fängt an, mir unter die Haut zu kriechen. Ich setze mich auf einen Stuhl, lege die Arme um mich, um etwas Wärme zu erzeugen, und schaue Ben über den Raum hinweg an.

»Ist dir auch kalt?« frage ich zaghaft. Er ist heute äußerst angespannt.

»Ja«, nickt er ernst. »Mir ist kalt, und ich bin müde.«

Wir sind gestern abend lange mit Elija aufgeblieben, damit er auch bestimmt erschöpft ist und die Untersuchung möglichst verschläft.

»Sieht aus, als würde es endlich klappen«, sage ich mit vorgetäuschter Sicherheit.

»Vielleicht«, antwortet Ben halb optimistisch.

Dann setzt das erste Klopfen ein, mit einer Heftigkeit, die wir nicht erwartet haben. Unsere Aufmerksamkeit schnellt unisono zu Elija, der dort ganz allein liegt, sein kleiner Lockenkopf umgeben von einem technologischen Heiligenschein, aber er ist nicht aufgewacht. Seine Augen sind geschlossen und wie ausgehöhlt durch die dunklen Ringe darunter. Er wirkt geisterhaft in diesem weißen Raum. Als nächstes kommt eine Folge rascher Stakkato-Klopftöne. Der Lärm ist unvermittelt und absurd. Er macht den Raum noch kälter. Dann folgt Stille, aber nur für kurze Zeit. Dann wieder willkürliches Geklopfe. Jedes neue perkussive Hämmern bohrt sich in mein Gedächtnis, zieht vergessene Episoden unseres gemeinsamen Lebens hervor wie den Tag, an dem wir nach Elijas Geburt nach Hause kamen. *Klopf, klopf, klopf,* hämmerten die lauten Regentropfen gegen das Fenster. Ein heftiger Sturm war von den Bergen herabgefegt, gerade als wir unser Neugeborenes ins Haus trugen. Wir legten uns auf das Bett, wir drei, und lauschten dem heiligen Schrecken des Donners, während Elija an meiner Brust trank und dann einschlief.

Klopf, klopf, klopf. Das MR-Gerät verstummt. Ben schaut mich über den Raum hinweg an.

»Ich glaube, es ist vorbei«, sagt er.

Ich nicke zustimmend mit dem Kopf.

Elija schläft, als der MTA ihn aus einem Bündel Decken hebt und mir in die Arme legt. Auf dem Weg zum Auto sagen Ben und ich nichts zueinander. Dann sitzen wir im Auto und fahren vom Parkplatz. Es ist ein vertrauter Anblick, Elija sediert auf dem Rücksitz zu sehen, aber plötzlich tritt Ben auf die Bremse, sein schwerer Körper sackt über dem Lenkrad zusammen, und er beginnt zu weinen, wie ich noch nie einen Mann weinen gesehen habe. Es ist ein kompletter Zusammenbruch, und auf dem Rücksitz verschläft sein kleiner Sohn das Schluchzen seines Vaters. Bald weine ich ebenfalls – über die böse Ironie eines gemeinsamen Schmerzes, der uns nicht länger zu verbinden scheint. Ben und ich sind uns fremd geworden, wildfremd, uns selbst und einander. Wir haben auf dem Parkplatz die Kontrolle verloren. Wir haben einander verloren.

Drei Tage später wird uns mitgeteilt, daß die MRT nichts Anomales in Elijas Gehirn aufgezeichnet hat. Kein Tumor, keine Gewebeauffälligkeiten, und die neurologische Untersuchung hat wie immer keine eindeutigen Befunde ergeben. Ben und ich haben immer noch keine Antworten, aber ich muß das Versprechen halten, das ich mir selbst gegeben habe. An dem Tag, an dem wir die Untersuchungsergebnisse erhalten, teile ich ihm mit, daß ich ausziehen werde. Ich verlasse Silver Hollow, denn es hat mich zu sehr isoliert.

Kapitel 4
Zufällig auch Sharron Loree

Als der Sommer zu Ende geht, ist Elija drei Jahre alt, und ich habe ein neues Zuhause für uns gefunden. Es ist ein heiterer Ort, umgeben von offenen Wiesen und einladenden Gräsern. Unsere Wohnung befindet sich in einem weitläufigen alten Farmhaus, das einem Clown gehört, einem Mann des stummen Theaters.

»Der Clown ist wie Charlie Chaplin«, erkläre ich Elija. »Er heißt Bob.«

Bob ist meistens nicht da. Die Teile des Hauses, die er bewohnt, sind dunkel und leer, aber er hat ein paar clowneske Dinge zurückgelassen, beispielsweise das vergammelte Vehikel, das draußen auf dem Gras unter einem alten Apfelbaum verrostet. Es muß sich um ein Requisit handeln, mit dem Bob einmal über die Bühne geradelt ist. Elija klettert auf dem verrückten Vehikel herum und inspiziert die spindligen Speichen, und dann umrundet er das große alte Haus und späht durch Bobs Panoramafenster. Im Wohnzimmer, in zwei senkrechten Reihen an der hohen Wand angebracht, hängt eine Sammlung alter Seiden-Zylinderhüte.

»Hut.« Elija will hinein und sie aufsetzen.

»Das sind Bobs Hüte, Elija. Wir können da jetzt nicht reingehen. Bob ist nicht da. Er ist auf Tournee.«

»Hut – Hut«, ruft Elija mit repetitivem Verlangen.

»Ja, das sind Bobs Hüte. Bob ist ein Clown.«

»Clo...own«, ahmt er mich nach. Elija hatte seit zwei Wochen keinen Anfall mehr. Er ist mitteilsam und anregend.

»Stimmt. Bob ist ein Clown. Das sind seine Zylinderhüte.«

Züüüü....llinder....huuu...t.«

Sharron Lee kommt fast jeden Tag in unsere neue Wohnung.
»Zylinder...hut«, teilt Elija ihr mit, als sie zur Tür hereinkommt.

»Gut gesprochen! Gut gesprochen!«
Immer wenn Elija ein neues Wort ausprobiert, läßt Sharron ihn rasch wissen, was sie davon hält. Sie sitzen zusammen
auf dem Wohnzimmerfußboden, und Elija zieht konzentriert
die Papierhülsen von Wachsmalstiften ab, während ich im
Schlafzimmer an meinem Schreibtisch sitze und arbeite.
Dank Sharron übersetze ich wieder. »Kafka ist vielleicht
nicht ohne Sinn, aber von unzweideutiger Ambiguität und
daher uninterpretierbar.«[1] So lauten die Worte, die ich diesem trockenen, akademischen Aufsatz entlocken muß, während Sharron, die Elija mit geschärfter Aufmerksamkeit
gegenübersitzt, die Wörter immer sehr konkret gebraucht.
Ihn beeindruckt das tief, und manchmal drückt ihre Kon-
kretheit auch mir ihren Stempel auf.

»Du hast keine guten Spielsachen im Haus«, ruft sie, während ich mit einem Absatz über Hermeneutik und Fehlkom-
munikation ringe. »Elija braucht mehr von diesen Sachen,
die im Dunkeln leuchten. Das Spielzeug, das du hast, ist spie-
ßig. Es ist langweilig.«

»Hm-hm«, antworte ich. Ich feile immer noch an der
trockenen Sprache.

Einige Minuten später hat sie noch etwas zu sagen. »Du
solltest nach unten gehen und Elija die Hüte aufprobieren
lassen. Er braucht das.« Sharron bleibt beharrlich bei einem
Thema, und ihre Anwesenheit in der winzigen Wohnung ist
zugleich tröstlich und bedrängend.

»Der Clown ist verreist, Sharron.«

»Das weiß ich, aber Elija muß nach unten gehen und die
Hüte aufprobieren.«

»Huu...ut«, wirft Elija ein.

»Ja, richtig! Gut gesprochen!«

In der folgenden Nacht, als Sharron nicht bei uns war,

brannte plötzlich eine Glühbirne im Wohnzimmer aus, und der Raum lag im Dunkeln. Elija, der schon den ganzen Abend reizbar gewesen war, stieß ein langes Geheul aus. Ich hörte, wie er sich gegen die Wand warf und mehrmals mit dem Kopf dagegen schlug. Ich tastete mich an der Wand entlang, fand den Lichtschalter und machte das Licht an, aber das erhellte Zimmer linderte seine Qual nicht. Eine lange Stunde versuchte ich vergeblich, ihm durch das plötzliche Trauma hindurchzuhelfen. Er ließ zu, daß ich ihn mehrmals kurz hochnahm, aber dann riß er sich wieder los, warf sich zu Boden und schlug mehrmals mit dem Kopf gegen die Wand, bevor ich ihn daran hindern konnte. Wenn nur Sharron hier wäre! Sie würde wissen, was zu tun war. Und bei dem Gedanken an Sharron rief ich endlich verzweifelt aus: »Wir gehen runter zur Wohnung des Clowns und probieren die Hüte auf!«

»Huu...uut!« Augenblicklich hörte Elija zu weinen auf, stand vom Fußboden auf, öffnete die Wohnungstür, und, ohne Schuhe anzuziehen, trat er ernst auf die kalte Veranda hinaus und steuerte auf die steile Holztreppe zu.

»He, wart auf mich! Ich muß erst eine Taschenlampe holen!«

»Hut – Hut -«. Sein Stimmchen verklang rasch. Ich eilte hinter ihm her.

»Langsam!«

Zu meiner Überraschung blieb Elija mitten auf der Treppe stehen, drehte sich zu mir um und sah mich an. Sein kleiner Körper leuchtete klar im hellen Mondlicht.

»Schau! Es ist Vollmond, Elija! Man kann alles sehen, sogar die Blätter an den Bäumen!«

»Hut.«

Die Wiesen um das Haus herum liegen in Silber gebadet.

»Die brauchen wir wohl nicht.«

Ich lege die Taschenlampe auf die Veranda und nehme Elijas Hand. Ich lasse ihn barfuß durch das kühle Gras des frühen Herbstes gehen, den ganzen Weg bis zu Bobs Haustür. Der Himmel über uns ist weit offen. Es ist ein Theater aus Licht. Etwas beklommen drücke ich gegen die Tür. Es ist nicht abgeschlossen. Ich stecke den Kopf hinein. »Ist jemand zu Hause?«

Keine Antwort. Wir durchqueren die dunkle Küche und gehen ins Wohnzimmer, wo ich das Licht anmache.

»Hut...«, sagt Elija und blickt auf.

Da sind sie, alle zwölf, an der hohen Wand, und warten auf ihn. Es ist ein Wohnraum auf zwei Ebenen, und praktischerweise gibt es eine Leiter, die zum Zwischengeschoß führt. Ich manövriere sie zu den Zylinderhüten, steige die schmalen Holzsprossen hinauf und nehme vorsichtig einen Hut vom Haken. Ich beuge mich herab und reiche ihn Elija. Er setzt ihn auf. Er probiert alle Zylinder an, wobei er unablässig das Wort »Hut« wiederholt, und der grausame Zwischenfall mit der ausgebrannten Glühbirne verschwindet vollkommen aus seinem Gedächtnis. Dann setzt er jeden Zylinderhut ein zweites Mal auf, und ein drittes Mal. »Hut – Hut – Hut.« Mit einem Knall klappt er einen Zylinderhut zusammen und verwandelt ihn in einen flachen Pfannkuchen. Eine Staubwolke steigt auf und wirbelt um Elija herum. Er niest mehrmals, und nach jedem Niesen sagt er »Hut.« Als Elija endlich bereit ist, in unsere Wohnung zurückzukehren, ist es sehr spät geworden. Wir gehen gemeinsam zurück, beide schläfrig und zufrieden, eskortiert vom Mondlicht, und er bewegt sein geliebtes Wort im Mund herum, den ganzen Weg um das Haus, den ganzen Weg die Treppe hoch bis in sein Bett, wo er sofort einschläft.

Ein paar Nächte später mache ich für Sharron ein Bett auf dem Sofa fertig.

»Du mußt das nicht machen«, sagt sie befangen. »Ich brauche keine Laken und so'n Zeug.«

»Warum nicht?« Ich reiche ihr eine Decke.

»Du verwöhnst mich«, antwortet sie und schlüpft zwischen die Laken. »Ich fange ja an, mich hier wie zu Hause zu fühlen.«

Damals wußte ich noch nicht, daß Sharron obdachlos war. Seit Bill Turks Tod hatte sie improvisiert gelebt, auf Häuser aufgepaßt, Kinder gehütet, oft im Bus geschlafen. Aber der Sommer war fast vorbei, und sie sprach davon, in ein wärmeres Klima zu ziehen. Ich begann mir Sorgen zu machen, sie könnte plötzlich den Entschluß fassen fortzugehen, über Land zu fahren, wie sie es schon viele Male zuvor in ihrem unkonventionellen Leben getan hatte.

»He«, rief sie vom Sofa aus, als wir drei es uns in unseren jeweiligen Betten bequem gemacht hatten.

»Ja?« erwiderte ich aus dem Zimmer, in dem Elija und ich schliefen. Seine kleine Matratze lag auf dem Boden neben meinem Bett, wo ich ein Auge auf ihn haben konnte, wegen seiner Anfälle.

»Ich kann doch Elijas Großmutter sein!«

»Das klingt genau richtig, Sharron. Gute Nacht!«

»Gute Nacht!«

Es war Anfang September, und Elija kam in einen Sonderkindergarten in Kingston. An seinem ersten Kindergartentag rollte ein großer gelber Bus durch die Wiesen über die lange, unbefestigte Straße, hielt vor dem Haus und hupte. Gemeinsam gingen Elija und ich die Holztreppe hinunter, und dann, ohne eine Spur des Zögerns, stieg er in den Bus, genauso wie er damals in Sharrons Kleinbus geklettert war. Ich hatte ein beengtes Gefühl in der Brust und Magendrücken. Elija war doch erst drei Jahre alt. Er würde jetzt jeden Tag acht lange Stunden fort sein, einem rigorosen Therapie- und Frühförderplan unterworfen. Im Bus wartete eine Helferin auf ihn, die wegen seiner Epilepsie eingestellt worden war. Ich schaute durch das Fenster zu, wie sie meinen Sohn in den erhöhten Kindersitz setzte und ihn anschnallte, und die volle Bedeutung der Worte »Inanspruchnahme medizinischer Hilfen« ging mir auf. Ja, Elija ist behindert, dachte ich, als der Motor des Busses aufheulte. Der Lärm schien Elija nicht zu beunruhigen, obwohl er davon abgelenkt wurde.

Ich winkte ihm durch das Fenster zu, obwohl ich wußte, daß er mich nicht sehen würde. Daran war ich mittlerweile gewöhnt, aber es war nicht seine scheinbare Distanziertheit, die mich an diesem Tag mit Traurigkeit erfüllte, denn ich wußte, das schien nur so. Nein, schwer zu ertragen war der Gedanke, so viele fremde Leute in unser Leben hineinlassen zu müssen: Ärzte, Sonderpädagogen, Physiotherapeuten, Sprachtherapeuten, Beschäftigungstherapeuten und Sozialarbeiter.

Elija ging weit früher allein in die weite Welt hinaus, als ich erwartet hatte. Die Helferin im Bus versuchte, ihn zu veranlassen, in meine Richtung zu blicken und mir zum Abschied zuzuwinken, aber er war zu fasziniert von dem gewaltigen Motorenlärm und dem hohen Tuten, das der Bus hören ließ, als er zurückzusetzen begann. Die Helferin zuckte mit den Achseln und winkte mir dann selbst freundschaftlich zu, während der Bus meinen Sohn davontrug, zu seinem langen Tag in Kingston.

Ich steige die Treppe zur Wohnung hinauf und bleibe auf der Veranda stehen. In der Ferne, weit hinter diesen Wiesen, hinter den Wäldern, erhebt sich der Overlook Mountain. Für die Indianer, die einst hier lebten, war das ein heiliger Ort und für die Maler der Hudson River-Schule die überwältigendste Silhouette in den Catskills. Vor einer Woche, als Bob gerade von einer Tournee heimgekehrt war, stand ich mit ihm auf der Veranda, und mit der Hand eines Pantomimen zeichnete er zart das bergige Terrain nach.

»Bald wird der Rost kommen«, sagte er und meinte den Herbst. »Ich liebe es, wenn das Laub den Gipfelpunkt überschreitet und zu Rost wird. Rost ist Melancholie. Rost ist Verlust.«

Passende Worte für einen Clown, dachte ich, und jetzt, heute, verfärbte sich das Laub. Die ersten Spuren von Rot und Orange zeigten sich in den Bäumen. Gestern nacht spürte ich den Rost sogar in der Luft. Ich wachte in den frühen Morgenstunden auf, stand auf, schlich an Elija vorbei, der auf der Matratze schlief, an Sharron, die auf dem Sofa schlief, und trat vor die Tür. Die Nacht war mondlos. Die Luft war frisch und der große, indigoblaue Himmel mit zahllosen Sternen übersät. »Das ist unsere Verwandlung«, sagte ich laut in die Nacht hinein, und gerade als ich das sagte, pfiff ein Zug in der Ferne.

Ich kehrte ins Haus zurück, öffnete das Fenster im Schlafzimmer gerade weit genug, um die lebendige Luft hereinzulassen, setzte mich auf das Bett und arbeitete im Licht einer kleinen Lampe. Ich machte mich ans Übersetzen, umgeben von Wörterbüchern und Lexika. Immer öfter verbringe ich schlaflose Nächte, und ich bin dazu übergegangen, nachts zu arbeiten, um die Zeit herumzubringen.

Welcher Dichter hat gesagt, wenn ein Autor seine Stimme findet, ist es wie eine Sternschnuppe? Ich kann mich nicht erinnern. Aber letzte Nacht, als ich die akademischen Worte wiedergab, die Geschichte der in der Literaturwissenschaft vertretenen Meinungen und Gegenmeinungen über Franz Kafka, hielt ich für einen Moment inne – es muß der Rost gewesen sein -, griff mir ein Blatt Papier und schrieb, ohne weiter nachzudenken, ein Gedicht für Elija. Dies geschieht mittlerweile häufig mitten in der Nacht, aber letzte Nacht war es mehr als das. Ein Stern schoß durch den Indigo-Himmel, und zurück blieb eine drängende Frage auf meinen Lippen. »Was ist der Unterschied zwischen menschlichem Vertrauen und Sprache?« »Fast keiner« lautete die geflüsterte Antwort.

Elijas Schulbus ist fort. Ich kann ihn nicht mehr in der Ferne seine schwerfällige Masse über die Straße wuchten hören. Bei der Rückkehr in die Wohnung finde ich Sharron auf dem Sofa.

»Du mußt wirklich ein paar Spielsachen besorgen, die im Dunkeln leuchten, oder Farben oder sowas«, sagt sie, als ich eintrete. »Elija wird das gefallen.«

»Gut. Wir fahren heute in die Stadt und kaufen was«, erwidere ich und gehe ins Schlafzimmer, um mit der Arbeit zu beginnen.

»Ich bin fertig«, hält sie mich auf und streckt mir eine Schachtel Streichhölzer entgegen. Ich bleibe abrupt stehen und staune sie an. Beim Einzug in die neue Wohnung hatte ich auf dem Küchenregal eine Schale voller Streichhölzer gefunden, die ein Vormieter dort zurückgelassen hatte. Es war ein einziges Kuddelmuddel.

»Es ist wohl zu gefährlich, die Streichhölzer hier einfach herumliegen zu lassen«, hatte ich laut gesagt. »Ich glaube, ich habe irgendwo in einer Küchenschublade eine Streichholzschachtel gesehen. Vielleicht können wir die losen Streichhölzer da ja reinkippen.«

»Ich mach das!« hatte Sharron eifrig angeboten. »Sowas mache ich gern. Darin bin ich gut.« Jetzt sitzt sie auf dem Sofa und hält mir die Streichholzschachtel hin. »Schau mal rein.« Ich öffne die Schachtel und stelle fest, daß Sharron jedes Streichholz einzeln hineinsortiert hat, alle fein säuberlich in Reihen angeordnet. »Schau nur. Wie neu, oder? Wie frisch aus dem Laden.«

Sharrons Eigenheiten schienen sich organisch mit meinem aufkeimenden Bewußtsein von Elijas Autismus zu verbinden. Im Sonderkindergarten in Kingston wurde er jetzt zögernd mit Fachbegriffen beschrieben. Elija, wird mir mitgeteilt, zeige »Autismus-ähnliche Verhaltensweisen«. Er ordnet Gegenstände in Reihen an und leidet unter Veränderungen. Unter dem Wechsel von drinnen nach draußen, von Tageskleidung zu Pyjamas, von Elternhaus und Kindergarten, von Sprachtherapie zur Beschäftigungstherapie zur Physiotherapie zum strukturierten Verhaltenstraining.

Zur gleichen Zeit hatte Donna Williams, eine Autistin, gerade ihre Biographie *Ich könnte verschwinden, wenn du mich berührst* veröffentlicht, die zum Bestseller wurde, und der Neurologe Oliver Sacks schrieb im *New Yorker* ein Porträt von Temple Grandin. Temple war Professorin für Verhaltensforschung und entwickelte auch erfolgreich Anlagen für die Viehzucht. Sie und Donna wurden als »hochfunktionale

Autisten« bezeichnet, und die Medien zeigten sich zutiefst erstaunt, daß diese Frauen trotz ihrer »Geisteskrankheit« Bücher schreiben, einen Beruf ausüben und so ungemein erfolgreich sein konnten.

Eines Tages schickte der Kindergarten die Videoaufzeichnung eines Vortrags von Temple Grandin über Autismus mit. »Hast du Lust, dir nachher das Video anzusehen?« frage ich Sharron. »Ich bringe nur erst Elija ins Bett.« Sharron wollte. Sie würde auf mich warten, bis ich Elijas Unruhe gelindert hatte. Er machte eine schwere Zeit im Kindergarten durch, es fiel ihm schwer, sich in der neuen Umgebung einzugewöhnen. Er kam ängstlich und verstört nach Hause, und zur Schlafenszeit warf er sich auf seiner Matratze herum, manchmal stundenlang, und versuchte, mit dem Kopf gegen die Wand zu schlagen. Ich hob immer schnell die Hand, um den Aufprall zu mildern, aber ich konnte es nicht jedesmal vorhersehen. Immer wieder knallte sein Kopf gegen die Wand.

»Oh! Tu das nicht! Nicht mit dem Kopf gegen die Wand schlagen!« rief Sharron leise vom Wohnzimmer herüber, wo sie mit ihren Scheren arbeitete. Sie sagte es in einem pädagogischen Tonfall, als sei es etwas, das er *lernen* müsse.

Als Elija endlich ruhiger wurde, lauschte er, wie ich ihm ein Lied vorsang, das er im Kindergarten gelernt hatte. »Die Räder des Busses dreh'n sich, dreh'n sich, dreh'n sich, dreh'n...«

»Weh'n«, stimmte er ein. »Weh'n.«

»Gut gesungen!« kam Sharrons Stimme aus dem Nebenzimmer. Ihr Interesse tröstete ihn noch mehr.

»Die Scheibenwischer machen wisch-wisch-wisch, wisch-wisch-wisch, wisch-wisch-wisch...«

»Sisch! Sisch!« Sein Singen wird immer leiser, bis er praktisch flüsterte. Dann hört auch das Flüstern auf. Er ist eingeschlafen.

»Gut«, sage ich zu Sharron, stehe mühsam auf und schließe die Schlafzimmertür hinter mir. »Willst du immer noch diese Temple Grandin-Sache sehen?«

»Ja!«

»Genau das Richtige für eine Fernseh-Session um Mitternacht«, witzelte ich und schob das Video in den Recorder. Sharron und ich waren in letzter Zeit immer sehr lange aufgeblieben, hatten über Kunst, Lyrik und gescheiterte Beziehungen geredet. Ich stellte den Fernseher an und setzte mich neben sie auf das Sofa. Temple Grandin, eine kernige Frau im Cowboy-Hemd, erschien auf dem Bildschirm und begann mit einem dichten Vortrag, der gespickt war mit Erfahrungen aus erster Hand.

»Ich kann Hintergrundgeräusche nicht wegfiltern«, erklärte sie ihre Form des Hörens.[2] »Ich bin wie ein offenes Mikro. Ich muß alles aufnehmen oder alles ausblenden. Ich kann es nicht modulieren.« Temple sprach über etwas, das sie »sensorisches Verquirlen« und »sensorische Überempfindlichkeiten« nannte und das auf die meisten Autisten zuzutreffen scheint, obgleich es enorme Unterschiede gibt. Manche haben ein übersteigertes Geruchs- oder Tastempfinden, andere kaum oder gar nicht. Geräuschüberempfindlichkeit ist außerordentlich häufig.

Temples Vortrag war eine Offenbarung für mich. Es war wie eine kartographische Erfassung der Inseln, die Elija und ich nun schon so lange bewohnten. Sie beschrieb, daß die Stimmen anderer Menschen ihr als Kind als unangenehmes, sinnloses Geräusch erschienen waren, es sei denn, sie sprachen sehr langsam und deutlich mit ihr.

»Sharron!« rief ich aus. »Elija hat diese Hypersensibilität! Deshalb will er immer allein sein! Er kann die Eindrücke nicht alle gleichzeitig verarbeiten!«

Mir war mitgeteilt worden, daß Elija autistisch sei, aber erst Temples prägnant formulierte Einsichten in ihre eigene gelebte Erfahrung ließen eine andere Denkweise für mich unmittelbar nachvollziehbar werden. Plötzlich war Elijas Wahrnehmung der Welt für mich fühlbar und spürbar geworden. Temple schilderte beispielsweise, wie schwierig es für sie war, von einer Sinnesmodalität auf eine andere umzuschalten, beispielsweise von Sehen auf Hören. Für ein autistisches Kind ist die Welt ein hochgradig zersplitterter Ort, und jede Kohärenz, die sie traditionellerweise haben mag, muß erst durch einen langen und mühsamen Prozeß des Zusammenfügens verschiedener sensorischer Elemente konstruiert werden.

»All mein Denken«, erklärt Temple, »geht vom Konkreten, dem Besonderen, zum Allgemeinen.«[3] Das gilt auch für Emotionen und soziale Verhaltensweisen. Temple, die von sich sagt, daß sie »visuell denkt«, war im Laufe vieler Jahre in der Lage, verschiedene Funktionen zu integrieren, die die meisten Menschen als gegeben hinnehmen. Das gelang ihr, indem sie auf den riesigen Bilderkatalog zurückgreift, den sie im Kopf aufgebaut hat: »Das, was die Leute Denken nennen, Fakten und Gefühle durcheinandergemischt... das habe ich nicht. Mein Gedächtnis funktioniert wie eine CD-ROM: Ich gebe einen Suchbefehl ein. Ich schaue mir das Bild an. Wenn ich es auf den Schirm in meinem Kopf werfe, verwandelt es sich in ein Video. Dann kommt der Ton dazu, und danach die entsprechende Emotion. Aber es kommt nicht alles zusammen.«[4]

Wenn Elija visuell denkt, und ich beginne zu argwöhnen, daß er das tut, dann steht er ganz am Anfang eines langen Archivierungsprojekts. Unsere immer wiederholten Spiele, Lieder und intensiven Beschäftigungen haben plötzlich ihren Sinn. Beginnend mit »dem Konkreten, dem Besonderen«, über das Temple sprach, den Einzelheiten, baut Elija ein Lexikon aus Bildern, Geräuschen und anderen grundverschiedenen Elementen auf. Die kleinen Fusseln an seinem Pyjama, die Samen aus dem Garten, die Steine, die Zylinderhüte.

Ich war wie vom Donner gerührt und dankbar, alles in einem Atemzug. Temple Grandin sprach aus eigener Erfahrung, da redete nicht irgendein Experte *über* Autisten. Ganz eindeutig legte sie den Keim für Elijas Zukunft. Als ihr langer Vortrag zu Ende war, sahen Sharron und ich uns das ganze Video noch einmal an. Wir blieben die ganze Nacht auf, gefesselt durch Temple Grandins Offenbarungen, bis – wir merkten es nicht einmal – die Sonne aufging. Ich war Feuer und Flamme. Ich stand auf, ging zum Fernseher und schaltete ihn aus.

»Ich arbeite heute nicht, Sharron. Ich nehme mir den Tag frei. Elija ist autistisch. Ich *sehe* es jetzt, aber ich muß es sich erst mal setzen lassen.« Ich ließ mich wieder neben sie auf das Sofa fallen. »Wie ermutigend Temple Grandin ist!«

»Ja«, antwortete Sharron mit gewohnter Kürze.

»Ich glaube, ich muß erst mal ein bißchen schlafen, bevor Elija aufwacht. Vielleicht kann ich noch ein Stündchen einschieben. Unglaublich, daß wir die ganze Nacht aufgeblieben sind!«

Die Sonne schien jetzt mit weichem, vielversprechendem Licht durch die Fenster. Da brach Sharron das Schweigen, und was sie sagte, war ein so vielversprechender Zufall, daß ich ihr mit jeder Faser meines Seins glaubte.

»Val, ich glaube, ich bin Autistin.«

Dann erzählte Sharron mir alles über die »schwachköpfige Sherry.« So hatten die Kinder in der Schule sie genannt, als sie ein kleines Mädchen war. Sie machten Witze und zogen sie auf, sagten Sachen wie: »Niemand zu Hause« oder »Die hat gerade Mittagspause.« Manche ahmten ihre Gesten nach, ließen den Mund offenstehen und machten ein blödes Gesicht. Dann schützte sie sich, indem sie geistig abtauchte oder den größten Teil des Tages aus dem Fenster des Klassenzimmers schaute. Sharron hatte Momente aural-viuseller Verwirrung, die an das »sensorische Verquirlen« erinnerten, das Temple in ihrem Video beschrieben hatte.

»Wenn ich in der Klasse das Kratzen der Füller auf dem Papier hörte, rief das *Geräusch* des Kratzens zwei große Comic-Figuren hervor, die vor mir standen, in Farbe. Ich dachte, ich wäre die einzige, die mit diesen Figuren zu kämpfen hat. Ich hatte schreckliche Angst davor.«

Die sensorischen Verwirrungen und die Hänselei der anderen Kinder isolierten Sharron. Sie verbrachte die meiste

Zeit allein auf dem Schulhof, wo sie immer wieder die einsamen Spiele wiederholte, die sie sich ausgedacht hatte. »Ich habe mir einen bestimmten Strauch gesucht. Ich pflückte ein Blatt ab und knickte es in der Mitte. Ich riß die Aderung heraus, bis nur noch die Blattrippen blieben. Dann warf ich es weg, pflückte ein neues Blatt und fing noch einmal von vorn an.«

Ungestellte Fragen wurden beantwortet. Jetzt wußte Sharron, warum sie sich so ungern die Haare kämmte. Warum sie ungern ihre Zähne putzte oder sich umzog, wenn das Wetter sich änderte. Warum sie keine Unterwäsche tragen konnte. Warum sie immer so nervös und angespannt war. Warum sie ständig Radio und Fernseher ausstellte, wenn andere Leute es anlassen wollten. Warum sie gerade gestern die Streichhölzer so ordentlich in die Schachtel gepackt hatte. In einer Welt sensorischer Instabilität und unbegreiflicher sozialer Erwartungen war Ordnung befriedigend. Deshalb brachte Elija nach dem Kindergarten mehr und mehr Zeit damit zu, Gegenstände in Reihen anzuordnen, seine Spielsachen, seine Buntstifte, alles, was sich zu einer Gruppe zusammenfassen ließ.

Sharron hatte ihr ganzes Leben am namenlosen Rand der Gesellschaft verbracht. Sie konnte keiner herkömmlichen Tätigkeit nachgehen. »Ich wurde immer gefeuert, weil ich mich nicht einfügen konnte.« Sie war »komisch«. Sie war »sonderbar«. Laut ihren Arbeitgebern war sie zu sehr auf sich selbst bezogen, zu anspruchsvoll, obwohl ihr nicht klar war, wieso. Sie sprach zu laut, weil sie, wie Temple, kein Gespür für die Modulation von Geräuschen hatte. »Sprich doch leiser, haben sie immer zu mir gesagt.«

Nicht lange nach unserer ermutigenden Video-Nacht mit Temple Grandin wurde bei Sharron das Asperger-Syndrom diagnostiziert, eine hochfunktionale Form des Autismus, die gerade in Fachkreisen viel Beachtung fand. Unmittelbar darauf, 1994, wurde das Syndrom offiziell in das *Diagnostische und Statistische Manual psychischer Störungen (DSM-IV)* der

74

American Psychiatric Association aufgenommen. Sharron gehörte zur ersten Welle mit der Diagnose »Asperger-Syndrom«. Die Zahl der Diagnosen stieg in den neunziger Jahren rapide an, was zu einer völlig neuen Einschätzung der Häufigkeitsrate für den Autismus führte. Die Forschung hat sich von dem Schock dieses paradigmatischen Wandels noch immer nicht erholt. 1975 wurde geschätzt, daß 5 von je 10 000 Menschen autistisch waren. Im Jahr 2000 war es einer von hundert.

Das DSM-IV verwendet den Ausdruck »autistisches Spektrum«, um eine Gruppe von Menschen zu beschreiben, die sich durch eine erhebliche Bandbreite funktionaler Fähigkeiten auszeichnen. Elija gehörte ebenfalls zu diesem Spektrum. Er betrachtete die Seifenblasen, die ich aus der runden Öse der Dose mit der Seifenlauge erzeugte. Er starrte und starrte in das ölige, durchsichtige Schimmern. An regnerischen Tagen, wenn alle Fenster unserer kleinen Wohnung beschlagen waren, ging er von Glasscheibe zu Glasscheibe und wischte methodisch alle Feuchtigkeit ab. Ich vertraute Temple Grandins Aussage, daß diese repetitiven Handlungen und sensorischen Faszinationen sich zu einem erfüllten Leben summieren würden, und Sharron war der lebende Beweis dafür. Vielleicht antwortete Elija nicht, wenn ich seinen Namen rief, und erkannte mich nicht in Worten als »Mutter« an. Er hatte andere Dinge, um die er sich kümmern mußte, das Spezielle, die Details. Wenn er ganz oben an einem Fenster nicht ankam, schob ich ihm einen Stuhl hin oder hielt ihn fest, wenn er auf der Rücklehne des Sofas balancierte, um die undurchsichtige Nässe auszulöschen.

»Gute Arbeit, Elija. Es ist alles wieder klar.«

»Kla...arr.«

Alles ist klar. Alles ist durchsichtig. Die Herbsttage werden kürzer. Der Himmel ist königlich. Die Sonne wickelt sich um das Farmhaus und scheint in Winkel hinein, die ich mir zuvor nie ausgemalt hätte. Ben kommt von Zeit zu Zeit vorbei und nimmt Elija für ein paar Stunden mit. Wenn sie die Wohnung verlassen, lege ich mich erschöpft auf das Sofa und lese Donna Williams' Biographie, ebenfalls ein Wendepunkt in der Geschichte des Autismus. Donna schreibt über die Zeit, als sie in Elijas Alter war, wie sie entdeckte, daß die Luft voller visueller Möglichkeiten steckte: »Wenn man ins Nichts sah, waren da Punkte. Leute gingen vorüber und versperrten mir die magische Aussicht auf das Nichts. Ich kam an ihnen vorbei. Sie brabbelten. Ich war ganz von meinem Verlangen in Anspruch genommen, mich in den Punkten zu verlieren, so daß ich das Brabbeln nicht beachtete und mit friedlichem, gelassenem Gesichtsausdruck direkt durch das Hindernis hindurchsah, beruhigt, weil ich in den Punkten versunken war.«[5]

Donna Williams bekam eine Ohrfeige von ihrer Mutter, wenn sie sich in den beruhigenden Dingen verlor oder andere Leute zu ignorieren schien. Hochfunktionale Erwachsene wie Sharron und Donna hatten seit Jahren unsichtbar in der Gesellschaft gelebt. Sie paßten nicht in das klassische Bild des Autisten, das seit Jahrzehnten die Vorstellung der Öffentlichkeit geprägt hatte. Sie wurden höchstens als »exzentrisch« abgetan, als »verrückt«, als »narzißtisch«. Als Sharron klein war, bedeutete Autismus extremes Abgekapseltsein von der Umwelt, extreme Behinderung, aber Asperger-Autisten drückten sich ungesehen an den Rändern sogenannter Normalität herum. Bis zu einem gewissen Grade »gingen sie durch«, und doch war ihr Ausgeschlossensein komplett. Sharron lebte nicht in einem Heim. Sie lebte nicht zu Hause, betreut von Therapeuten und ihrer Familie. Ihre Behinderung »stellte keine großen Ansprüche«.

Elija wurde im Gegensatz zu Sharron früh als behindert eingestuft. Seine Sprachentwicklungsverzögerungen und sein motorischer Entwicklungsrückstand waren nicht zu übersehen, ebenso wie die epileptischen Anfälle. Unklar blieb, wo auf dem autistischen Spektrum Elija sich in Sharrons Alter wiederfinden würde, als Erwachsener.

»Weh'n, weh'n, weh'n«, sagte er und rieb behutsam über den Reifen unseres Autos.

»Ja, sie sind rund und drehen sich, Elija.« Seine winzige Hand wischte und streichelte, bis sie ganz schwarz von Teer war. »Komm, wir gehen rein und waschen vor dem Essen die Hände.«

»Weh'n.« Er will noch länger bleiben. In dem Moment kommt eine leichte Brise auf, und Elija lacht über den Klang. Den Klang, die Krümmung, allerfeinste Details. Elijas Wahrnehmungen sind mehr als elementar, mehr als freudig, mehr als schmerzlich. Er nimmt mich mit auf seine sensorischen Inseln, genau wie meine Freundin Sharron mich auf intellektuelle Reisen mitnimmt, wo das Licht in ungeahnten Winkeln hereinscheint. Es ist wahr, wir erkennen unsere Seelen durch die Seelen anderer Menschen. Es ist kein Zufall.

Kapitel 5
Nietzsche in der Badewanne

Der Philosoph Zarathustra, Friedrich Nietzsches Held, hat ebenfalls seine speziellen Inseln. »Neue Wege gehe ich«,[1] verkündet Zarathustra, als er die einsiedlerische Einsamkeit seiner Höhle verläßt, um sich zu den »glückseligen Inseln«[2] aufzumachen. Das Verlassen der Höhle bedeutet eine Abkehr vom Althergebrachten: »... eine neue Rede kommt mir; müde wurde ich, gleich allen Schaffenden, der alten Zungen. Nicht will mein Geist mehr auf abgelaufnen Sohlen wandeln...

Wie ein Schrei und ein Jauchzen will ich über weite Meere hinfahren, bis ich die glückseligen Inseln finde, wo meine Freunde weilen. –

Und meine Feinde unter ihnen! Wie liebe ich nun jeden, zu dem ich nur reden darf! Auch meine Feinde gehören zu meiner Seligkeit.«[3]

Die Definitionen von Autismus und des Asperger-Syndroms im DSM-IV sind wie die abgelaufenen Sohlen, von denen Zarathustra spricht. Im DSM-IV stehen Begriffe, die ich im Zusammenhang mit Elija nicht über die Lippen bringe. Wörter wie »Beeinträchtigung«, »Defizit«, »Mangel« und »Unfähigkeit«.[4] Gönnerhafte Herablassung durchzieht das DSM-IV, die Hypothek einer belasteten Psychiatriegeschichte. Elija zeigt, laut Definition des DSM-IV, eine »qualitative Beeinträchtigung der sozialen Interaktion, z. B. bei nonverbalen Verhaltensweisen«. Es ist wahr, er zeigt nicht mit dem Finger auf etwas, er nimmt kaum Blickkontakt auf, und er dreht und wendet wiederholt die Steine und andere Gegenstände. Er ist »unfähig, entwicklungsgemäße Beziehungen zu Gleichaltrigen aufzubauen«. Wenn andere Kinder zum Spielen vorbeikommen, verläßt er den Raum, und er nähert sich ihnen nicht, um ihnen ihr Spielzeug wegzunehmen, wie die meisten »gesunden« Dreijährigen es tun. Er zeigt einen »Mangel, spontan Freude mit anderen zu teilen«. Er hat »eingeschränkte Interessen«. Dies, betont das DSM-IV, sei »abnorm«.

Auch meine Feinde gehören zu meiner Seligkeit. Es ist mir unmöglich, die Fachliteratur zum Thema Autismus, auf die ich für Informationen über Elijas Lebensweise angewiesen bin, uneingeschränkt zu bejahen. Die diagnostischen Kriterien treffen auf Elija zu, und doch wird er von einer Sprache belastet, die ihre Negativität nicht abschütteln kann, eine Fachterminologie, so vorsichtig auf klinische Präzision bedacht, daß sie die Problematik ihrer eigenen kurzlebigen Normen und anmaßenden Konventionen vollkommen übersieht. »Sie ist normalistisch«, würde Sharron sagen.

Die Herablassung in der wissenschaftlichen Fachsprache war schon lange vor Elijas Geburt gegeben, auch schon vor der »Entdeckung« des Autismus. »Jeder Kretin ist ein Blödsinniger, aber nicht jeder Blödsinnige ein Kretin; Blödsinn ist der übergeordnete Begriff, Kretinismus eine Sonderform.«[5] Das schrieb der deutsche Psychiater Wilhelm Griesinger im Jahr 1850. Diese These markierte einen Wendepunkt in der Psychiatrie, den Beginn einer Differenzierung zwischen verschiedenen Formen des »Blödsinns«. In den folgenden 150 Jahren wurden Körper und Geist medikalisiert und eifrig neue Syndrome katalogisiert. Oft trug eine solche Entdeckung den Namen des kolonialisierenden Helden. 1980 wurde beispielsweise »Kanner-Syndrom« zum offiziellen Titel des Autismus im DSM.

Leo Kanner, der sein Leben der Kinderpsychiatrie geweiht hatte, gilt als einer der Pioniere auf diesem Gebiet. 1935 veröffentlichte er das erste Lehrbuch über seelische Erkrankungen im Kindesalter, das überhaupt in Nordamerika erschien.[6] Bald wurde es zum Grundlagentext für Medizinstudenten und blieb es über viele Jahrzehnte hinweg. Vor allem aber wurde Kanner, der 1943 seine erste Fallstudie über elf Jungen veröffentlichte, die »Entdeckung« des Autismus zugeschrieben.[7] Es war ein wichtiger Moment in der Geschichte des Autismus, der Anfang eines jahrzehntelangen Forschungsprozesses, in dessen Verlauf der frühkindliche Autismus von der Schizophrenie unterschieden wurde.

Anfang der achtziger Jahre, als das Kanner-Syndrom erstmals ins DSM aufgenommen wurde, fing die amerikanische Psychiatrie gerade an, sich neu zu orientieren, nachdem sie fast fünf Jahrzehnte im Schatten der Freudschen Psychoanalyse gelebt hatte. Das DSM diente als Werkzeug in einem politischen Machtkampf zwischen zwei Lagern: den Psychoanalytikern und den biologisch orientierten Psychiatern. Man war stolz darauf, daß für dieses Klassifizierungssystem zwingende diagnostische Kriterien erstellt wurden, beruhend auf statistischen Daten, die zu objektiven klinischen Standards in der Diagnostik führen sollten. Das DSM versprach eine neue Objektivität im Bereich der geistigen Gesundheit, eine Abkehr von ungenauen Freudschen Vorstellungen.

Aber echte Objektivität ist unmöglich. Obwohl die Fachleute, die das DSM erarbeiteten, darum rangen, bei den reinen Fakten zu bleiben, wurden sie »von ideologischen Lobbyisten derart belagert«, wie der Medizinhistoriker Edward Shorter berichtet, »daß sie sich zu einer ganzen Reihe von Konzessionen gezwungen sahen.«[8] Mit gutem Grund. Feministinnen und Vertreter der Schwulen- und Lesbenbewegung enthüllten, daß das DSM zwar, wie von den Autoren behauptet, ein wissenschaftsorientiertes Dokument sei, aber gleichzeitig auch ein politisches Werkzeug. Sie kritisierten die Aufnahme von Homosexualität als »sexuelle Abnormität«[9] in den Katalog und erklärten, daß Begrifflichkeiten wie »selbstdestruktive Persönlichkeit«, die angeblich doppelt so häufig unter Frauen wie unter Männern vorkam, sexistisch seien.

Inmitten dieses totalen Wandels stieß Lorna Wing, Autismusforscherin der Post-Kanner-Generation, auf die Forschungen von Hans Asperger.[10] Wing zeigte, daß der Österreicher Asperger, was in der englischsprachigen Welt so gut wie unbekannt war, 1944 in seiner Doktorarbeit den Autismus, oder zumindest eine hochfunktionale Sonderform des Autismus, beschrieben hatte. Er bezeichnete die Betroffenen als »autistische Psychopathen«. Zufällig hatten Asperger und Kanner denselben Begriff für etwas verwendet, das ihnen als neuentdeckte Störung erschien, und es stellte sich heraus, daß ihre Forschungen etliche Ähnlichkeiten aufwiesen.[11] Beide hatten eine Gruppe von Jungen untersucht, die »fehlende oder unzulängliche Sozialbindungen«[12] aufwiesen und Schwierigkeiten »im Bereich der affektiven Reaktion, in der Natur und Bandbreite ihrer Interessen und im sozialen Gebrauch von Sprache« hatten.

Nachdem Aspergers Forschungen in den achtziger Jahren durch Lorna Wing neu vorgestellt worden waren, als Syndrom, das dem Kannerschen Autismus ähnelte, sich aber auch von ihm unterschied, wurde es 1994 in die Neuausgabe des DSM aufgenommen, genau zu der Zeit, als bei Elija und Sharron Autismus diagnostiziert wurde. Wing prägte den Begriff »autistisches Spektrum«[13] und betonte die Vorstellung eines autistischen Kontinuums, auf dem sich hochfunktionale und weniger kompetente Personen befanden. In den neunziger Jahren wurde erkannt, daß Kanner Fallstudien kleiner Kinder dokumentiert hatte, die ein weniger hohes Entwicklungsniveau besaßen und oft geistig retardiert waren (obwohl hinzugefügt werden muß, daß der Begriff »geistig retardiert« heute von einem Teil der Behinderten-Bewegung als wenig präzise abgelehnt wird), während Asperger ältere Kinder beschrieb, die sprechen konnten und nicht als zurückgeblieben eingestuft worden waren.

Zum Zeitpunkt von Elijas Diagnose waren mir diese Details unbekannt, aber die belastete Psychiatriegeschichte sprang einem ins Auge. Wenn der Autismus zuerst von Kanner und Asperger »entdeckt« wurde, ist es wichtig, ihre Arbeit im Kontext des größeren kulturellen Zusammenhangs zu sehen – wie dem Machtkampf zwischen der im Schwinden begriffenen psychodynamischen Sichtweise des Autismus und der neurobiologischen Sichtweise, die damals gerade zu gefeierten Höhen aufstieg.

Zufällig waren Kanner und Asperger beide Österreicher. Kanner war Jude; er emigrierte in den zwanziger Jahren in die Vereinigten Staaten, während Asperger in Wien blieb. Am Anfang ihrer Berufslaufbahn war, nicht nur in Deutschland und Österreich, sondern auch in der Vereinigten Staaten, die Überzeugung weit verbreitet, Behinderte sollten zwangssterilisiert werden, zur Höherentwicklung der Menschheit und um den Genpool vor Kontamination zu schützen. Führende Mediziner dieser Staaten wollten gesellschaftliche Probleme korrigieren, indem sie ein weiteres Anwachsen des Bevölkerungsteils verhinderten, den sie als »untüchtig« erachteten. Im nationalsozialistischen Deutschland wurde die Eugenik dann ins alptraumhafte Extrem getrieben. Nicht nur wurden Behinderte zwangssterilisiert, sondern bereits 1940 bildete die Tötung Behinderter den Auftakt zur Einrichtung der Todeslager für Juden, Sinti und Roma, Intellektuelle und Homosexuelle. Der Holocaust-Historiker Henry Friedlander schreibt:

Das Euthanasieprogramm – d. h. die »systematische und geheime Hinrichtung« der Behinderten – war der erste organisierte Massenmord NS-Deutschlands, bei dem die Henker ihre Technik entwickelten. Sie erarbeiteten die Methode der »Selektion«, d. h. der Aussonderung der Opfer. Sie erfanden Techniken, um Menschen zu vergasen und ihre Leichen zu verbrennen. Sie täuschten und betrogen, um ihr Morden zu verheimlichen, und sie schreckten auch vor Leichenfledderei nicht zurück... Die Mörder, die in den Euthanasie-Zentren Brandenburg, Grafeneck, Hartheim, Sonnenstein, Bernburg und Hadamar ihr Handwerk gelernt hatten, stellten auch das Personal für die Mordzentren Belzec, Sobibor und Treblinka.[14]

Die Eugenik-Kampagnen in Deutschland und in den Vereinigten Staaten weisen durchaus Gemeinsamkeiten auf. Beide Länder wollten zwangsweise eine Gesellschaft ökonomisch nützlicher Individuen schaffen und die finanziellen Belastungen durch Heimunterbringung, Einkerkerung und Sozialfürsorge verringern. Die Stimmen, die sich in den Vereinigten Staaten gegen die Eugenik erhoben, waren vernehmlicher als in Deutschland. Leo Kanner brachten die Eugenik-Kampagnen in Rage. Gezielt auf Schiklgruber, einen zu der Zeit prominenten Neurologen, der ein überzeugter Verfechter von Euthanasie bei Schwachsinnigen war, schreibt er:

Versuchen wir doch mal, uns ein einziges Beispiel aus der Geschichte in Erinnerung zu rufen, wo ein Schwachsinniger oder eine Gruppe von Schwachsinnigen für die Hemmung des Fortschritts und der Menschlichkeit in der Wissenschaft oder die Verfolgung von Wissenschaftlern verantwortlich waren. Diejenigen, die Galilei ins Gefängnis warfen, waren nicht schwachsinnig. Diejenigen, die die Inquisition ins Leben riefen, waren nicht geistesschwach. Die vielen von Menschen verursachten Katastrophen, die in Schlächterei und Zerstörung mündeten, wurden nicht von Idioten, Imbezilen, Debilen oder Grenzfällen verursacht. Dieser eine Mann, Schiklgruber, dessen IQ wahrscheinlich nicht unterdurchschnittlich ist, hat in wenigen Jahren mehr Leid und Unglück in die Welt gebracht als die unzähligen geistig Minderbemittelten aller Länder und Generationen zusammengenommen.[15]

Das sind extreme Worte, ausgesprochen in einer extremen Zeit, der Zeit des Nationalsozialismus. Kanner hat sich auch für andere Anliegen engagiert. Während des Zweiten Weltkriegs half er jüdischen Ärzten aus Europa, die als Emigranten in die Vereinigten Staaten kamen, und während der McCarthy-Ära stand er auf der Schwarzen Liste.

Leo Kanner kam 1924 nach Amerika, lange vor dem Aufstieg des Nationalsozialismus. Ursprünglich wollte er Dichter werden, studierte jedoch Medizin und promovierte in

Berlin in den Jahren der Inflation, gab seine literarischen Träume auf und wanderte in die USA aus. 1928 war er bereits an der Johns-Hopkins-University, wo er bis zu seinem Tod (1981) forschte. Einige Jahre nach Kanners Ankunft in der Neuen Welt schwappte die Welle der Freudschen Psychoanalyse in die USA über. Das hohe Prestige der europäischen Therapeuten aus der Alten Welt verwandelte die Psychoanalyse in eine Bewegung, die schließlich die ganzen Vereinigten Staaten erfaßte, was objektive Behandlungsmethoden bei autistischen Patienten für Jahrzehnte überschattete. Bei Shorter heißt es:

Die Geschichte geht seltsame Wege. Was eine vorübergehende therapeutische Modeerscheinung am Ende in eine Massenideologie verwandelte, die sich auf beinahe jeden Aspekt des Denkens und der Kultur in den Vereinigten Staaten auswirkte, war der Holocaust. In den dreißiger Jahren trieb der Faschismus viele jüdische Analytiker zur Emigration aus Mitteleuropa in die Vereinigten Staaten, wo sie der grünschnäbeligen kleinen amerikanischen Bewegung den Glanz der großen weiten Welt verliehen... Auf lange Sicht aber sollte sich die Migration der europäischen Analytiker als verhängnisvoll für die Psychoanalyse in der Neuen Welt erweisen, denn die Flüchtlinge hatten eine alles erstickende Orthodoxie im Gepäck und zeigten eine Ergebenheit gegenüber dem Meister und seiner Tochter Anna, der die amerikanische Analyse nie genug entgegenzusetzen hatte und die sie schließlich... am Unglauben zugrunde gehen ließ.[16]

Als Sharron jung war, zeigten viele Therapeuten noch verhärtete Überreste dieses ideologischen Erbes. Ihre Analysen von Patienten waren von Herablassung geprägt, und ihre Meinungen, selten gestützt durch Beweise, wurden als allgemeingültige Wahrheiten betrachtet. Im Fall des Autismus wurde angenommen, daß das autistische Kind irgendeiner Form emotionalen Übergriffs ausgesetzt gewesen sei, gewöhnlich von der Mutter, die so kalt und abweisend war, daß sie damit die Behinderung ihres eigenen Kindes verursachte. Das Ziel der psychodynamischen Therapie war, das Kind wieder aus seinem Schneckenhaus zu zerren.

Ein berüchtigtes Beispiel des Flüchtlingstherapeuten aus der Alten Welt war Bruno Bettelheim, Zeitgenosse von Kanner und ebenfalls Emigrant aus Österreich. Er gehörte zu den ersten Juden, die nach dem Anschluß Österreichs durch die Nazis verhaftet und in den frühen Arbeitslagern interniert wurden. Schließlich wurde Bettelheim freigelassen. Er floh in die Vereinigten Staaten, wo er seine Karriere als Kinderpsychiater begann. Er nahm eine stark anti-elterliche und besonders anti-mütterliche Haltung ein und progagierte reißerisch seine Vorstellung von der »Eiskasten-Mutter«. Er zog Analogien zum Leben im Konzentrationslager und verglich die Mütter autistischer Kinder mit SS-Aufsehern. Damals wußten nur wenige, daß Bettelheim seine Diplome gefälscht hatte und seine Studien mit frei erfundenen Daten untermauerte. 1944 war er mit einem gefälschten Lebenslauf, der eine kometenhafte akademische Karriere als Psychoanalytiker in Österreich nahelegte, Direktor der Orthogenic School for Disturbed Children an der University of Chicago geworden. In den sechziger und siebziger Jahren war er berühmt. In der Öffentlichkeit war er charmant und bezwingend, ein Anekdotenerzähler, der in Fernseh-Talkshows auftrat und Bestseller schrieb, unter anderem *Die Geburt des Selbst* und *Kinder brauchen Märchen.*[17] Seine Leser waren gefesselt von seinen populären psychoanalytischen Ansichten. Aber hinter den verschlossenen Türen an der Orthogenic School terrorisierte er seine jungen, überarbeiteten Mitarbeiterinnen mit Wutanfällen (manchmal psychoanalysierte er sie nach der Arbeit, so daß sie sein Büro in Tränen aufgelöst verließen) und geißelte die Eltern behinderter Kinder, weil sie ihren eigenen Nachwuchs geschädigt hätten.

Obwohl Kanner nie so kategorisch wie Bettelheim die Eltern für die Entstehung des Autismus verantwortlich machte, war er durchaus empfänglich für Freudsche Einflüsse. In der Tat war es Kanner, der ursprünglich den Begriff »Eiskasten-Mutter« prägte und behauptete, mit wenig kritischem Echo, »von Anfang an« seien seine Patienten einer »Kälte und Obsessivität« von Eltern ausgesetzt gewesen, die ihre Kinder rein mechanisch erzogen hätten und sich nur um deren materiellen Bedürfnisse kümmerten.[18] Seine autistischen Kinder würden »in Eiskästen gelassen, die nie auftauten«. Ihr »völliger Rückzug« schien ein Akt der Abwendung zu sein, um »Trost in der Einsamkeit zu suchen«.

Aber Kanner hat in seinen Arbeiten über Eltern und die Ätiologie autistischer Zustandsbilder viele, einander widersprechende Ansichten geäußert. Er hielt genetische Faktoren für entscheidend, war aber der Meinung, daß das familiäre Umfeld ebenfalls eine große Rolle spielte. In seinem Aufsatz »Zur Verteidigung der Mütter: Wie man trotz der Eiferer unter den Psychologen Kinder großzieht«[19] schreibt er, es gebe »keine Luftschutzbunker für die verbalen Bomben, die heutzutage auf Eltern herabregnen. Bei jeder Biegung rennen sie gegen sonderbare Wörter und Wendungen, die dazu angetan sind, sie in Verwirrung zu stürzen und zu ängstigen: Ödipuskomplex, Minderwertigkeitskomplex, mütterliche Abweisung, Geschwisterrivalität, konditionierter Reflex, schizoide Persönlichkeit, Repression, Regression, blah-blah, blah-blah, blah-blah.« Kriegsmetaphern durchziehen Kanners Sprache, und seine Frustration mit dem Freudschen Jargon ist nicht zu verkennen. Auch das ist Teil der belasteten Geschichte des Autismus. Kanner, im gleichen Atemzug apologetisch und herablassend, gesteht sein Mißtrauen gegenüber einer Ideologie, die seinen Berufsstand überwältigt hat, wenn er die Mütter drängt, »zu dem gesunden Menschenverstand zurückzukehren, den Sie besaßen, bevor Sie sich von angeblich allwissenden Anhängern totalitärer Grundsätze einschüchtern ließen«.

Hans Asperger in Wien schrieb mitterweile an einer eigenen Studie des Autismus, bis seine Berufslaufbahn vom Zweiten Weltkrieg unterbrochen wurde, in dem er als Sanitäter diente. Der Krieg ist wahrscheinlich der Hauptgrund, warum Kanner und Asperger die Publikationen des jeweils anderen nicht kannten. Sie lebten in den Ländern der Kriegsgegner. Kanner wußte nicht, daß Asperger 1944 vier Fallstudien von Jungen veröffentlicht hatte, die durch mangelhafte soziale Integration auffielen, die »von innen her abgelenkt« wirkten, »arm an Gestik und Mimik« waren, wozu auch der klassische starre Blick gehört, bei dem »man nie sicher sein kann«, ob er »in die Ferne geht oder nach innen gerichtet ist«.[20] Asperger beschrieb ihre Sprachäußerungen als »leise und weit entfernt«, »schrill« oder »übermoduliert«.[21] Oft schienen sie sich mit ihren Sprachäußerungen nicht an ein Gegenüber zu wenden, sondern in den leeren Raum zu sprechen. Asperger nannte seine Patienten »kleine Professoren«, weil sie ein »besonders schöpferisches Verhältnis zur Sprache« hatten.[22] Sie erfanden Wörter und sprachen eher wie Erwachsene als wie Kinder. Oft hatten sie Sonderinteressen und Fixierungen, zu denen lange Listen auswendig gelernter Fakten gehörten.

Wie Kanner und Bettelheim interessierte sich Asperger auch für die Eltern dieser Kinder, denn viele der Eltern zeigten verwandte Merkmale in leichter Form. Er war sicher, daß Autismus genetisch bedingt war, und empfand Sympathie für die Eltern, die, wie er fand, ihre Kinder zutiefst verstanden. Im Gegensatz zu Kanner und Bettelheim wurde Aspergers Laufbahn kaum durch die kulturellen Einflüsse des Freudianismus geprägt. Die Autismusforscherin Uta Frith meint sogar, daß Asperger die »psychodynamische Autismustheorie auf den Kopf stellte« und Autismus als »tiefe affektive Störung auf biologischer Ebene« betrachtete, eine Sichtweise, die damals unpopulär war, aber heute in der klinischen Psychologie vorherrscht.

Hans Asperger war wenig daran interessiert, seine Forschungsergebnisse über den engsten Kollegenkreis hinaus vorzustellen, was ein weiterer Grund dafür sein mag, daß seine wichtige Publikation so viele Jahre hindurch relativ unbekannt blieb. Seine Tochter, Maria Asperger-Felder, beschreibt ihren Vater als »distanzierten Menschen«, der selbst einige Merkmale des Syndroms zu haben schien, das er so gründlich in seinen Fallstudien dokumentiert hatte.[23] Als Kind besaß Hans besondere Talente, was Sprache und Gedächtnis anging. Im ersten Schuljahr »zitierte er ständig den österreichischen Nationaldichter Grillparzer«, und sein Leben lang »war er bekannt dafür, eine begrenzte Anzahl von Zitaten zu verwenden, zu denen oft auch eigene Aussprüche zählten. Es fiel ihm schwer, Freundschaften zu schließen... [Er war] unerreichbar, sehr stark an der deutschen Sprache interessiert, ganz auf seine Zitate konzentriert, wohlmeinend, aber mit einer Tendenz zu Wutausbrüchen, wenn sich jemand über ihn lustig machte, von seiner Familie isoliert, ohne echtes Interesse an gesellschaftlichem Umgang.«[24] Asperger hat einmal gesagt, daß man schon selbst ein wenig autistisch sein müsse, um den Autismus zu verstehen.[25]

Vor Kriegsausbruch arbeitete Ansperger in der Wiener Universitäts-Kinderklinik, Seite an Seite mit seiner Assistentin, Schwester Viktorine Zak. Asperger bezeichnete Schwester Zak als Genie. Ihr therapeutischer Umgang mit den Kindern war legendär. Auf tragische Weise kam sie ums Leben, als die Kinderabteilung der Klinik 1944 während eines Bombenangriffs der Alliierten zerstört wurde.

1940, vier Jahre vor der Publikation von Aspergers Studie, war bereits die systematische Tötung behinderter Kinder in den Wiener Kliniken im Gang. Obwohl Asperger die Zwangssterilisation und Euthanasie von Behinderten nicht wie Kanner mit deutlichen Worten geißelte, kann man zwischen den Zeilen seiner Studie einen beschwörenden Aufruf für die Daseinsberechtigung des Autismus in einer Kultur herauslesen, die darauf aus war, durch Ermordung die Untüchtigen zu liquidieren. Die Publikation wurde offenbar verzögert, weil er nicht Mitglied der nationalsozialistischen Partei war.[26]

Zwar führten der Krieg und Aspergers eigene autismus-ähnliche Tendenzen dazu, daß seine Arbeit nicht auf internationaler Ebene bekannt wurde, aber ein dritter Faktor war die Liaison der Amerikaner mit der Psychoanalyse. Nach dem Krieg, in den Fünfzigern und Anfang der sechziger Jahre, war der Höhepunkt der Herrschaft der Psychoanalyse über die amerikanische Psychiatrie erreicht. In diesem Klima war Aspergers biologisch orientierter Ansatz bestenfalls unpopulär. Im Verlauf der siebziger Jahre jedoch stieg die Unzufriedenheit der Kliniker mit dem »Blah-blah-blah« Freudscher Theorie, das Kanner kritisiert hatte. Die Psychiater wollten aufgrund der Symptome ihrer Patienten zu einer Diagnose kommen und keine Theorien über unbewußte Konflikte als Krankheitsursache mehr hören. Damals wurde das DSM zum wichtigen politischen Einflußfaktor und zum Schlachtfeld der verschiedenen Richtungen in der Psychiatrie.

Als Aspergers Arbeit dann von Lorna Wing einem breiteren Publikum vorgestellt wurde, begann die amerikanische Psychiatrie gerade, ihre Aufmerksamkeit den Verheißungen der Psychopharmaka sowie neurologischer und genetischer Forschung zuzuwenden. Obwohl in der Autismusbewegung zur Zeit von Elijas Diagnose die Überwindung des Erbes der psychodynamischen Therapie und des Gespensts von Bettelheim gefeiert wurde (und noch gefeiert wird), setzte sich jetzt eine neue Ideologie in der Psychiatrie durch. »Je vehementer sich die höchst wettbewerbsorientierten Pharmakonzerne nun auf die Herstellung von Psychopharmaka stürzten, desto stärker verzerrte sich die Diagnostik der Psychiatrie«, berichtet Shorter. »Es gab psychische Störungen, auf die man überhaupt erst aufmerksam wurde, nachdem irgendein Arzneimittelhersteller behauptet hatte, ein Medikament dagegen gefunden zu haben; danach breiteten sie sich auf einmal epidemisch aus.«[27]

In den neunziger Jahren stieg die Zahl der Diagnosen sprunghaft an, und die Forschung sammelt noch immer wie wild klinische Daten über das Asperger-Syndrom. Es gibt noch viele offene Fragen. Liegen die Ursachen für den Anstieg in der Umweltverschmutzung oder in Schutzimpfungen gegen Mumps, Masern oder Röteln? Oder ist die Diagnostik einfach mittlerweile so weit fortgeschritten (wie beim Aufmerksamkeitsdefizit, bei der Dyslexie oder den Zwangserkrankungen), daß ein hoher Prozentsatz von Autisten mit hohem Entwicklungsniveau in der Bevölkerung ausgemacht wurde, die noch vor 20 Jahren nicht als autistisch eingestuft worden wären? Das war bei Sharron der Fall. Eins ist jedoch sicher: Es wird zwar eingeräumt, daß weitere Forschung nötig sei, doch das hatte keinerlei Einfluß auf die Verschreibungspraxis. Manche Autismusforscher warnen, daß Menschen, bei denen das Asperger-Syndrom diagnostiziert wurde, oft eine Medikation erhalten, »die kaum eine Basis in den empirischen Daten hat«.[28]

»Glaubt ihr denn«, fragt Nietzsche in der *Fröhlichen Wissenschaft*, »daß die Wissenschaften entstanden und groß geworden wären, wenn ihnen nicht die Zauberer, Alchymisten, Astrologen und Hexen vorangelaufen wären als die, welche mit ihren Verheißungen und Vorspiegelungen erst Durst, Hunger und Wohlgeschmack an *verborgenen und verbotenen* Mächten schaffen mußten? Ja, daß unendlich mehr hat *verheißen werden* müssen, als je erfüllt werden kann, damit überhaupt etwas im Reiche der Erkenntnis sich erfülle?«[29]
Elijas Identität wird durch das Paradox belastet, daß der Autismus, sobald er als eigenständige Störung erkannt wurde, von den kulturellen Normen der Experten besetzt wurde. Wie soll ich die Stimme meines Sohnes hören, bei dieser Verstrickung in ein Erbe von Angst aus Kriegszeiten, kulturell bedingter Frauenfeindlichkeit und ideologischen Grabenkämpfen? Die Antwort scheint mir ebenso in Temple Grandin, Donna Williams und meiner Freundin Sharron zu liegen wie in der medizinischen und psychiatrischen Fachliteratur. Ich will nicht, daß die entfremdenden Aspekte von Medizin und Psychiatrie unser Leben in dunkle Unwissen-

heit hüllen. Bevor sich Stimmen zu Wort meldeten, die aus eigener Erfahrung sprachen, war die Sprache, mit der der Autismus beschrieben wurde, hauptsächlich von der Unsicherheit im Umgang mit dem Fremden geprägt: Eine Form des menschlichen Geistes wird hochgehalten und mit einer anderen verglichen, wobei alles andere als subtil impliziert wird, welche weniger wert, ungesund oder behandlungsbedürftig ist. Die fachsprachlichen Termini haben sich im Laufe der Jahre verändert, die zugrundeliegenden hierarchischen Unterscheidungen nicht. »Geisteskrank«, »schwachsinnig«, »psychisch krank«, »verrückt«. Würde Elija, besäße er das Vokabular, auf diese Weise von sich sprechen?

»Craaa...cker.«

Elija hat heute ein neues Wort über die Lippen gebracht, als ich ihm einen Keks als Belohnung vors Gesicht hielt. Ich mache einen Versuch mit seinem rigorosen Förderprogramm, damit eine gewisse Kontinuität der Therapie in Kindergarten und häuslichem Umfeld gewährleistet ist. Der zurückgehaltene Kracker, den Elija unbedingt verspeisen möchte, ist sein Hinweis, daß er zuerst etwas sagen muß.

»Craa...cker.«

Die Therapie zeigt Erfolge, aber meine Gefühle sind zwiespältig. Soll ich einem kleinen Jungen Worte entlocken wie einem im Käfig gehaltenen Papagei? Polly will einen Cracker! Siehe da, Elija spricht! Wir wursteln uns alle irgendwie durch mit unseren Heimsuchungen, Irrtümern und Erfolgen, seien es medizinische, erzieherische oder familiäre. Was ich hören will, ist Elijas eigene Stimme, die Stimme seiner Erfahrung, unbeeinträchtigt durch andere, durch die »objektiven« Beobachter, selbst durch die Stimme seiner Mutter. Aber es bleibt unklar, an welchem Punkt auf dem autistischen Spektrum er sich befindet und ob er eines Tages sein Leben in Worte wird fassen können, damit ich ihn besser verstehen kann.

»Wo liegen deine größten Gefahren?« fragt Friedrich Nietzsche. – »Im Mitleiden«, antwortet der Philosoph selbst.

Was liebst du an anderen? – Meine Hoffnungen.
Wen nennst du schlecht? – Den, der immer beschämen will.
Was ist dir das Menschlichste? – Jemandem Scham ersparen.
Was ist das Siegel der erreichten Freiheit? – Sich nicht mehr vor
sich selber schämen.[30]

Die Nietzsche-Lektüre für mein Doktorexamen hat sich als harte Nuß erwiesen. Jeden Morgen, nachdem ich Elija in den Schulbus gesetzt habe, kehre ich in die Wohnung zurück und lasse mir ein Bad ein. Der Examenstermin rückt bedrohlich näher, und ich habe festgestellt, daß ich diesen streitbaren deutschen Philosophen mit seinem ewigen, empörenden Antisemitismus und der sich selbst beglückwünschenden Frauenfeindlichkeit nur lesen kann, wenn ich in heißem Wasser liege. Ich steige in die Badewanne, schlage das Buch auf und bereite mich auf einen neuen Ansturm von Widersprüchen vor, denn Nietzsche ist ein Philosoph, der einen gleichzeitig inspirieren und anwidern kann, der einen im Zweifel darüber läßt, ob er zu bejahen oder vehement abzulehnen ist. Was er über Scham und Mitleid schreibt, fordert mich heraus. Schäme *ich* mich wegen Elija? Habe ich Mitleid mit ihm? Habe ich vielleicht Mitleid mit mir selbst, und wenn ja, hat das etwas mit der Negativität und gönnerhaften Herablassung zu tun, die den psychiatrischen Jargon durchzieht? Ich bleibe zwiespältig. Ich bin gleichzeitig für und gegen die abgedroschene Sprache, die einer Beschämung meines Sohnes gefährlich nahekommt, indem sie zu kulturellen Einstellungen führt, die das Denken der Öffentlichkeit über ihn prägen.

Ich stimme den Spezialisten zu, daß man mit Elija arbeiten muß, damit er sprechen lernt, damit er lernt, zur Toilette zu gehen, mit Messer und Gabel zu essen, einen Beruf auszuüben, Freunde zu finden und einen Lebenspartner, wenn er sich denn dafür entscheidet. Mit Hilfe der Therapien muß er sich irgendwie an ein sensorisches und soziales Klima anpassen, das er und Generationen von Autisten von ihm nicht mitgeprägt haben. Aber ich suche auch noch Anzeichen dafür, daß das keine Einbahnstraße ist. Ich will mit Elija Grenzen überschreiten und ihm helfen, einen authentischen Ausdruck für seine Erfahrungen zu finden. Wäre es nicht beispiellos, unerhört, die abgelaufenen Sohlen wegzuwerfen, von denen Zarathustra spricht, als er zu seinen glückseligen Inseln aufbricht?

Die Grundschule von Woodstock ist zu einer unserer neuen Inseln geworden. Am Wochenende fahren Elija und ich immer dorthin und parken in der Nähe des Spielplatzes, an dem er nur ein geringes Interesse hat. Er zieht es vor, immer wieder um das Schulgebäude herumzulaufen und dabei alle Türen zu inspizieren und durch jedes Fenster zu schauen.

»Die Tür ist abgeschlossen«, teile ich ihm vor einem Notausgang auf der Rückseite des Gebäudes mit. Hoch oben ist ein kleines Fenster, das er nicht erreichen kann. Ich hebe ihn hoch, damit er hindurchschauen kann. »Es ist abgeschlossen. Wir können hier nicht rein.«

»Rein«, sagt er. Ich setze ihn wieder ab, und Elija, der genau weiß, was ich gleich sagen werde, wartet ab.

»Gut, die nächste«, verkünde ich, und er rennt um die Ecke zu einer Glastür und legt Hände und Gesicht dagegen. Dahinter sieht man einen langen Flur, mit Türen in regelmäßigen Abständen, die zu den Klassenräumen führen. »Es ist abgeschlossen. Wir können hier nicht rein.«

»Rein.«

»Gut, die nächste.«

Wir kartieren die Schule mehrmals, und nie lassen wir auch nur eine einzige Tür oder ein einziges Fenster aus. Wir erkunden sogar eine schmutzige Kellertreppe und ein eingeschlagenes Kellerfenster, das provisorisch mit Plastikplane abgedeckt ist. Niemand weiß, daß es hier unten dieses Fenster gibt, nur Elija, ich und vielleicht der Hausmeister. Oh, die vielen Einzelheiten! Die unzähligen, genau erfaßten Details! Ich weiß, daß das Fenster zum Heizungsraum der

Grundschule kaputt ist, und das schon seit Wochen. Und noch etwas habe ich von Elija gelernt: Das kleine, hoch oben angebrachte Fenster des Notausgangs auf der Rückseite der Schule besteht aus verstärktem Glas, in das sich ein feinmaschiges Drahtgeflecht nestelt.

Nachdem die routinemäßige Erkundung der Türen zu Elijas Befriedigung abgeschlossen ist, gehen wir zum Spielplatz und klettern auf einen bestimmten Aussichtspunkt, von dem aus wir eine große Lüftungsvorrichtung betrachten können, die sich langsam auf dem Schuldach dreht. Sie hat lange Metallflansche, die sich beim Drehen spiralförmig heben und die Illusion wirbelnder Linien schaffen, die sich in dünne Luft auflösen.

»Weh'n«, sagt Elija.

Ist er ein Kretin oder ein Blödsinniger?

»Ja, Elija, es dreht sich.«

Elija mag Dinge, die sich drehen. Zu Hause haben wir mehrere Spielzeugkreisel, und wir beobachten, wie sich die Farben ändern, wenn der Kreisel allmählich an Geschwindigkeit verliert. Wir halten unser Gesicht dicht vor den elektrischen Ventilator.

»Paß auf deine Finger auf!« Ich betätige den Schalter.

»Also, jetzt mach mal nach: Aaaaaaahhhhhhhhh!« singe ich in die sich bewegenden Propellerflügel hinein. Elija ist fasziniert von dem Lied. Es hallt in der Luft um ihn herum wider.

»Aaaaaaaaahhhhhhh!« singt seine zarte Stimme.

»Also, jetzt zusammen. Auf drei. Eins, zwei und drei: Aaaaahhhhhhh!« Ich mache dieses Spiel vor, bis er den Dreh heraushat. Eins, zwei, drei, und wir singen zusammen, umfangen von unserer ureigenen Symphonie.

Was *ist* Therapie? Was *ist* Identität, Diagnose und Repression? »Elija sieht nicht *krank* aus«, sagte Sharron, lange bevor wir wußten, daß er autistisch ist. Empfindet Sharron ähnlich, was sie selbst angeht? Seit ihr das Etikett Asperger-Syndrom angeheftet wurde, ist sie reizbar und schläft schlecht. Sie hat auf ihr Leben zurückgeblickt, ein Leben voller Mißverständnisse und falscher Augenblicke, hat ihre Beziehungen zu Verwandten, Freunden, Liebhabern und Arbeitgebern im Licht ihrer neuen Erkenntnis Revue passieren lassen und berichtigt. Sharron weiß noch nicht, wie sie mit ihrem Autismus umgehen soll, und ich weiß nicht, wie ich mit Elijas Autismus umgehen soll, und erst recht weiß ich nicht, wie ich ihn anleiten soll, damit umzugehen. Ich bin ebenfalls reizbar geworden. Ben nimmt Elija nur noch ein paar Stunden pro Woche, und langsam spüre ich eine knochentiefe Erschöpfung. Sharron und ich kabbeln uns. Sie kommt weniger oft in unsere Wohnung, so daß ich kaum Hilfe mit Elija habe. Ich kaufe Lebensmittel auf Kreditkarte. Die Kafka-Übersetzung wird allmählich schlampig. Ich leide unter extremer Schlaflosigkeit. Ich bin alleinerziehende Mutter eines behinderten Kindes, und es bleibt wenig Zeit, über die Geschichte des Autismus nachzudenken. Die Nachmittage und Abende, die ich allein mit Elija verbringe, laugen uns beide aus, denn wir taumeln von einer sensorischen Krise zur nächsten. An einem dieser Nachmittage klingelte das Telefon.

»Hallo?«

»Ich muß dir etwas sagen.« Es war Bens Stimme, und etwas an seinem Ton klang verhängnisvoll. »Deine Stiefmutter hat mich gerade angerufen, Val. Sie konnte dich nicht erreichen.« Er hielt inne. Er druckste herum. »Dein Vater hat Knochenmarkkrebs. Es tut mir wirklich leid.«

Am nächsten Morgen, als Sharron zu Besuch kam, hatten wir einen schlimmen Streit. Es endete damit, daß ich die Wohnungstür öffnete und sie mit zittrigem, ausgestrecktem Zeigefinger hinauswies. Ein paar Tage später verlor ich den Kafka-Auftrag.

Jetzt habe ich keine Chance mehr, das Schloß zu erreichen. Sharron hat mit ihrem Kleinbus die Stadt verlassen. Sie ist auf einer Suche, auf der Suche nach ihrem Autismus, und ich sitze allein in der Badewanne, arbeitslos, und lese Nietzsche.

Dampf steigt aus dem Wasser auf und läßt die Schiebetür der Duschkabine beschlagen. Ich blättere ziellos in der *Fröhlichen Wissenschaft*: »Das, woran wir am tiefsten und persönlichsten leiden, ist fast allen anderen unverständlich und unzugänglich: dran sind wir dem Nächsten verborgen, und wenn er mit uns aus einem Topfe ißt.«[31] Ich klappe das Buch kurz zu und wische das Kondenswasser weg, das sich auf der Glastür gebildet hat. Ich wische es weg, wie Elija es weggewischt hätte, wäre er hier. Aber er ist im Kindergarten, und ich schlage das Buch wieder auf: »Überall aber, wo wir als Leidende bemerkt werden, wird unser Leiden flach ausgelegt; es gehört zum Wesen der mitleidigen Affektion, daß sie das fremde Leid des eigentlich Persönlichen entkleidet.«[32]

Mein Vater leidet. Er ist dem Tode nahe. Sein Blutbild sieht schlecht aus, und er hat kein Verlangen, mit mir zu telefonieren, wenn ich ihn anrufe. Elija leidet. Ich wische wieder das Kondenswasser ab, aber das heiße Naß läßt das Glas wieder beschlagen. Ich leide. Ben leidet. Wir werden uns scheiden lassen. »... das alles, was mit dem Unglück verbunden sein kann, kümmert den lieben Mitleidigen nicht«, fährt Nietzsche fort. »Er will helfen und denkt nicht daran, daß es eine persönliche Notwendigkeit des Unglücks gibt, daß mir und dir Schrecken, Entbehrungen, Verarmungen, Mitternächte, Abenteuer, Wagnisse, Fehlgriffe so nötig sind wie ihr Gegenteil...«[33] Dies ist die Zeit der Mitternächte. Wie soll man nicht klein sein in diesen Welten des Verlusts, die im Badewasser einen Strudel um mich bilden? Wie soll ich Elija, meinen Vater, Ben, mich selbst nicht bemitleiden? Das Glas beschlägt wieder. Es gibt keine Klarheit. Ich will uns unser Leid zugestehen, aber kein Mitleid.

Kapitel 6
Mein Vater war ein Laberheini

»Es läuft alles auf die Gewinnchancen hinaus, die Wahrscheinlichkeiten.« Das war der berühmte Ausspruch meines Vaters, als ich ein Mädchen war. Ich bekam ihn oft zu hören, denn ich wuchs mit Blackjack auf und wußte, daß es besser war, keine neue Karte zu verlangen, wenn ich 18 hatte und die offene Karte des Dealers eine 9 war. »Aller Wahrscheinlichkeit nach wird der Dealer überziehen. Es ist alles eine Frage der Zahlen, Val. Einfache Boolesche Algebra.«

Mein Vater hat zwei Jahre gebraucht, um sein Blackjack-System auszuarbeiten. Es war gegen Ende der sechziger Jahre, als noch niemand einen PC zu Hause hatte. Er saß am Eßtisch, umgeben von Papierstapeln, und stellte bis spät in die Nacht Berechnungen an. Mein Vater war kein professioneller Spieler. Er war Zahnarzt. Und trotzdem kannten ihn die Kasino-Bosse in Las Vegas vom Sehen, eine Zeitlang zumindest, und bedeuteten ihren Dealern diskret, die Karten neu zu mischen, wenn er zu lange am Blackjack-Tisch saß und zu oft gewann. Er zählte die Karten, schätzte den Wert der Blätter ab und befolgte sämtliche goldenen Regeln seines Spezialsystems.

»Ein Paar Achten oder Asse *immer* splitten. *Niemals* ein Paar Fünfen.«

Er hatte nicht nur seine Methode perfektioniert, er laberte auch alle und jeden voll, der zuhören wollte. Er war ein Blackjack-Fanatiker, und seine einseitigen Monologe bewegten sich in rasantem Tempo von »einem wichtigen Punkt, den man sich merken muß«, zum nächsten. Manche Leute sprachen ihn sogar auf das Thema an. Sie wußten von seinem Expertentum. Es waren Spieler aus dem ganzen Land, die Genaueres über sein berüchtigtes System erfahren wollten.

Wenn sie anriefen, um ihn zu konsultieren, stürzte er sich in langatmige technische Ausführungen, wobei er wild gestikulierend durch die Küche tigerte. Seine sonstigen Zuhörer hingegen fanden sich plötzlich und nichtsahnend mit ausführlichen Erläuterungen zum Thema Blackjack konfrontiert.

»Bei elf den Einsatz verdoppeln«, erklärt er einem Lieferanten, der damit beschäftigt ist, hinter der Zahnarztpraxis Kisten auszuladen. Der Lieferant guckt leicht verwirrt und bedrängt, aber meinem Vater scheint das nicht aufzufallen. Er quasselt einfach weiter und verfolgt den Mann ein paar Schritte. Die entscheidenden Punkte betont er mit lebhaften Handbewegungen.

»Schlechtere Gewinnchancen können ausgeglichen werden, wenn man nur *drei Dinge* weiß: wann man Paare *splitten*, wann man *eine Karte nehmen* und wann man *den Einsatz verdoppeln* sollte.«

»Paps?« Ich bin jetzt ein Teenie und stehe kurz vor einer stillen Rebellion. »Paps?« Keine Antwort. Er sitzt am Küchentisch und schreibt einen Artikel für eine zahnärztliche Fachzeitschrift. »Paps?« Ich spreche lauter. Ich stehe nur wenige Schritte von ihm entfernt, und mein neuer Geist der Rebellion verleiht mir einen Moment lang eine schwache Ahnung davon, was für ein sonderbarer Kauz er eigentlich ist. Ein Pionier auf seinem Fachgebiet, hat er sich im ganzen Land einen Namen gemacht. Er kritzelt vor sich hin, fixiert auf seine Wörter, und mich nimmt er überhaupt nicht wahr. »Paps!« Ein viertes Mal. Immer noch keine Antwort. Also greife ich zu der bewährten Strategie, der Strategie, die niemals fehlschlägt, obwohl ich innerlich davor zurückschrecke.

»Dr. T.«, sage ich mit sarkastischer Formalität.

»Äh? Was?« Er blickt auf. »Hast du etwas gesagt?«

Unsere Familienwitze über seine Geistesabwesenheit, darüber, wie er beim Autofahren durch zuviel Monologisieren und Gestikulieren den Nachhauseweg vergißt und daran erinnert werden muß, wann er abzubiegen hat.

»Hier links abbiegen! He, fahr langsamer! Das war unser Haus, an dem wir da gerade vorbeigefahren sind!«

Wenn er zu weit weg ist, müssen wir nur »Dr. T.« sagen. So reden seine Angestellten in der Zahnarztpraxis ihn an, wenn sie wollen, daß er ihnen seine Aufmerksamkeit schenkt. Er blickt dann stets begeistert auf, gern bereit, mit dem willigen Gesprächspartner über eins seiner Lieblingsthemen zu diskutieren: Lachgas, Krankenversicherung, Zahnweiß und Würfelspiele. Nicht zu vergessen seine über alles geliebte Philosophie des Blackjack.

»Denkt daran, bei einem Blatt mit vielen Assen und wenig Fünfen ist der Spieler im Vorteil.«

Sein Spielwissen wurde mir und meinen Geschwistern in Form herausdestillierter und unanfechtbarer Prinzipien vermittelt. Wir lernten sie, wenn wir an den langen Sonntagnachmittagen nach der Kirche im Familienkreis Karten spielten. Aus Liebe zu den Chancen, aus Liebe zur Wahrscheinlichkeit saß ich wie meine fünf Geschwister am Blackjack-Tisch meines Vaters, um seine Aufmerksamkeit zu erringen. Er war vollkommen glücklich und damit beschäftigt, die Möglichkeiten des Blattes zu berechnen, das er seinem bewundernden Nachwuchs austeilte. Er teilte rasch die Karten aus, Bildseite nach oben, selbstsicher aus dem Handgelenk, und belehrte uns redselig, während sein schneller Verstand die Besonderheiten des Blattes jedes Kindes in Verhältnis zu seinem Blatt abschätzte. Er redete und redete, über Kasino-Regeln, darüber, wieviel besser es doch sei, im Zentrum von Las Vegas in den alten Spielkasinos zu spielen als in den großen Hotels auf der Glitzermeile.

»He, splitte die Achten!« tönt er und deutet auf die Karten meiner Schwester Marie. Marie ist die Jüngste. »Und du«, sagt er zu mir. Ich bin die nächste in der Reihe, bei Vorhand beginnend. »Du solltest noch eine Karte nehmen. Du siehst, meine offene Karte ist eine 7.«

»Gut, schön, gib mir eine Karte.« Er gibt mir eine 10, und ich habe überzogen.

»22. Pech, Kleines. Die Wahrscheinlichkeit war groß, daß du nicht überziehen würdest. Ich habe Berechnungen angestellt. Und was ist mit dir?« Er übergeht mich rasch und wendet sich meinem Bruder Conrad zu. Conrad ist der Kartenliebhaber unter uns. »Du stehst doch sicher?« fragt er übertrieben spaßhaft. Conrads Erwiderung ist ein höhnisches Grinsen. Er ist ganz der Vater und kennt das System in- und auswendig.

Laber, laber, laber, laber. Blattwert und Zahlen und Prozentzahlen. Laber, laber, laber, laber. Es gelang mir selten, auch mal ein Wort einzuwerfen. Es war wie ein laufender Kommentar, der nicht abgestellt werden konnte. Bei all dem sich ständig wiederholenden Gelaber hatte ich gar keine andere Wahl, als die goldensten seiner Regeln in mich aufzunehmen.

»Bei 17 immer eine neue Karte verlangen, Val. *Immer*.«

Jetzt teilt er dem Rest meiner Geschwister Karten aus und schließt die Runde mit einer kurzen Ansprache über die Feinheiten für Fortgeschrittene. Die Feinheiten für Fortgeschrittene kapiere ich nicht. Ich bin rebellisch. Ich bin siebzehn, habe genug von den erdrückenden Theorien meines Vaters und überlege, ob ich von zu Hause weggehen soll. Dann deckt er seine verdeckte Karte auf, ganz dramatisch, und alle sechs sind wir ganz Aufmerksamkeit. Schnell werfen wir einen Blick auf seine Karten und berechnen, ob wir mehr oder weniger Punkte haben als der Dealer, denn wir wollen gewinnen.

»15!« ruft er. »Harte 15! Der Dealer muß eine Karte nehmen.« Voller Autorität nimmt er eine Karte vom Stapel und weidet sich an unserer gespannten Erwartung. Es ist eine 6. Er hat 21. »Der Dealer gewinnt alle Einsätze!« verkündet er. Geistesabwesend und breit grinsend sammelt er unsere Chips ein. »Wahrscheinlich war, daß ich überziehen würde. Ich habe Berechnungen angestellt, wißt ihr.«

Und was ist es, was ich weiß? Was ist es, was ich sehe? Hinter seinen pedantischen, lebhaften Witzeleien ist mein

Vater »weit weg«. Er rechnet. Sein Verstand ist am behendesten in den Zwischen-Räumen, in den Fragen innerhalb der Fragen: Warum entsprach die gezogene Karte nicht dem berechneten Wahrscheinlichkeitswert, den von ihm registrierten Häufigkeiten? Er ist in seiner Frage in seiner Frage. Immer wieder mischt er die Karten, und wenn er aus seinen Meditationen zurückkehrt, erinnert er uns noch einmal daran, wie schon unzählige Male zuvor, daß wir Kinder, wenn wir weiterspielen und uns streng an sein System halten, eine reelle Gewinnchance haben, obwohl der Dealer eigentlich von Natur aus im Vorteil ist.

Die Spielchips, die wir verwenden, sind rot, weiß und blau. Sie haben schmale Rillen an den Rändern, so daß man sie ordentlich aufstapeln kann. Es sind verläßliche Spielchips, aber notfalls spielen wir auch um Holzstreichhölzer, oder wir nehmen unser wöchentliches Taschengeld, und es geht um echte Einsätze.

»Schließt eure Wetten ab!« ruft er und beginnt eine neue Runde. »Und denkt daran, ich habe gerade gemischt. Die Karten sind nicht länger zu euren Gunsten.«

Ich bin eine von sechs, die fünfte in der Reihe, die Zweitjüngste. Wie könnte das meine Chancen auf Kommunikation mit meinem Vater beeinflussen? Ein paar Wochen bevor er von seinem Knochenmarkkrebs erfuhr, hatte ich ihn in einem Augenblick der Verzweiflung angerufen und ihn gefragt, ob er mir Geld leihen könne. Die Trennung von Ben würde mich ziemlich mitnehmen, erklärte ich. Elija hatte immer noch Krampfanfälle und fehlte oft im Kindergarten, was es mir schwer machte, regelmäßig zu arbeiten. Mein Auto war am Auseinanderfallen, und ich mußte schnellstens einen billigen Ersatz besorgen.

»Willkommen in der Realität, Val«, war seine Antwort. Er sei ebenfalls geschieden. Er hätte ebenfalls zu kämpfen gehabt, sei fast pleite gewesen, und er hätte sechs Kinder gehabt, nicht nur eins. Er verleihe prinzipiell kein Geld. Jetzt sei eben ich an der Reihe, ein paar Tiefschläge einzustecken.

Ich, die Intellektuelle, die zurückgezogene, temperament-volle, die ich immer noch in meiner sanften Rebellion steck-te, solle mich zusammenreißen und erkennen, wohin mein Studium der deutschen Literatur mich gebracht habe. Ich sollte mir das Geld von mir selbst leihen, per Kreditkarte. »Mach einen Finanzplan. Zahl dich selbst in Raten aus.«

Willkommen in der Realität. Willkommen bei den echten Risiken und den echten Einsätzen. Mein Vater und ich hatten uns längst entfremdet, als ich siebzehn war. Ich zog weit weg von Colo-rado und nahm meine stillen Ambitionen mit, nach Deutsch-land, nach Japan, nach Alaska, nach Indien, nach China. Dann ließ ich mich in New York nieder, und ich war nicht länger bereit, das Gespräch ohne irgendein Zeichen von Gegenseitigkeit weiterzuführen, ohne irgendeine Geste sei-nerseits, die andeutete, daß es über seine Standardmonologe und geliebten Schmalspurthemen hinaus zu einer echten Kommunikation kommen könnte. Und doch hatten sich die Chancen verbessert, als Folge von Elijas Epilepsie. Mein Vater hatte angefangen, Interesse an uns zu zeigen, und rief öfter an. Und ich stand seinen unzulänglichen Kommunika-tionsgewohnheiten nicht mehr mit so starker Ablehnung gegenüber. Ich rief ihn ebenfalls von Zeit zu Zeit an, aber die zaghafte Neuaufnahme unserer schwierigen Beziehungen war abrupt vom Krebs unterbrochen worden.

Jetzt wartet mein Vater auf den Tod. Er ist weit fort, und ich kann ihn nicht mit Berichten über Elijas Entwicklung belasten. Ich kann ihm nicht von der brillanten Sharron erzählen und wie es mit dieser so wichtigen Freundschaft plötzlich so schiefging, weswegen Elija und ich ganz allein in unserer winzigen Wohnung zurückgeblieben sind. Ich werde immer isolierter. Meine Isolation ist unbestreitbar geworden. Meine Familie in Colorado kann keine weiteren Krisen ver-kraften. Meine Geschwister sind bedrückt, weil uns der Mei-ster der Wahrscheinlichkeit wegstirbt. Dieses System kann er nicht schlagen.

»Alle Wimpern sind ihm ausgefallen«, sagt meine ältere Schwester Ann zornig am Telefon, als ich anrufe, um mich nach der Chemotherapie zu erkundigen. Ann hat gerade ihre Stelle aufgegeben, um meinen Vater zu pflegen. Sie ist bedrückt und mit Sorge erfüllt, aber ich kann Elija nicht alleinlassen, um nach Colorado zu fahren, und ich bringe es auch nicht über mich, ihr zu erzählen, daß Elija vor zwei Tagen, als wir die Wohnung verließen, um zum Schulbus zu gehen, auf der Türschwelle einen epileptischen Anfall hatte. Er war schon den ganzen Morgen nervös gewesen, und er brüllte, als ich ihm die Winterstiefel anzog und den Reißverschluß seiner Jacke zumachte.

»Es ist kalt draußen! Du mußt das anziehen!« Die Witterungsänderung belastet ihn. Die zusätzlichen Kleidungsschichten verstärken sein sensorisches Trauma. Der Schulbus hupt und hupt. Ich kämpfe mit seinen Handschuhen, gebe es auf und öffne die Tür, um schnellstens zu dem ungeduldigen Busfahrer zu gehen. Aber als ich nach Elijas Hand greife, sträubt er sich und fällt zu Boden. Ich kniee neben ihm nieder, lege seinen Kopf in meinen Schoß und lasse den Anfall seinen Lauf nehmen.

Oh, was gäbe ich für die Liebe eines Zeugen! Für meine Familie! Sharron ist fort. Ben ist fort. Meine Geschwister sind weit weg. Ich hebe Elija hoch und trage ihn zum Sofa. Der Busfahrer hupt und hupt. Wenn nur mein Vater uns jetzt sehen könnte. Wenn er sehen könnte, wie Elija ausgestreckt auf dem Sofa liegt, während ich panisch nach draußen renne, um dem Busfahrer zu sagen, daß Elija heute nicht in den Kindergarten gehen kann.

»Er geht heute nicht in den Kindergarten!« jammere ich und fliege ins Haus zurück. Wenn *das* nur berechenbar wäre, wie ein ordentlicher Stapel Pokerchips, einzulösen für 50 Cent das Stück. Wenn ich nur meinem Vater *meine* Frage innerhalb einer Frage stellen könnte.

»Vater, wie groß ist die Wahrscheinlichkeit, daß es auf der Schwelle der Wohnungstür zu einer epileptischen Episode kommt? Und Vater, lyrisch gesehen, sollte ich es als Symbol betrachten und ein Gedicht daraus machen? Wohin könnte mich das führen?«

Ich hülle Elija in einen alten Quilt, an dem er ganz besonders hängt. Wieder ein Tag ohne Kindergarten. Wieder ein Tag, an dem ich nicht zu meiner freiberuflichen Arbeit komme. Wieder ein Tag, einsam, immer auf dem Sprung, immer auf einen Anfall gefaßt. Elija hat Zuflucht bei einem alten Quilt gesucht, den ich seit Jahren mit mir herumtrage. Ich habe ihn von zu Hause mitgenommen, als ich zu rebellieren begann. Seit Wochen hat Elija an den losen Fäden gezogen, und jetzt sehe ich, daß sich ein großes Loch aufgetan hat. Ein Saum hat sich gelöst, und unter dem verblichenen Patchwork erhasche ich einen Blick auf die ursprüngliche Decke. Mein Gott, das ist ja *meine* Decke! Als ich klein war, lag sie auf meinem Bett, bis sie eines Tages auf geheimnisvolle Weise verschwand.

Wie groß ist die Wahrscheinlichkeit, an einem Tag im Leben während des Hinscheidens meines Vaters solche Symbole zu erhalten? Wie stehen die Chancen, daß Elija sich an ihn erinnern wird? Einmal standen sie zusammen am Ufer des Arkansas und haben Steine ins Wasser geworfen. Wie groß sind die Aussichten, daß Elija sich erinnern wird, wie heftig er jedesmal gelacht hat, wenn der Stein meines Vaters beim Hüpfen über das Wasser ein hohles Geräusch machte? *Plopp, plopp, plopp, plopp.* Ist die Liebe zwischen Großvater und Enkel berechenbar? Kann die Wiederholung, ein Stein, immer wieder geworfen, in einer Frage innerhalb einer Frage aufgehen, einer spiraligen Gleichung, die der Ewigkeit entspricht?

Ich weiß, ich muß leise flüstern.
Ich muß deine Hand nehmen.
Ich muß dich zum Schlaf führen,
dich zum Essen führen
dich zum Wasser führen

und Schneetauben und Gänse.
Orange, rot, blau, grün.
Die Blätter rascheln.
Sie fallen und ruhen auf einer Stelle
Der Straße, die du nie vergessen wirst.
Sie fallen zu früh.

Du bist in einen alten Quilt gehüllt
Und ich flüstere dir leise zu.
Ich führe dich zum Schlaf.
Der Stein hüpft, eins, zwei, drei
Und versinkt dann.
Du gehst zu früh
Und der Quilt ist alt und verschlissen.
Aufgegangene Säume.
Schau hinein.
Schau in die Löcher.
Dort fliegen die Gänse rückwärts
Und die Schneetauben bluten.[1]

»Hallo.«

»Sharron?«

»Ja, hier ist Sharron. He, wußtest du, daß Autismus genetisch bedingt ist?«

»Sharron! Wo bist du?«

»In Michigan. Ich war eine Zeitlang in Syracuse, und jetzt fahre ich für ein paar Tage nach Kalifornien. Wußtest du, daß Autismus genetisch bedingt ist?«

»Also... ich hab mal was darüber gelesen.«

»In Syracuse habe ich Jim Sinclair kennengelernt. Er ist in der Autisten-Bewegung aktiv. Ich treffe viele autistische Leute. Hast du je das Wort ›neurotypisch‹ gehört? Witzig, oder? So nennen Autisten die Normalos.«

»Ja, das ist witzig. ›Neurotypisch.‹ Gefällt mir.«

»Mir auch. Wie geht's Elija? Hat er noch Anfälle?«

»Ich weiß nicht. Ich meine, er bekommt jetzt ein neues

Mittel, Felbatol, und seit drei Wochen ist er anfallsfrei.«

»Das ist gut. Grüß ihn von mir.«

Sharron hat angefangen, von unterwegs anzurufen, und zwar meistens mit einer Mission. Gewöhnlich hat sie irgendeinen Wissenskern mitzuteilen, beispielsweise: »Autismus ist genetisch bedingt.« Wir sprechen nur wenige Minuten, gerade lange genug, daß sie die wesentlichen Punkte betonen kann, dann legen wir schnell auf, denn wenn Elija meine Stimme zu lange in der Wohnung hört, fängt er an, sich elend zu fühlen. Sharrons Anrufe veranlassen mich, über meine Familie nachzudenken, über meinen Vater, der so redselig war, wenn es um das ging, was ihn so ausschließlich beschäftigte, und über seine Mutter, meine Großmutter, die sich immer obsessiv die Preise aller Produkte im Supermarkt merkte und dann nach Hause kam, um unaufhörlich darüber zu berichten, womit sie alle in den Wahnsinn trieb.

Im Gegensatz zum klassischen Kanner-Autismus, der gewöhnlich mit einer verzögerten oder eingeschränkten Sprachentwicklung einhergeht (manchmal auch mit vollständiger oder periodischer Stummheit), sind Menschen mit dem Asperger-Syndrom oft ausgesprochen gesprächig und können konzentriert bei der Sache sein, wenn sie etwas fasziniert. Viele haben Lieblingsthemen, die eine detaillierte Aufzählung umfangreicher Faktenmengen erfordern, und sie führen Gespräche nicht, um anderen etwas mitzuteilen, wie sonst üblich. Deshalb also hat mein Vater so oft völlig unvermittelt Themen angesprochen, die keinerlei Bezug zur aktuellen Gesprächssituation hatten und auf seine ausgeprägten Interessensgebiete beschränkt waren. In der neueren Autismusforschung wird der Aspekt der »executive function« diskutiert, also der »effizienten Planung und Steuerung von Handlungen«, wozu auch »eine flexible Steuerung der Aufmerksamkeit und die mentale Repräsentation von Aufgaben und Zielen« gehört.[2] In der Familie haben wir immer über den »Mangel an gesundem Menschenverstand« meines

Vaters und seine scheinbare »Geistesabwesenheit« gewitzelt, und jetzt sehe ich sämtliche Bücher zum Thema von solchen Wendungen als Beschreibungen autistischen Verhaltens durchzogen.

Es wird auch gesagt, Autisten besäßen – in unterschiedlichem Ausmaß – keine »theory of mind«.[3] Darunter versteht man eine intuitive Alltagspsychologie, also »die Fähigkeit, anderen Überzeugungen, Intentionen und Motive zuzuschreiben und Gefühle in anderen festzustellen«. Einige Autismusforscher haben diesem Phänomen den unglücklichen Titel »Kopfblindheit« verliehen.[4] Es ist ein Unterschied in der Struktur des Denkens, und wahrscheinlich aus diesem Grund habe ich bei der Kommunikation mit meinem Vater manchmal das Gefühl, wir seien wie zwei Schiffe, die sich in der Nacht begegnen. Oft wird eine Unterscheidung zwischen einer »theory of mind« ersten und zweiten Grades getroffen. »Bei der ersten Grades... geht es um die Fähigkeit, zutreffende Vermutungen über den Bewußtseinsinhalt einer anderen Person anzustellen, wohingegen es bei der zweiten Grades... um den Aufbau einer Vorstellung davon geht, was eine andere Person über eine dritte denkt, fühlt, weiß oder beabsichtigt (z. B.: ›Mary denkt, daß John denkt, daß...‹).«[5] In der Autismusforschung wird mittlerweile davon ausgegangen, daß diese Schwierigkeit, Motive, Intentionen oder Gefühle anderer Personen wahrzunehmen oder richtig zu interpretieren, das soziale Handicap erklärt, das im Zentrum der Diagnose Autismus steht.

In ihrem Buch *Mindreading* spricht Sanjida O'Connell abwertend von der »seltsamen und traurigen Welt derjenigen, die unter dem Asperger-Syndrom leiden«, weil sie diese Fähigkeit nicht besitzen.[6] »Theory of mind ist ein Kennzeichen des Menschseins: Das Wissen darum, wie es im Kopf eines anderen Menschen aussieht, erlaubt uns, mitleidsvoll, grausam, besorgt und hinterhältig zu sein. Unsere Reaktionen auf andere Menschen sind selten nur von deren Worten und Taten bestimmt; wir setzen unser subjektives Verständnis ihres Bewußtseinsinhalts ein, um ihr Verhalten vorauszusehen.«[7] Obwohl die Arbeiten von O'Connell (und anderen Forschern) wichtige Erkenntnisse über den menschlichen Geist und die sozialen Implikationen unterschiedlicher Kommunikationsweisen eröffnen, gehen manche ihrer Vorstellungen auf Kosten der Identität autistischer Menschen. Laut O'Connell ist Elija aufgrund seiner neurologischen Unterschiede von der Menschheit ausgeschlossen. Er lebt abgetrennt in einer »seltsamen und traurigen Welt«.

Nach Ansicht einiger Forscher spielen der »starre« Blick und das Fehlen von Blickkontakt – die allgemein bei autistischen Menschen beschrieben werden – eine Schlüsselrolle in der Entwicklung der subjektiven Theorien, die eine Person über den Bewußtseinsinhalt anderer Personen hat. In der Tat, wenn ich meine Familienmitglieder beim Namen rufe: »Vater?« »Elija?«, blicken sie nicht auf. Keiner erwidert meinen Blick. Bei meinem Vater macht mich das traurig. Den größten Teil meines Lebens habe ich mich von ihm ignoriert und übersehen gefühlt. Aber nun, nach Elijas Diagnose, trösten mich die genetischen Kreuzungspunkte unserer Familie. Mein Vater, meine Großmutter und selbst ich, wir alle haben ein autistisches *Schattensyndrom*. Genetiker nennen das BAP oder »broader autism phenotype«. Untersuchungen zeigen, daß nahe leibliche Verwandte von autistischen Kindern oft ähnliche Persönlichkeitsmerkmale aufweisen.

Die Autismusforscherinnen Susan Folstein und Susan Santangelo erläutern:

Die autistischen Persönlichkeitsmerkmale und Verhaltensmuster treten hier ebenfalls auf, aber in einer ganz leichten Form, und manchmal erweisen Menschen mit BAP sich als anpassungsfähig; meist werden diese Fälle nicht diagnostiziert. Sie haben im allgemeinen nicht die deutlich eingeschränkten Sonderinteressen oder die erheblichen Anpassungsschwierigkeiten am Arbeitsplatz, von denen Personen mit dem Asperger-Syndrom geplagt sind.[8]

108

In dem Film *Rain Man* spielt Dustin Hoffman einen Autisten namens Ray, der außerordentliche Fähigkeiten im Rechnen besitzt. Als in einem Restaurant eine Kellnerin versehentlich die Zahnstocher fallenläßt, wirft Ray einen Blick auf die überall auf dem Boden verstreuten Holzstäbchen und weiß genau, wie viele es sind. Die Zahl, erklärt Ray später seinem Bruder, erscheint als Bild in seinem Kopf. In einer anderen Szene des Films zählt Ray an einem Blackjack-Tisch in Las Vegas die Karten und gewinnt derartig viel Geld, daß er und sein gieriger Bruder, der neurotypische Anstifter dieser Spielorgie, gebeten werden, das Casino zu verlassen. Diese Filmszene löst eine Resonanz in mir aus und verbindet sich mit den Geschichten, die in der Familie über meinen Vater erzählt wurden, der kein Rechengenie war, aber dessen mühelose Zahlenbetrachtungen und intensive Beschäftigung mit den Gewinnchancen beim Spiel schattenhafte Verwandte des autistischen *idiot savant* sind.

Wenn mein Vater, und vor ihm seine Mutter, genetische Merkmale des Autismus tragen, muß ich sie Elija vererbt haben. Wie soll ich diese familiären Widersprüche in Einklang bringen? Ich stehe zwischen meinem Vater und meinem Sohn, voller Zorn auf Dr. T., der mich als Tochter »ignoriert« hat, aber ich stelle mich schützend vor Elija, den ich mit trotziger Herausforderung nicht als »kopfblind« wahrnehme, und ich finde auch nicht, daß er ein »seltsames und trauriges Leben« führt.

»Wer sind nun die Menschen mit einer verborgenen Form des Autismus?« fragen die Forscher John Ratey und Catherine Johnson.[9]

Es ist der seltsame Kauz. Sein Unterschied zu »normalen« Menschen ist uns alle deutlich sichtbar; wir erkennen ihn als jemanden, der irgendwie nicht ganz bei der Sache ist. Übersehen haben wir lediglich seine Ähnlichkeit mit dem Rain Man. Wir sollten noch hinzufügen, daß das Wörtchen »er« sehr wahrscheinlich richtig ist: Während am unteren Ende des Spektrums zwei Knaben auf ein Mädchen kommen, sind es am oberen Ende fünf autistische Knaben auf ein autistisches Mädchen. Das sind natürlich nur Schätzungen ...; es ist durchaus möglich, daß der Abstand zwischen den Geschlechtern noch größer wird, wenn wir uns den ganz leichten, nicht diagnostizierten Fällen zuwenden. Leichter Autismus ist wohl überwiegend eine Störung bei Männern. Andererseits ist es auch denkbar, daß wir am oberen Ende des Spektrums... schließlich doch mehr Frauen entdecken werden und nicht weniger....

Ich habe begonnen, mein Schattensyndrom in meiner Vorliebe für einsame Beschäftigungen und meinem Bedürfnis nach Gleicherhaltung der Umwelt in bestimmten Aspekten meines Lebens zu erkennen. Als Kind und auch noch als Erwachsene hatte ich in Zeiten großer Streßbelastung Phasen, in denen ich mich intensiv mit Tornados beschäftigte. Das Bild eines Tornados, der urplötzlich große Verwüstungen anrichtet und außerordentliche und paradoxe, verheerende Schäden verursacht, setzt sich dann in meinem Kopf fest. Vielleicht ist das eine Form der Perserveration, der starren Gedankenmuster oder extremen Konzentration, die viele Autisten erfahren.

Als Kind in Colorado war ich sensibel und fühlte mich gelangweilt und isoliert, wenn ich die Sitten und Gebräuche um mich herum betrachtete. Ich fühlte mich nicht veranlaßt, an etwas teilzunehmen, das mir sinnlos vorkam. Ich hielt mich nicht ganz abseits, aber ich zog es vor, mich immer nur mit einer Freundin zu treffen. Zu viele Leute auf einem Haufen machten mich nervös. Soziale Stimulation bereitete mir Bauchschmerzen. Ich durchlief Phasen extremer »Schüchternheit«, wie andere meine scheinbare Zurückgezogenheit oder mein ruhiges Verhalten bezeichneten, und ich ging soziale Situationen gedanklich immer wieder durch, vorher und nachher, wobei ich manchmal laut vor mich hinsprach. Das tue ich immer noch. Es ist eine Art geistige Übung, die mir ein Gefühl von Sicherheit vermittelt. Mir gefällt einfach der *Klang* gesprochener Sprache, bei Gedichten, bei Theaterdialogen, bei fremden Sprachen.

In der Mittel- und der Oberstufe brauchte ich die Ordnung und Struktur des geregelten Stundenablaufs, der mir half, mein Leben um etwas Festes und Verläßliches herum zu organisieren. Ich bekam nur Einsen in Zeugnissen und Klausuren, und als ich in der Oberschule meine einzige Zwei in Geographie erhielt, weinte ich bitterlich. Meine Mutter hat immer versucht, mir zu empfehlen, nicht alles so furchtbar ernst zu nehmen. Ich war »übersensibel« und »launenhaft«. All das sind Eigenschaften und Erfahrungen, die vielen Asperger-Leuten und Leuten mit einem autistischen Schattensyndrom zugeschrieben und von ihnen beschrieben werden.

Mir graute vor den Pausen nach den Stunden, in denen ich zum nächsten Klassenraum hasten mußte. Ich wich den anderen Körpern im Flur aus, voller Angst davor, mit jemandem zusammenzustoßen, gänzlich unfähig, stehenzubleiben und mich zu unterhalten. Voller Nervosität konnte ich nur »Luftloch – Luftloch« denken. Die Wiederholung dieses Wortes im Kopf hielt mich konzentriert, so daß ich die freien Stellen in den belebten Fluren finden und mich hindurchschlängeln konnte. Vielleicht war es eine Frage der effizienten Planung und Steuerung von Handlungen.

Ich war beliebt in der Schule und galt als Intelligenzbestie. Diesen Ruf genoß ich auch im College, nur daß ich dort wenig Freunde hatte. Ich nahm kaum an sozialen Aktivitäten teil. Ich war die komische Außenseiterin, die immer lernte. Damals litt ich erstmals bewußt unter Depressionen. Als meine Mitbewohnerinnen im Studentenwohnheim mitbekamen, daß ich extrem empfindlich auf Berührungen reagierte, was sie fälschlich für Kitzligkeit hielten, fingen sie an, sich im Treppenhaus auf die Lauer zu legen. Wenn ich aus dem Studierzimmer kam, stürzten sie sich auf mich und kitzelten mich durch, bis ich mich nicht mehr rühren konnte. Es war nur Spaß, sogar in meinen Augen, aber zu meinem eigenen Erstaunen verfiel ich dann immer in lähmende Passivität, vollkommen unfähig, mich zu verteidigen. Gar nicht lustig waren die Nachwirkungen, die manchmal noch Tage danach durch meinen Körper hallten. In den Seminaren hatte ich immer Angst, daß ein Sitznachbar beim Mitschreiben zufällig meinen Arm streifen könnte. Bei der leichtesten Bewegung zuckte ich wie elektrisiert zurück.

Im College habe ich Ben kennengelernt. Er studierte englische Literatur im höheren Semester, und es war weit anregender, sich mit ihm zu unterhalten als mit den unteren Semestern, die meistens nur an Sex und Alkohol interessiert waren und daran, nach dem Studium viel Geld zu verdienen. Ich kenne Ben, seit ich neunzehn bin. Die Freundschaft mit ihm befreite mich kurzzeitig aus meiner Isoliertheit und von meinen Depressionen, aber die Heirat vier Jahre später war auch kein Allheilmittel. Ich fing an, mich hinter Bens großem Selbstvertrauen und seiner robusten Ungezwungenheit im Umgang mit anderen zu verstecken, und schließlich zog ich mich wieder in den grauen Nebel der Depression zurück.

Wenn Kanners und Bettelheims Kommentare nicht so abwertend wären, könnte der Mythos von der distanzierten Eiskasten-Mutter, den sie in einem Teil ihrer Arbeiten so herausstellten, genetisch gesehen durchaus seine Berechtigung haben. Es scheint plausibel, daß sie hochfunktionale autistische Eltern oder Eltern mit einem Schattensyndrom wie mich beschrieben. Hans Asperger war unverhohlen *unkritisch* gegenüber den Eltern und betonte ihre außerordentlich positiven Beziehungen zu ihren autistischen Kindern. Heute wird immer deutlicher, welche Rolle Eltern mit dem Schattensyndrom im Leben eines autistischen Kindes spielen können. Der Asperger-Spezialist Tony Attwood schreibt: »Eltern oder Verwandte, die in jüngeren Jahren [autistische] Charakteristika zeigten, haben einen unschätzbaren Vorteil, wenn sie dem Kind helfen wollen. Sie wissen, was es durchmacht. Sie können sich in das Kind hineinversetzen und Ratschläge geben, die auf eigenen Erfahrungen beruhen.«[10]

Im Winter von Elijas erstem Kindergartenjahr gab es mehrere anhaltende Schneestürme. Der Kindergarten schloß jedesmal seine Pforten, wenn eine neue Sturmfront heranzog. Das war typisch für den nördlichen Teil des Staates New York. Die Schneepflüge schafften es oft lange Zeit nicht bis zu unserer ländlichen Nebenstraße. Die Temperatur blieb konstant unter zehn Grad minus. Wir konnten nirgendwo hin, und selbst wenn es anders gewesen wäre, das Auto war oft tief im Schnee begraben. Elijas Anfälle hatten abrupt aufgehört, seit er auf Felbatol gesetzt worden war, aber die winterlichen Unterbrechungen seines gewohnten Kindergarten-Tagesablaufs setzten ihm immer wieder zu, und er litt herzzerreißende Qualen.

Da er in der Wohnung festsaß, suchte er verzweifelt nach irgend etwas, an dem er sich festhalten konnte, beispielsweise die vertrauten Bilder in seinen Bilderbüchern. Er saß vor einem niedrigen Regal auf dem Boden und blätterte systematisch sämtliche Kinderbücher durch, die wir besaßen, Seite für Seite. Er betrachtete jede einzelne Abbildung, obwohl er sie schon unzählige Male zuvor gesehen hatte. Seine Wiederholungen nahmen extreme Ausmaße an. Sie waren überwältigend in ihrer Rigidität. Jede Handlungsfolge wurde monoton wiederholt. Jedes Wort, das er sprach, war echolalisch. Die langen Tage, die wir im Haus gefangen verbrachten, und die ewigen Wiederholungen drängten sich tief in meine Psyche. Ich hatte nachts immer häufiger Träume, die ich nur als Träume autistischer Bewußtseinsstrukturen beschreiben kann. Ich wachte schweißgebadet auf, nachdem ich gerade langwierige Berechnungen angestellt hatte. Es waren erweiterte Logikprobleme, vollgepropft mit wissenschaftlichen Symbolen, die ich uneingeschränkt begriff und mit Leichtigkeit umsetzen konnte. In gewisser Weise waren es Übersetzungen vom neurotypischen ins autistische Denken. Wenn ich aus diesen philosophischen Exkursionen erwachte, empfand ich tiefe physische Erleichterung. Es war, als hätte ich einen Code geknackt, als wäre ich zu einer früheren Kultur zurückgekehrt, zu der ich einst gehört, die ich aber längst vergessen hatte.

Ben und ich haben das Ungleichgewicht schon viel zu lange aufrechterhalten. Wir haben zugelassen, daß die Wochen, in denen ich allein für Elija sorgen sollte, zu Monaten wurden. Ich werde dünn und dünner. Ich verliere an Gewicht und kann nicht schlafen. Ich habe angefangen, Ben in einem Ton um Hilfe zu bitten, den ich scheinbar nicht ablegen kann, einem verzweifelten Tonfall, der meine Wut und Empörung kaum verschleiert. Eines Tages, nach einem spannungsgeladenen Telefongespräch, stimmte Ben schließlich zu, Elija für eine Nacht zu sich zu nehmen, damit ich mich ein wenig ausruhen konnte. Wir machten einen Tag und eine Uhrzeit ab, und ich begann obsessiv, die Stunden zu zählen. Ich zählte sie nicht leichthin, gefangen in dieser kleinen Wohnung mit Elija, verheert durch die Winterstürme mangelnder Kontinuität.

Elija blättert wieder einmal die Bilderbücher durch, und wieder und wieder spielt die Stereoanlage dieselbe Musik. Elija kann es nicht ertragen, wenn ich eine andere Kassette einlege oder versuche, ihm die Bilderbücher vorzulesen. Er wird dann noch fragiler, also gebe ich auf und überlasse ihn seinen wiederkehrenden, monotonen Handlungen. Aber wenn ich mich zu weit entferne, um Geschirr zu spülen oder ans Telefon zu gehen, gerät er bald in Panik. Es ist, als bräuchte er meine zuverlässige, aber schweigende Gegenwart, um sich zu versichern, daß es ihn gibt. Ich zähle jetzt die Stunden, bis wir zu Ben fahren können. Ich halte instand. Ich sorge dafür, daß der Raum um meinen Sohn herum intakt bleibt, helfe ihm, sein sensorisches Leben an einem dünnen Faden zusammenzuhalten.

Als es Zeit ist, Elija für die Fahrt zu seinem Vater anzuziehen, stelle ich jedes Kleidungsstück groß heraus, bevor ich es ihm anziehe. Es ist ein proaktiver Trick, den ich von den fähigen Erzieherinnen im Kindergarten gelernt habe, von all den Schwester Viktorines, die so fleißig und voller Einfühlungsvermögen mit ihm arbeiten. Es macht den Übergang weniger traumatisch, mildert den Schlag der unvermeidlichen Veränderung, bereitet Elija auf das vor, was als nächstes passieren wird.

»Schau. Ich ziehe dir jetzt deine Jacke an.« Ich halte die kleine Winterjacke in sein Blickfeld. »Ich ziehe dir jetzt deine Jacke an«, artikuliere ich klar und konsequent. »Jetzt mache ich den Reißverschluß zu.«

»Zu«, sagt Elija.

»Richtig. Ich mache ihn zu.« Er ist augenblicklich nicht unglücklich, und ich halte instand. »Jetzt die Stiefel.« Ich ziehe ihm den ersten Stiefel an, mit seiner Mithilfe. »Gut, den zweiten Stiefel«, sage ich langsam.

»Stiefel – Stiefel.« Elija ist zufrieden mit dem achtsamen Dialog.

»Ja. Stiefel. Und jetzt gehen wir vor die Tür.«

»Tür.«

»Ja, die Tür... und dann zum Auto.«

»Auto.«

»Ja, zum Auto, und dann fahren wir zu Papa.«

Wir öffnen die Tür und treten zusammen in den eisigen Abend hinaus. Ich rechne damit, daß Elija von Traurigkeit übermannt wird. Jedesmal wenn wir in diesem zermürbenden Winter das Haus verlassen, schreit er auf und versucht, wieder hineinzurennen. Aber heute abend ist er bemerkenswert still, als wir durch den tiefen Schnee stampfen. Ein mühsamer Schritt nach dem anderen, und alles, was wir tun, wird zu einer achtsamen Meditation.

»Behalt den Gedanken im Kopf, Elija. Wir gehen zum Auto.«

»Auto.«

Der Pulverschnee rieselt oben in unsere Stiefel hinein. Der Schnee ist zu tief für Elija, und er wimmert. Ich beuge mich zu ihm herab und spreche zu ihm, sorgsam moduliert.

»Ich trage dich.«

»Trrrage dich«, singt er fast.

Ich hebe Elija in seiner dicken Winterkleidung hoch und wate durch den schweren Schnee. Die Luft in meinen Lungen schmerzt. Elija schreit auf wegen der Dunkelheit, aber wir halten instand. Ich setze ihn in den Kindersitz, schnalle ihn an, grabe die Räder aus und kratze das störrische Eis ab. Auf der ganzen Fahrt zu Bens Haus bleibt Elija heiter und gelassen, und ich bin dazu übergegangen, Minuten zu zählen statt Stunden, während ich entschlossen durch die verschneiten Straßen von Woodstock fahre.

Als wir bei Bens Haus ankommen, sehe ich, daß kein Licht brennt, und sein Wagen steht nicht in der Auffahrt. Dann höre ich ein leises Wimmern und erschrecke, als mir klar wird, daß es nicht von Elija kommt, sondern von mir. Irgendwas stimmt nicht. Bens Haus liegt im Dunkeln.

»Irgendwas wird passieren«, sage ich unwillkürlich laut. Ich parke, öffne die Tür, steige aus und lasse Elija im Wagen, mit laufendem Motor und laufender Heizung. Ich drücke der Klinke der Haustür herab. Es ist nicht abgeschlossen. Ich gehe ins Haus, direkt in Bens Arbeitszimmer, nehme den Hörer ab und wähle die Nummer seines besten Freundes George, den ich seit Jahren kenne.

»Hallo?« meldet sich eine Stimme.

»George?«

»Ja?«

»Hier ist Val. Irgendwas wird passieren.«

»Wo bist du?«

»Bei Ben. Er sollte eigentlich hier sein, George. Er ist nicht da. Irgendwas passiert mit mir.«

»Wo ist Elija?«

»Draußen, im Auto. Ich kann nicht mehr, George.«

»Ich weiß, Schatz. Ich bin auf dem Weg.«

Ich lege auf. Mir ist schwindelig, und dann bin ich auf dem Boden. Meine Arme und Beine schlagen um sich. Meine Stimme ist laut. Sie schreit, und nun blicke ich auf meine stille Hand, die auf dem Boden ruht, nur Zentimeter vor meinem Gesicht. Ich sehe, daß sie von Falten durchzogen ist, und meine Knochen ragen deutlich unter der grauen Haut hervor. Dieser Anblick versetzt meinen Körper wieder in

Bewegung. Meine Glieder schlagen wild um sich, und ich rufe laut, nach niemandem. Dann, plötzlich, bin ich auf allen vieren und krieche zur Haustür hinaus. Ich schaffe es durch den Schnee zu Elija, öffne die Autotür und löse seine Gurte. Ohne ein Wort steigt er aus, geht direkt an mir vorbei und strebt auf das Haus zu. Ich krieche hinter ihm her und breche im Eingang zusammen, und dann sehe ich mit gefühlloser Taubheit zu, wie er sich in die großen dunklen Räume von Bens Haus aufmacht, die im Augenblick außerhalb meiner Reichweite sind. Ich liege im Flur und warte auf George. Ich liege im Flur, voller Gleichgültigkeit, nicht mehr in der Lage, mich wegen Elija zu sorgen.

George suchte einen Babysitter und brachte mich ins Krankenhaus.

»Wann haben Sie zuletzt etwas gegessen?« fragte ein Therapeut, als ich auf einer Trage in eben der Notaufnahme lag, in der Elija am Abend seines ersten epileptischen Anfalls gelegen hatte.

»Ich... weiß es nicht mehr.«

»Wann haben Sie das letzte Mal geschlafen?«

»Ich... auch das weiß ich nicht mehr.«

Ich wurde mit der Diagnose Depression und einem Rezept für Schlaftabletten nach Hause geschickt. Ich sah Elija eine ganze Woche lang nicht. Er blieb bei Ben, der mir später sagte, daß ich den Termin durcheinandergebracht hätte. Ich hatte mich verrechnet und war einen Tag zu früh mit Elija gekommen. Ben war für einen Tag weggefahren. Aber etwas hatte sich in jener Nacht in der dunklen Auffahrt an die Oberfläche gedrängt. Es kam zum Vorschein, um sich schlagend und schreiend, und zog sich dann unvermittelt wieder in die gefühllose Taubheit zurück, die mich wie ein dichter Nebel umgab. Ich vermißte Elija nicht im geringsten in dieser Woche, die ich im Bett verbrachte, aber allmählich, als meine Kräfte wiederkehrten, wurde mir bewußt, welchen Schaden meine Isoliertheit anrichtete. Und ich beschloß, nicht länger Körper oder Verstand zu opfern. Das traurige Ungleichgewicht zwischen mir und Ben mußte korrigiert werden. Von jetzt an würden wir gemeinsam die Verantwortung für unser Kind übernehmen. Unser autistischer Sohn würde abwechselnd bei mir und bei Ben leben. Und ich machte Pläne, nach Colorado zu fahren, um meinen Vater zu besuchen.

Dr. T.s Kopf war dünn und haarlos geworden. Ich saß neben ihm auf dem Bett, wo er den größten Teil des Tages schlafend verbrachte, ohne sich meiner Anwesenheit bewußt zu werden, bis er eines Abends aus einer plötzlichen Laune heraus energisch verkündete, er wolle essen gehen. Die Kraft dazu hatte er. Also hockten meine Stiefmutter, mein Vater, meine ältere Schwester Jane und ich eine Stunde lang um einen kleinen Tisch in einem ruhigen Steakhouse herum. Mein Vater hörte unserer Unterhaltung zu, unbestimmt lächelnd und nicht in der Lage, sich mit gewohnter Redseligkeit am Gespräch zu beteiligen. Als die Rede auf Elija kam, enthüllte ich zaghaft, was ich hatte sagen wollen, weswegen ich nach Colorado gekommen war. Ich wandte mich direkt an meinen stummen Vater.

»Paps, ich habe viel über Autismus gelesen, und es gibt Hinweise darauf, daß er zumindest teilweise genetisch bedingt ist.«

Mein Vater nickte mit dem hageren Kopf. Er hörte mit echtem Interesse zu, einem Interesse, das er mir noch nie geschenkt hatte.

»Ich glaube, Paps, daß es in *unserer* Familie Personen mit autistischen Zügen gibt. Ich erkenne sie in Großmutter, ihrer Obsession mit bestimmten Sachen, und sie steht ständig unter Spannung. Und ich erkenne sie auch in dir.« Am Tisch entstand ein langes Schweigen. Meine Worte fühlten sich wie Blei in meinem Mund an. Ich versuchte, es zu erklären. »Weißt du, wenn wir dich ansprechen und du nicht antwortest, weil du gerade so intensiv mit etwas beschäftigt bist?

Elija macht das auch. Es kommt häufig vor. Es ist sogar ein klassisches Merkmal.«

»Das mußt du gerade sagen, Val«, warf meine Schwester Jane plötzlich ein. Sie fühlte sich offensichtlich auf den Schlips getreten. »Als du noch klein warst, haben wir ständig deinen Namen gerufen, und du hast *nie* reagiert.«

»Ja.« Mein Vater stimmte ihr mit einem schwachen Flüstern zu.

Janes Worte waren mit einer zornigen Ungeduld gewürzt, die mich an meine eigene Enttäuschung über die Schwierigkeit der Kommunikation mit meinem Vater erinnerten. Ihre Worte schockierten mich so, daß noch im Restaurant eine Erinnerung in mir aufstieg, die ich vor diesem Abend nie gehabt hatte. Es ist eine ganz frühe Erinnerung, und ich sitze ganz nah vor dem Fernseher, so nah, daß alles, was ich sehe, die winzigen Punkte auf dem Bildschirm sind. Es waren diese farbigen Punkte, nicht das große Bild, was mich so faszinierte. »Val... Val... Val.... Val...« Hatte jemand meinen Namen gerufen? Ich nahm es am Rande wahr, aber ich wandte nicht den Kopf. »Val... Val...« Ich war zu hingerissen von den Einzelheiten, um zuzuhören.

An jenem Abend, nach unserer Rückkehr aus dem Restaurant, kam mein Vater in mein Zimmer und streckte seine Hand aus.

»Hier. Nimm das«, sagte er und drückte mir diskret etwas in die Hand, als hätte er ein As im Ärmel versteckt. »Zahl einen Teil deiner Schulden ab.«

In meiner Hand lag ein dickes Bündel Banknoten. Er trug Bargeld immer so mit sich herum, als könne sich jeden Moment ein Pokerspiel ergeben. Meine Kehle wurde vor Tränen eng.

»Danke, Paps«, flüsterte ich und blickte auf, um seinem Blick zu begegnen, aber der Laberheini war bereits verschwunden.

Kapitel 7
Echolalie Spaß Spaß Spaß

»Hallo, ich bin Emma Missouri.« Eine kräftige Frau mit kurzem, rotem Haar und freundlichen blauen Augen begrüßte mich in der Tür des Hauses, in das ich vielleicht mit einziehen wollte. Ich war zu einem Vorstellungsgespräch gekommen. »Komm rein!« Ich betrat ein gemütliches Wohnzimmer, wo ein warmes Feuer im Kaminofen brannte.

»Es ist schön hier«, sagte ich und fühlte mich schüchtern.

»Willkommen in Brookside Cottage«, erwiderte Emma fröhlich. »So nenne ich das Haus, weil man im Frühling den Bach draußen hören kann. Er fließt direkt an den Fenstern vorbei. Komm mit in die Küche, ich mach dir einen Tee.«

Die Küche duftete wie Zimt und Basilikum. Irgendwas buk im Ofen. Emma bot mir einen Stuhl an und stürzte sich gleich in die näheren Einzelheiten. Sie suchte eine neue Mitbewohnerin, weil die vorige Mieterin gerade ausgezogen war. »Das Haus ist nicht gut isoliert, aber wegen des Kaminofens sind die Heizkostenrechnungen nicht so hoch —«

»Bevor du weiterredest«, unterbrach ich sie, »muß ich ehrlich sein und dir sagen, daß ich ein sehr kompliziertes Leben führe.«

»Kompliziert?« fragte Emma mit mildem Sarkasmus, als könne nichts zu schwierig sein.

»Ich habe einen kleinen Sohn. Er ist dreieinhalb.«

»Wie schön! Wie heißt er denn?«

»Elija.«

»Wow! Schwerer Tobak. Der Name eines biblischen Propheten.«

»Ja, und er wird dem zweifellos gerecht.« Emma, die mitten in der Küche stand, eine Teetasse in jeder Hand, warf den Kopf zurück und lachte aus vollem Hals. Sie trug eine pur-

purrote Schürze mit dem Aufdruck »Kitchen Butch« quer über der Brust. Ich lächelte über ihre Fröhlichkeit. Im Brookside Cottage konnte man sich wohlfühlen. »Elija ist meistens bei seinem Vater. Ich lege gerade eine kleine Pause ein.«

»Das ist gut«, sagte Emma beifällig. »Das ist *sehr gut*.«

»Irgendwann wird er auch wieder bei mir leben, wir haben gemeinsam das Sorgerecht. Ich wollte nur sichergehen, daß das okay für dich ist.«

»Kinder sind auch Menschen«, war ihre Antwort, während sie sich mit dem Teekochen beschäftigte.

»Ich bin froh, daß du so empfindest, Emma. In den meisten Anzeigen stand: ›Keine Kinder. Keine Haustiere‹.

Sie lachte leise über die Gleichsetzung und wühlte in den Küchenschränken herum. »Wo ist denn bloß der Honig geblieben?«

»Da ist noch etwas, das du wissen solltest.«

»Und was wäre das?«

»Elija ist autistisch, und er hat epileptische Anfälle. Er hat oft ›Wutanfälle‹. Zumindest steht das so in den Büchern über Autismus. Ich finde den Ausdruck unangemessen.«

»Verständlich«, sagte sie ernst und setzte sich zu mir an den Küchentisch. »Er ist herabwürdigend.«

»Elija ist sehr sensibel. Ich kann versuchen, ihn in meinem Zimmer zu behalten, wenn er hier ist, aber das könnte schwierig werden.«

»Und warum solltest du das tun wollen?«

»Damit du nicht gestört wirst.«

»Das ist auch dein Haus, weißt du. Oben sind drei Schlafzimmer. Ihr könnt zwei haben, du und Elija, aber du brauchst dich doch nicht einzuschließen, um Himmels willen!«

»Da... ist noch etwas.«

»Noch etwas?!« Jetzt will Emma mich aufziehen.

»Ich habe mich gerade von meinem Mann getrennt, und vor ein paar Monaten habe ich erfahren, daß mein Vater an Krebs stirbt. Ich habe Depressionen, Emma. Ich kann nicht mehr allein leben. Ich kann nicht allein mit Elija leben. Es ist mir zuviel geworden. Deshalb habe ich auf deine Anzeige in der Zeitung geantwortet. Ich mache eine Therapie und versuche, wieder auf die Beine zu kommen, damit ich Elija wieder eine Mutter sein kann.«

»Äh... Entschuldige, aber bist du nicht jetzt, in diesem Augenblick, Elijas Mutter?« fragt Emma, weist auf das Offensichtliche hin.

Ich nicke mit dem Kopf. »Ich brauche einfach eine Pause. Ich kann nicht funktionieren, wenn ich die ganze Zeit ›laufe‹.«

»Natürlich kannst du das nicht.« Emma verdeutlicht: »Du brauchst eine Pause, *und* du bist Elijas Mutter.«

»Ich glaube, ich kann die Rechnungen und meinen Anteil an der Miete bezahlen, aber es ist eine unsichere Sache. Es steht auf Messers Schneide.«

»Wohl wahr. Ich kann dich bluten sehen.« Ernst schob Emma mir einen dampfenden Becher Tee über den Tisch. »Milch? Honig?«

»Nein danke«, flüsterte ich, die Kehle eng vor Dankbarkeit. »Ich finde nur, du solltest das wissen, bevor du dich entscheidest. Elija und ich sind schon eine Plage.« Bevor ich weitersprechen konnte, beugte sich Emma über den Tisch und fing meinen Blick auf.

»ZIEH EIN«, sagte sie mit Nachdruck.

»Bist du sicher?«

»ZIEH EINFACH EIN.« Ihre Stimme ist zuversichtlich.

»Okay. Wir ziehen ein.«

»Gut.«

»Nette Schürze übrigens«, sagte ich und wies auf die Worte auf ihrem Brustkorb.

Emma feixt. »Das wird sehr gut werden!«

Bald machten Emma und ich jeden Morgen vor der Arbeit ein Feuer im Kaminofen. Wir saßen in Schaukelstühlen, sannen nach und lachten und vertrauten uns einander an. Emma erzählte mir alles über das lesbische Theater der siebziger Jahre und ihr Vorleben als Schauspielerin und Regisseurin. Sie sprach die ganze Zeit über Kunst und Musik und die Bühne. Sie war leidenschaftlich und lebendig. Ich sprach über deutsche Literatur und meine Autismus-Lektüre.

»Weißt du, Emma, während meiner Ehe litt ich chronisch unter Depressionen, aber jetzt erkenne ich, daß ich deprimiert war, lange bevor ich Ben kennenlernte, lange vor Elijas Geburt.«

Sie nickt verständnisvoll.

»Ich habe gelesen, daß Depressionen bei Autisten sehr häufig vorkommen, und auch bei ihren Familienmitgliedern. Ich glaube, ich passe ins Bild.«

»Du hast viel am Hals, Val. Vielleicht solltest du in Erwägung ziehen, eine Zeitlang Antidepressiva zu nehmen.«

»Ja. Das hat die Therapeutin auch vorgeschlagen.«

Nach unseren morgendlichen Plauderstündchen fuhr Emma auf die andere Seite des Hudson, wo sie einen für sie fast unerträglichen Job in einem New Age-Heilzentrum hatte. Sie blieb den ganzen Tag fort, während ich oben in meinem Zimmer arbeitete und alle freiberuflichen Projekte fertigstellte. Ich begann sogar mit meiner Dissertation, denn zu meiner großen Überraschung hatte ich die Benachrichtigung bekommen, daß ich die mündliche Prüfung an der Universität mit Ach und Krach bestanden hatte.

Wochen vergingen, und ich war in der Lage, mich wieder regelmäßiger um Elija zu kümmern. Ben und ich wechselten uns ab. Beim Brookside Cottage war es wunderschön, als der tiefe Schnee des Winters zu schmelzen begann und der bläuliche Fels der Catskills wieder sichtbar wurde. Der kleine Bach, der am Haus vorbeifloß, rauschte und plätscherte, genau wie Emma es versprochen hatte. Er plätscherte und plapperte, genau wie Elija. Fast jedes Wort, das am Ende meiner Sätze landete, wurde mir sofort von meinem Papageiengefährten zurückgeworfen.

»Zeit für ein Bad.«

»Baaaad.«

»Ich drehe jetzt den Wasserhahn auf.«

»Aaaaauff.«

Die Buddhisten wissen, daß tief innerhalb des Mantras Vergessen und Verwandlung liegen. Hinter der Wiederholung steckt mehr, als man beim ersten Hinhören meint. Wenn man sich intensiv mit Wörtern beschäftigt, wenn man in den Brunnen der Echos und der Fuge der kontrapunktischen Stimmen hinabsteigt, sagt Kenneth Rexroth, fängt die Sprache an zu »leuchten«. Sie wird zu einem »ästhetischen Objekt«.[1] Was könnten die Objekte mit den Wiederholungen der autistischen Sprache zu tun haben? Temple Grandin sagt, daß autistische Kinder oft keine Objektpermanenz ausgebildet haben.[2] Das hat mit der Verarbeitung von Sinneseindrücken zu tun. Wenn Temple als kleines Mädchen zu ihrer Sprachtherapie gefahren wurde, nahm sie immer eine kleine Tasche mit, in die sie einen Kamm gesteckt hatte. Auf der ganzen Fahrt öffnete sie immer wieder die Tasche, um nachzusehen, ob der Kamm noch da war. Könnte die Wiederholung eines Wortes ein vergleichbarer Anker in einer Welt stimmlicher Variationen sein? Gertrude Stein schreibt über die Entwicklung ihrer Poetik, sie sei ungeheuer interessiert gewesen zu hören, daß »jedermann wieder und wieder dasselbe sagte mit unendlichen Variationen aber wieder und wieder bis man schließlich wenn man mit großer Intensität zuhörte es steigen und fallen hören konnte und alles erzählen was in ihnen war«.[3]

In der Badewanne fängt Elija an, fließender zu sprechen. Wasser ist wie eine zweite Haut für ihn. Es beruhigt seinen Körper und bringt seine Augen zum Leuchten, und seine Gesichtszüge werden ausgeprägt und ausdrucksvoll. »Schiff – Schiff – Schiff«, plappert er und spritzt herum, einen geliebten Gegenstand in der Hand. Sein Bad ist zu einem synästhetischen Becken von Dingen und Wörtern geworden; darin schwimmen die Köpfe von Plastikpuppen, die er von den Puppenleibern getrennt hat, alle Buchstaben eines Alphabets, das einmal per Magnet an der Kühlschranktür hing, und ein Miniatur-Teeservice aus Porzellan mit passenden Tellern, Tassen, Untertassen, Sahnekännchen, Teekanne und winzigen Teelöffeln.

»Elija, das ist ein Löffel.« Ich benenne jeden Gegenstand, nach dem er greift.

»Lööööffel«, sagt er und wiegt ihn ehrfürchtig in der Hand. Er hält den Löffel unter Wasser, studiert ihn, nimmt ihn wieder heraus und legt ihn sorgfältig neben die anderen Gegenstände, die auf dem Badewannenrand zur Schau gestellt sind. »Lööööffel...« Er benennt den Gegenstand so intensiv, daß der zu strahlen beginnt. Er leuchtet wie ein Gedicht, wie das Geburts=Tage-Buch von Gertrude Stein:

Wer wurde am ersten Januar geboren.
Wer wurde im Januar erstgeboren.
Wer wurde geboren und glaube mir wer wurde geboren
und glaube mir, wer wurde geboren wer wurde geboren und
glaube mir.
Unter diesen Umständen.
Laß uns die Glocke verkloppen.
Wer wurde geboren und glaube mir aus diesem Grund,
im Grund ein Abgrund ist der zweiter Januar als Zweiter oder
Jenner, Feber oder der Zweite oder Januar, er wurde geboren
und glaube mir am zweiten Januar. Dem zweiten Januar als
jener Zweiter.[4]

»Echolalie ist ein gutes Zeichen«, sagt Temple Grandin. »Es bedeutet, daß die rezeptive Sprache durchkommt.«[5] Wenn ein autistischer Mensch wiederholt, was er in seiner Umgebung gehört hat, ist das, »als würde man überprüfen, ob man eine Telefonnummer auch richtig mitbekommen hat.« Die Sprachverarbeitung der Autisten ist komplex. Temple war als Kind nicht echolalisch, aber man mußte langsam mit ihr sprechen, damit sie die Worte verstand. Sonst war alles nur Kauderwelsch, der in den Ohren wehtat. Kinder mit Asperger-

Syndrom zeigen in der frühen Kindheit überhaupt keine Echolalie. Sie sind meist redselig und sprechen schließlich gelehrt und intellektuell – manchmal pedantisch, manchmal weit über ihre Jahre hinaus – über ein bestimmtes Interessensgebiet. In der Forschung wird manchmal die unklare Abgrenzung zwischen dem Asperger-Syndrom und dem hochfunktionalen Autismus thematisiert. Einige Forscher definieren sie als unterschiedliche Unterkategorien. Laut dieser Theorie sind diejenigen, die echolalisch sind oder eine deutlich verzögerte Sprachentwicklung aufweisen, hochfunktionale Autisten, während ihre Asperger-Pendants diese Sprachauffälligkeiten in der frühen Kindheit nicht zeigen.

Aber die Trennungslinie bleibt verschwommen. Bei allen Autisten, wo sie auch auf dem Spektrum angesiedelt sein mögen, kann ein Problem mit der sensorischen Verarbeitung ein Kind veranlassen wegzurennen, wenn der Reiz zu überwältigend ist, um integriert zu werden. Deshalb verläßt Elija den Raum, wenn quasselnde Freunde vorbeikommen. Wenn das Verarbeitungsproblem hingegen nur geringfügig ist, kann es eine ungeheure Anziehungskraft bewirken: Ein Beispiel ist Temple Grandins alte visuelle Vorliebe für automatische Türen. Sie empfindet ein genußvolles Prickeln, wenn sie zuschaut, wie die Türen sich öffnen und schließen. Einige Autisten nennen diese sensorischen Freuden liebevoll »lichteln«, »dingeln« oder »wischeln«.[6] In gewisser Weise hat auch Gertrude Stein mit ihrem Schreiben linguistische Telefonnummern überprüft. Sprachmuster fesselten sie zutiefst. Aus dieser Fixierung heraus entwickelte sie eine einzigartige Poetik, die sie von ihren Zeitgenossen der Moderne unterschied.

Elijas Sprache hat mich in den Brunnen der Echos und der Rätsel der Wortbedeutung geworfen, und ich denke lange über die vorgeprägte Ansicht neurotypischer Menschen über das Gelingen von Kommunikation nach. Ich weiß, daß Echolalie mehr ist als die rein mechanische Wiederholung dessen, was in der unmittelbaren Umgebung gesagt wurde. Es ist ein besonderer Ausdruck von Bewußtheit. Ich mache die Übungen, die mir in Elijas Sonderkindergarten gezeigt werden, verlocke ihn, sein Sprachrepertoire zu erweitern, halte ihm einen Cracker hin, den er essen darf, wenn er nur das Wort sagt. Aber ich will nicht gedankenlos sprachliche Fähigkeit mit neurotypischer Sprache gleichsetzen.

Den achtzehnten März mögen wir niemanden verantwortlich machen und auf diese Art mit jeglicher Verpflichtung abfinden.

Der neunzehnte März früher überhaupt nicht und nun beinahe so zufrieden beinahe so freimütig beinahe so schwimmend beinahe so vernachlässigt, nicht so vernachlässigt wie überhaupt und so weiter.

Der zwanzigste März Melodram.

Am einundzwanzigsten März ist es unsere Pflicht innezuhalten.

Am zweiundzwanzigsten März ebenso.

Und am dreiundzwanzigsten März Zeugen.

Der vierundzwanzigste März fähig fähig zu sein fähig sein sehr fähig er ist sehr fähig ein fähiger Mann.[7]

Elija wird immer kräftiger. Er hat jetzt stark ausgeprägte Interessen. Während der Winterschnee langsam verschwindet, hören wir Robert Schumanns Quartett für Pianoforte, Violine, Viola und Violoncello Es-Dur op. 47, mit Glenn Gould am Klavier. Emma hat diese Fuge der Romantik eines Tages aus ihrer Musiksammlung gefischt, und als Elija sie zum erstenmal hörte, war er vollkommen bezaubert.

»Schuuu...mann.... Schuuu...mann« singt er jetzt, ahmt meine deutsche Aussprache des Komponistennamens präzise nach. Wenn ich die Kassette in den Recorder schiebe, wird Elija lebhaft. Er schreitet freudig durch den Raum, nimmt jede Figuration in sich auf, und manchmal nimmt er mich bei der Hand, damit ich bei den schwungvollen, tänzerischen Bewegungen mitmache. Gerade als ich eine schiefgegangene Pirouette für Elija hinlege, öffnet Emma die Tür meines

Zimmers und späht hinein. Ich purzele zu Boden. Er kreischt vor Lachen. Ich stehe wieder auf, wobei ich meine Unbeholfenheit übertreibe.

»Das Quartett ist toll, Emma«, rufe ich ihr durch die stürmischen Klänge der Streicher hindurch zu. »Schumann ist echt wild!«

»Ihr zwei seid ja außer Rand und Band!«

»Wir spielen das Stück jetzt zum fünften Mal heute abend!«

»Ist mir aufgefallen«, erwidert sie mit ihrem frotzelnden Sarkasmus.

Elija zieht heftig an meiner Hand, signalisiert mir, ich solle zu reden aufhören und mehr Ballett-Stunts hinlegen. Begleitet von seinem glücklichen Gejuchze stolpere ich durch den Raum. Wir sind bei *Scherzo: molto vivace*, und er juchzt vor Ausgelassenheit. Aber sofort, wenn die lebhafte musikalische Bewegung endet, muß ich an Elijas Seite stürzen und ihn auf die nachfolgende Stille vorbereiten. Sie dauert nur ein paar Sekunden, aber wenn so unvermittelt Stille herrscht, versinkt er in tiefe Verzweiflung und weint über den Verlust von »Schuuu... mann! Schuuu...mann!«

»Sschhh... shhhh... Kleines«, flüstere ich und halte ihn, solange die Stille dauert.

»Schuuuu...mann«, ruft er untröstlich, und Tränen strömen ihm über die Wangen.

»Ja... Schumann.«

Andante cantabile. Endlich erklingt das melancholische Cello, und Elijas starrer Leib beginnt, in meinen Armen lockerer zu werden. Er bleibt dort, liegt entspannt auf dem Boden, den Kopf in meinem Schoß, und läßt sich schwelgerisch auf die wehmütige Musik ein, die ihm so am Herzen liegt und die er in- und auswendig kennt. Jetzt summt er die sanfte Melodie des Klaviers mit, die sich mit den sehnsüchtigen Klängen der Streicher vermischt. Auch mir laufen die Tränen über die Wangen. »Schumann«, flüstere ich Elija zu, »war ein Romantiker.«

»Außer Rand und Band«, wiederholt Emma, die immer noch dort steht. Dann schließt sie leise die Tür und läßt uns miteinander allein.

Ich weiß nicht, wie viele Male Elija und ich dieses Quartett und Schumanns andere romantische Fugen gehört haben. Ich kann es schon nicht mehr zählen, genauso wie ich die Übersicht über die unzähligen Male verloren habe, die wir uns Bachs Goldberg-Variationen mit unserem Freund Glenn Gould am Klavier angehört haben. Jahre später wurde Gould zur autistischen Ikone für einige Asperger-Familien, und es hieß, er hätte das Asperger-Syndrom gehabt. Aber was wußten wir damals schon von autistischer Kultur? Ich war mit Elija auf einer steilen Lernkurve, lebte seine Fixierungen aus. Schumann war es, der mich zuerst lehrte, Elijas Anregungen zu folgen, der mich lehrte, wie man Risiken eingeht, wie man eine Reise in unermeßliche Intensitäten unternimmt.

Die Monate vergingen im Brookside Cottage wie die Zeilen von Steins »*Geburts=Tage-Buch.*« April, Mai, Juni, Juli. Elija wurde immer kräftiger. Im Sommer tobte er in allen Badestellen herum, die Woodstock aufzuweisen hatte, und in Bens Haus tauchte er bis zum Grund am tiefen Ende des Pools, um die Gegenstände herauszuholen, die ich für ihn hineinwarf. Dann schwamm er wieder nach oben und durchbrach mit einem Gesichtausdruck von strahlender Zufriedenheit die Wasseroberfläche.

»Spaß – Spaß – Spaß!« rief er. Immer kräftiger wird er.

Elija hatte seit sieben Monaten keinen Anfall mehr, und bei seltenen Gelegenheiten sagt er jetzt bis zu drei Wörter hintereinander. An dem Tag, an dem er vier wurde, sang er sogar »Happy Birthday« von Anfang bis Ende vor sich hin. Er sang es echolalisch, viermal hintereinander, als wolle er sich für die vorangegangenen Geburtstage entschädigen, als die Geburtstagstorte, das Geschenk, Kerzen und die eingeladenen Gäste nur disparate Bestandteile eines Raums voller Geräusch waren. Aber dieses Jahr fügten sich die Teile zu einer Feier zusammen, die, wie er erkannte, nur für ihn veranstaltet wurde. »Spaß! Spaß! Spaß!« rief er und starrte in die flackernden Kerzen auf der Torte, umringt von liebenden Familienmitgliedern. Das war im warmen Monat Juli.

Juli denn denn Juli denn denn Juli denn.
Der erste Juli denn den ersten Juli. Den ersten Juli denn.
Der zweite Juli eifersüchtig.
Der dritte Juli an einer Stelle auf der Stelle an Stelle von.
Der vierte Juli als Jedermann als Mustermann als Mustermann als Jedermann.
Der fünfte Juli komm auch komm überall komm überall komm so kommod.[8]

Die Wiederholungen häuften sich in jenem Sommer und gingen in den Herbst und Winter über, aber es war nicht immer direkt »spaßig«. Es gab drei Todesfälle in meiner Familie, ein Echo der seriellen Natur unseres Lebens. Der erste, der ging, war mein Großvater, der Vater meines Vaters. Er starb im August an Altersschwäche. Ich flog nach Colorado, um an der Beerdigung teilzunehmen. Es ist unheimlich, mitanzusehen, wie ein Elternteil einen Elternteil verliert. Von meinem Platz in der Kirche hatte ich eine gute Sicht auf meinen Vater und das Leid, das deutlich in seinem ausgemergelten, grauen Gesicht geschrieben stand. Bald, dachte ich, werde ich den Mann verlieren, der dort drüben sitzt, auf der anderen Seite dieser Kirche, und ein Echo der Trauer auf seinem Antlitz wird auf meinem Gesicht erscheinen.

August, September, Oktober. Im Oktober machten die Grillen in den Wäldern um Brookside Cottage laut Musik. Wir hatten eine zeitlose Folge von Altweibersommertagen mit blauem Himmel und warmer, trockener Luft. Emma und ich ließen alle Fenster offen, um die Klänge der Grillen hereinzulassen. Ich rief Dr. T. jeden Abend an, und jedesmal wiederholte sich unser Gespräch fast wörtlich. Es gab wenig, was wir noch hätten sagen können. Er war jetzt in einem Hospiz. Unsere ganze Familie befand sich in einem Schwebezustand, wartete ... wartete ... auf Dr. T.s Tod. Am Telefon war seine Stimme fast unhörbar und wetteiferte mit den Symphonien der Grillen draußen.

»Hallo, Paps.«

»Wer ist da?«

»Hier ist Val. Wie fühlst du dich heute?« frage ich und eile rasch von Fenster zu Fenster, schließe sie fest, damit ich seine schwache Stimme hören kann.

»Äh... Ganz gut... heute«, flüstert er fast.

»Ich wollte nur mal Hallo sagen«, erkläre ich. Genau dieselben Worte habe ich gestern benutzt.

»Wie geht's Elija?« hustet er.

»Sehr gut. Er hat keine Anfälle mehr!« Ich versuche, zuversichtlich zu klingen, als sei die Epilepsie Vergangenheit, aber Elija wird den Rest seines Lebens zu epileptischen Anfällen neigen.

»Da bin ich aber froh.«

»Ich auch.« Dann gibt es eine lange Pause, gefolgt von einem pfeifenden Atemgeräusch. Ich höre ein paar gedämpfte Worte, die ich nicht verstehe, und merke, daß ich ein Fenster weit offengelassen habe. Die Grillen fallen ein. »Ich kann dich nicht hören, Vater! Was hast du gesagt?« Hektisch schließe ich das letzte Fenster, und alle Hintergrundgeräusche sind plötzlich ausgelöscht. Mein Vater bringt die Energie auf, seine Worte zu wiederholen. Seine Stimme dringt deutlicher durch den Hörer als seit Tagen.

»Ich sagte... du bist die Beste, Val.«

Mit Dr. T. geht es zu Ende.

»Danke, daß du das sagst. Es bedeutet mir viel. Elija hat eine schwere Zeit durchgemacht. Es ist immer noch schwer.«

»Ich weiß.« Jetzt weint Dr. T. »Ich muß auflegen.«

»Gut. Ich rufe dich morgen wieder an.«

Erster November. Erster und Fähren. Fähren, Fähren überqueren.

Der zweite November. Quer schaut er.

Der dritte November übers Ende hinüber übers Ende
hinüber und wo das überqueren, und wo ist es.
Der vierte November wo ist es.
Der fünfte November was ist das was ist es.[9]

Mein Vater machte die Überquerung am zehnten November. Er starb an Knochenmarkkrebs. Wieder reiste ich zur Beerdigung nach Colorado. Wieder stand ich auf dem Friedhof, wieder sprachen mir die Trauergäste, die auch schon an der Beerdigung meines Großvaters teilgenommen hatten, ihr Beileid aus. Wieder lernte ich die harte Lektion, daß einem Menschen und Dinge für immer entgleiten können.

Sechs Wochen nach der Fahre meines Vaters kam die seiner Mutter. Es kam unerwartet. Wieder, wieder, wieder, die echolalischen Tode. Meine Großmutter wurde eines Morgens tot im Bett aufgefunden. Einige Familienmitglieder stellten Theorien hinsichtlich der Gründe auf. Vielleicht hatte sie am Abend ihre Medikamente nicht genommen. Vielleicht war es ein kleines bißchen beabsichtigt. Meine Großmutter starb im Monat Januar an gebrochenem Herzen.

Wer wurde am ersten Januar geboren.
Wer wurde im Januar erstgeboren.
Wer wurde geboren und glaube mir wer wurde geboren
und glaube mir, wer wurde geboren wer wurde geboren und
glaube mir.[10]

Kapitel 8
Luftballon-Tage

Wegen des Todes oder trotz des Todes – ich weiß nicht, was von beidem – lernten Elija und ich etwas über das Weitwerden. Es waren unsere Luftballon-Tage, in denen wir beide um verlorene Verwandte trauerten. Elija hatte mich verloren, vorübergehend, und ich hatte meine drei Toten verloren. An Luftballon-Tagen lernt man, sich zu weiten. Man füllt den leeren Raum auf und entdeckt, trotz der Traurigkeit, hochfliegende neue Dimensionen des Selbst. Aber nicht ohne Schmerzen. Als wäre ich in einem schrecklichen Traum gefangen, in dem alles in Zeitlupe ablief, wurden meine Versuche, Elija zu sehen, immer wieder durch die kräftezehrenden Beerdigungen in Colorado und mein unvermeidliches Abtauchen in die Depression vereitelt. Elija, der einen genau festgelegten Ablauf brauchte, um überhaupt den Tag durchzustehen, wurde durch meine unregelmäßigen Abwesenheiten bis an seine Grenzen belastet.

Die erste Lektion in Weitung besteht darin, sich von vorgefaßten Urteilen zu befreien. Während der Begräbnis-Monate wurde Bens Haus zu Elijas ständigem Wohnsitz. Es hatte viele Räume, und Ben hatte eine Kinderfrau eingestellt, die im Haus wohnte. Ich wollte dieses große Haus verurteilen. Ich wollte die Kinderfrau verurteilen. Ihre bloße Existenz verstärkte meine Schuldgefühle und meine Überzeugung, unfähig zu sein. Am heftigsten wollte ich Ben verurteilen, der gelassen in seinem geräumigen Arbeitszimmer saß, überzeugt, daß ich die Verantwortung für unseren Sohn abgegeben hätte. Der Tod hatte mein Leben in einen Sumpf der Gefühle verwandelt, und ich konnte nicht länger erkennen, um wen oder was ich trauerte. Häufig mußte ich Elijas Besuche im Brookside Cottage absagen, und während Ben sich den neuen Anforderungen der Sorge für unseren Sohn stellte, entfremdeten wir uns immer mehr.

Emma war aufgebracht. »Du bist eine alleinerziehende Mutter und hast hier keine Familienangehörigen, die dir helfen könnten! DU HAST EINEN BEHINDERTEN SOHN!« Sie ereiferte sich, stürzte sich wieder in eine wohlmeinende Tirade, um mir das Offensichtliche ins Gedächtnis zu rufen. Ich hatte gerade telefonisch Elijas geplanten Besuch bei mir verschoben, woraufhin es zu einem hitzigen Wortwechsel zwischen Ben und mir gekommen war. Ich murmelte, ich sei eine »schreckliche Mutter«. Das hatte Emma so aufgeregt. »Du bekommst keinerlei finanzielle Unterstützung! Durch geistige Arbeit verdienst du dir das Geld für die Miete und deinen Lebensunterhalt, ohne Hilfe von irgend jemandem! Das ist mehr, als die meisten Frauen von sich behaupten können. Du solltest stolz darauf sein!«

»Elija fehlt mir, Emma, aber ich schaffe es einfach nicht.«

»Ich weiß das, Schatz.«

»Ich muß mich ausruhen. Ich gehe in mein Zimmer und schlafe ein bißchen.«

»Gut. Versuch, es erst mal zurückzustellen. Elija wird schon wieder herkommen. Du wirst sehen.«

Elija war jetzt viereinhalb und mühte sich im Kindergarten mit dem Toilettentraining ab. Seine Erzieherinnen hatten entschieden, daß die richtige Zeit für ihn gekommen war, diese Aufgabe zu bewältigen. »Mami!« rief er eines Tages, als er im Kindergarten auf der Toilette saß. Die Erzieherinnen hatten ein verläßliches »Töpfchen«-Schema für ihn ausgearbeitet. Es war das erste Mal, daß Elija mich »Mami« genannt hatte. Ausführliche Berichte über seine Fortschritte kamen in einem »Tagesheft« an. Das war ein Berichtsheft aus Briefen, die zwischen dem Elternhaus und allen Betreuungspersonen gewechselt wurden. Für mich war die Lektüre niederschmetternd, denn zwischen den Zeilen las ich, daß unsere Trennung Elija bis an seine Grenzen getrieben hatte. Ihm blieb keine Wahl, als sich zu weiten. »Mami.« Das Wort kam, und ich war nirgends zu finden.

Während unserer Monate der Trauer entwickelte Elija eine Fixierung, die noch Jahre danach bestehen blieb. Luftballons fesselten ihn ebenso, wie ihn die Zylinderhüte des Clowns fasziniert hatten. Diese Luftballon-Fixierung wurde zu unserem gefahrvollen Übergangsritus hin zu erneuerter Stabilität. Es begann als simpler Trick meinerseits: Ich versprach einen Besuch im Gemischtwarenladen von Woodstock, um einen mit Helium gefüllten Luftballon zu kaufen, wenn Elija bereit war, erst mit in den Supermarkt zu kommen. Das wurde zur Gewohnheit. Sein passives Sprachverständnis reichte, um ihn die Situation erfassen zu lassen – das heißt, wenn ich erklärte und ausführte und ihm unser Ziel immer wieder ins Gedächtnis rief. Elija brauchte ständige verbale Bestärkung, um nicht den Überblick über die Abfolge von Umgebungen zu verlieren, durch die wir uns bewegten: vom Haus zum Auto, vom Auto in den Supermarkt, wieder ins Auto und schließlich in den Luftballonladen. Jede Veränderung erfüllte ihn mit Schrecken, aber wenn der Luftballon als Ziel fest in seinem Kopf verankert war, war Elija fähig, das vertraute, eingeschränkte Umfeld seines Zuhauses zu verlassen und sich in die Welt hinauszuwagen, die vor unserer Haustür lag.

»Wollen wir in die Stadt fahren? Willst du einen *Luftballon*?« frage ich, wobei ich meinen Satz strategisch mit dem wichtigsten semantischen Gehalt beende.

»Luftballon!« erwidert er und strebt zur Tür. Ich bin bereit, halte seine Jacke und seine Stiefel schon in der Hand. Er gestattet mir, sie ihm anzuziehen. »Luftballon.«

»Ja. Aber erst gehen wir in den *Supermarkt*, dann gehen wir zu *Houst's*.«

Houst's heißt der Gemischtwarenladen, der die Heliumballons verkauft, aber wir müssen die richtige Reihenfolge einhalten. Im Wagen, auf der ganzen Fahrt zum Supermarkt, muß ich Elija an unsere Reiseroute erinnern. Dann, im

Supermarkt angelangt, wiederhole ich es noch mehrmals, während ich ihn im Einkaufswagen durch die Gänge schiebe und hektisch so viele Lebensmittel aus den Regalen nehme, daß es mehrere Tage reichen wird. Ben ist geschäftlich unterwegs, und Elija bleibt fast zwei Wochen bei mir im Brookside Cottage. Seit den Beerdigungen waren wir nicht mehr so lange Zeit zusammen. Elija geht die Geduld aus, dabei sind wir erst seit fünf Minuten im Supermarkt.

»Luftballon!« sagt er energisch. Ich reagiere mit einer ruhigen nochmaligen Erläuterung des geplanten Ablaufs.

»Erst kaufen wir *hier* ein, und dann gehen wir zu *Houst's*, um den *Luftballon* zu holen.«

Wir beenden den Einkauf ohne größere Zwischenfälle und fahren dann endlich in den Gemischtwarenladen. Elija hat ein komplexes inneres Bild von dem, was ihn dort erwartet. Bevor ich die Tür halb aufgeschoben habe, ist er rasch hineingeschossen und zu der ruhigen Ecke geflitzt, wo die Luftballons in kleinen Behältern angeboten werden. Er betrachtet die zahllosen Farben und Muster. Heute wählt Elija ein leuchtendes Orange. Er hält den Luftballon in seiner kleinen Hand und starrt hinein.

»Orange«, sagt er in leisem Singsang.

Das Kindergarten-Tagesheft weiß zu berichten, daß Elija jetzt drei Farben richtig benennen kann. Eine davon ist orange. Dieser Augenblick im Gemischtwarenladen muß eine tiefe Bedeutung für ihn haben. »Orange« wiederholt er noch viele Male, bis ich seine Träumerei mit dem Hinweis unterbreche, er solle den Luftballon zu der Frau an der Kasse bringen, die sich mittlerweile an unser häufiges Erscheinen gewöhnt hat. Letzte Woche haben wir es exzessiv betrieben, wir sind mindestens einmal am Tag, manchmal sogar zweimal, in den Laden gekommen, wenn die Rigidität unserer sonstigen, immer wieder wiederholten Vorhaben im Brookside Cottage zu stressig wird, so daß wir sie durch neue ersetzen müssen. Elija steht vor der Frau an der Kasse und tut nichts. Ich berühre leicht seinen Arm, um ihn zu veranlassen, den nächsten Schritt zu tun, der darin besteht, ihr den Ballon über die Ladentheke hinweg zu reichen. Sie streckt die Hand aus und nimmt ihm den Luftballon ab.

»Danke! Heute hast du dir ja einen besonders schönen ausgesucht.« Elija wartet schweigend. Ein paar Augenblicke vergehen. Das Gerede und die scheinbar unnötige Verzögerung fangen an, ihn zu frustrieren. »Schön«, sagt die Verkäuferin, »blasen wir ihn auf.« Seine unsichtbare Unruhe, die ich als deutliches Warnsignal wahrnehme, wird ihr nicht bewußt; sie kommt gemächlich hinter dem Ladentisch hervor und geht zur Heliumkartusche hinüber. Elija folgt ihr dicht auf den Fersen, vollzieht den nächsten Schritt des Rituals wie gemäß irgendeinem Regelwerk. Bei der Kartusche trete ich behutsam hinter ihn, ziehe ihn sanft gegen meine Beine und bedecke seine Ohren mit meinen Händen.

»Ich mache das wegen des lauten Pfeiftons«, erinnere ich ihn. Ich will nicht, daß es zu einer Wiederholung der Katastrophe von letzter Woche kommt.

Die Frau schiebt die Öffnung des Luftballons über die Düse und fängt an, ihn aufzublasen. Obwohl der hohe Pfeifton durch meine Hände dringt und Elija erstarren läßt, schaut er wie gebannt zu, wie der Luftballon immer größer wird und sich seine Farbe auf geheimnisvolle Weise von einem opaken Orange zu einem fast durchscheinenden Pfirsichton ändert. Der Luftballon bläht sich derartig auf, daß mich plötzlich die Panik überkommt, er könnte platzen und unsere fast erfolgreich abgeschlossene Mission ruinieren! Aber endlich nimmt die Verkäuferin ihn ab und knotet ihn beiläufig zu.

»Welche Farbe soll das Bändchen haben?« fragt sie Elija, der keine Antwort darauf hat. Er dingelt. Er berauscht sich schwelgerisch an der Veränderung des Luftballons, und er ist nicht ansprechbar.

»Das ist egal«, antworte ich nervös an seiner Stelle, denn ich spüre jetzt eine starke Ungeduld sein Rückgrat hochsteigen, das sich hart gegen meine Beine preßt.

»Er ist ziemlich schüchtern, nicht?« bemerkt die Frau, die anfängt, sich etwas unbehaglich zu fühlen. Wahrscheinlich fragt sie sich, warum wir jeden Tag hierherkommen. Elija ist fast am Platzen. Für den Augenblick hat er genug von sozialer Interaktion. Er würde am liebsten hinausrennen, aber er hält sich zurück. Ich spüre an seinem Körper, welche Anstrengung ihn das kostet. Aber er will den orangefarbenen Luftballon haben.

»Gut gemacht«, flüstere ich ihm zu, während er sich ganz auf die geschäftigen Hände der Frau konzentriert, die ein langes Stück orangefarbenes Geschenkband von einer Rolle abschneidet.

»Das ist eine hübsche Farbe. Guck!« Sie hält das Band hoch. »Es paßt zum Luftballon!« Als sie das Band an dem Luftballon befestigt hat, beugt sie sich herunter und reicht ihn Elija. »Aber nicht verlieren!« ermahnt sie ihn in süßlichem Tonfall.

»Ver...lieren«, antwortet er. Eine freudige Erregung erfaßt mich. Es ist das erste Mal, daß Elija direkt mit der Verkäuferin gesprochen hat, nach einer Woche Übung.

»Nein, Dummerchen«, korrigiert sie ihn, »ich habe gesagt, verlier ihn *nicht*.« Elija reagiert nicht darauf. »Vielleicht befestigen Sie das Bändchen besser an seinem Handgelenk«, fügt sie hinzu, als warnenden Rat an mich. »Sie wollen diesen hübschen Luftballon doch nicht verlieren, oder?«

Schuldbewußt schüttele ich den Kopf. Natürlich nicht. Ein verlorener Luftballon ist Anlaß für Kindertränen. Ein verlorener Luftballon, der in die Atmosphäre aufsteigt, unwiederbringlich, ist eine Tragödie für jedes Kind. Die Verkäuferin ahnt nicht, daß ich ihr etwas vormache, denn Elijas Pläne sehen ganz anders aus.

»Rauuuussss!« schreit er schrill, was die Frau bis ins Mark erschreckt und sie veranlaßt, geschäftig zur Kasse zurückzueilen.

»Gut«, versuche ich mit einer Festigkeit zu sagen, die, wie ich hoffe, seine Aufmerksamkeit erregen wird, aber Elija ist mittlerweile so gestreßt, daß er möglicherweise nicht mehr in der Lage ist, den routinemäßigen Ablauf ganz durchzustehen. Ich beuge mich zu ihm hinunter, ohne direkten Blickkontakt herzustellen. Das wäre im Augenblick zuviel für ihn. »Aber zuerst müssen wir den *Luftballon bezahlen.*« Ich spreche die Worte klar und deutlich aus und blicke in die dünne Luft neben ihm. Gleich wird er sich zu Boden werfen und mit dem Kopf dagegenschlagen. Die Situation eskaliert. »Komm, bringen wir es hinter uns!« In einem letzten verzweifelten Versuch nehme ich seine Hand, mit unbeholfener Zuversicht, und wir gehen zur Kasse, bewahren gerade noch die Selbstbeherrschung. Dann macht Elija einen Satz zur Tür, seinen neuen Luftballon im Schlepptau.

»Hier!« rufe ich panisch der Verkäuferin zu und werfe einen Dollar auf den Ladentisch.

»Danke!« antwortet sie. »Wiedersehen!« fügt sie neckisch hinzu, denn sie will Elijas verwirrendes Unbehagen lindern.

»Sag ›Auf Wiedersehen‹«, gebe ich ihm das Stichwort und hechte an seine Seite, und im gleichen Atemzug wird mir schmerzlich bewußt, daß ich klinge, als spräche ich mit einem Kleinkind, das gerade gelernt hat, Fremden zuzuwinken.

»Auf... Wiedersehen«, erwidert Elija, der langsam und mühsam die rasche Bewegung, das Zur-Tür-Hinauseilen, mit seiner Sprachäußerung verbindet. Die Frau kann ihn nicht mehr hören, denn die Tür hat sich längst hinter uns geschlossen. Irgendwann wird er lernen, »Auf Wiedersehen« und »Hallo« zu sagen und all die anderen Höflichkeitsgesten bei Begrüßung und Verabschiedung, die bei einem neurotypischen Diskurs angemessen sind. Er wird es zur richtigen Zeit sagen, am richtigen Ort und mit der richtigen Betonung. Er wird dabei auf die richtige Art Blickkontakt herstellen und den angemessenen Abstand zwischen sich und den Gesprächspartner legen. Aber all diese Dinge müssen von Autisten methodisch *gelernt* werden. Sie müssen als verläßliches System eingeübt werden.

Wir stehen im Stadtzentrum auf der geschäftigen Hauptgeschäftsstraße, der Tinker Street.

»Loslassen!« ruft Elija. Er will den Luftballon loslassen und zusehen, wie er in den Himmel aufsteigt. Schließlich sind wir deswegen gekommen. Darauf haben wir hingearbeitet, seit wir das Haus verlassen haben.

»Warte!« werfe ich ein. »Wir werden ihn loslassen, aber erst gehen wir hinüber zum *Feld*.«

»Loslassen!« beharrt er.

»Ja, auf dem FELD. Komm.« Ich nehme seine Hand und führe ihn die Tinker Street herunter. Der große orangefarbene Luftballon zerrt über unseren Köpfen an seinem Band, während wir eine Ecke umrunden und noch einen Block weitergehen.

»Loslassen!« singt Elija glücklich, als das Feld in Sicht kommt.

»Ja, AUF DEM FELD«, erinnere ich ihn erneut, immer noch so aus der Fassung gebracht von seinem schrillen Schrei im Laden, daß ich ebenfalls schreien könnte. Es gibt Augenblicke, Augenblicke wie diesen, wo das Leben mit Elija so eng wird, so rigide festgelegt und überdeterminiert in jeder Handlung und jedem Wort, daß ich vor Wut und Groll platzen könnte. Aber – ich weiß nicht, was über mich kommt – plötzlich sehe ich die ergreifende Komik des Ganzen, und ich lache laut heraus über diese verrückte, einsame Komödie, die wir da auf die Beine gestellt haben und deren genau festgelegtem Ablauf zu entrinnen ich keine Chance habe. Ich bin in Elijas Luftballonfixierung hineingezogen worden. Mir bleibt keine Wahl, als nachzugeben und mit ihm zu perseverieren.

Er zerrt an meiner Hand und geht schneller in Richtung Feld. Plötzlich fiebre ich eifrig auf den heutigen Start hin. Ich habe ein warmes Gefühl im Bauch, wie Schmetterlinge, das zur Region meines Herzens aufsteigt. Wir treten auf das Feld. Es ist die offene Fläche, auf der im Sommer die Flohmärkte stattfinden und auf der Sharron immer ihren Kleinbus abgestellt hat, aber heute ist das Feld leer. Es ist Winter. Knirschend stapfen wir durch die harte Schneekruste, und bevor ich ihm einen Hinweis geben kann, läßt Elija schon den Luftballon los.

»Oh! Du Schlingel! Du hast ihn nicht festgehalten!« necke ich ihn.

Die orangefarbene Kugel schießt geradewegs in den grauen Himmel. Sie steigt höher und höher, wird kurz von einer Brise seitwärts abgetrieben und steigt dann wieder direkt himmelwärts. Elija verfolgt genau jede Bewegung.

»Hoch! Hoch! Hoch!«

»Ja, er steigt hoch.«

»Klein!« fügt er hinzu.

»Klein?«

»Klein! Klein!« führt er aus, immer noch den Blick nach oben gerichtet. Ich bin überrascht, Elija dieses neue Wort in diesem Zusammenhang sagen zu hören. Seine Betreuungspersonen im Sonderkindergarten würden es als »spontane Sprachäußerung« bezeichnen. In letzter Zeit hat er das häufiger getan. Spontane Sprachäußerungen sind Wörter, die weder vorgesagt noch ihm auf andere Weise pädagogisch abgerungen wurden. Sie sind vollkommen authentisch. Wir stehen zusammen auf dem Feld, wie wir es gewöhnlich tun, und verfolgen den Luftballon, bis er außer Sicht ist.

»Klein!«

»Ich verstehe! Der *Luftballon* wird immer *kleiner*.«

»Klein«, wiederholt er, erfreut darüber, daß ich seine Wahrnehmung der Dinge begreife.

»Ja! Je höher der Luftballon steigt, desto kleiner *wirkt er*.«

»Klein«, bestätigt er, zufrieden mit meiner Beschreibung, die er selbst nicht so hätte in Worte fassen können. Elija ist glücklich, mitteilsam und aufgeschlossen. Es war ein guter Luftballon-Tag.

In den nächsten Monaten, in denen Elijas Aufenthalte im Brookside Cottage häufiger und regelmäßiger wurden, gingen wir oft zu Houst's und fügten seinem sozialen Repertoire neue Erfahrungsschichten hinzu. Bald sagt er den ganzen Tag das Wort »Helium« und drängt mich zu repetitiven Gesprächen über »Heliumballons«, die »in den Himmel steigen«, und »Luftballons«, die »am Boden bleiben«. Nach zahllosen Besuchen im Laden werden die lästigen Höflichkeitsfloskeln wie »Hallo«, »Wiedersehen« und »Welche Farbe möchtest du?« weniger nervenaufreibend für ihn. Elija redet sogar auf die Verkäuferin ein, sagt fünf ausgesuchte Silben, sobald er zur Tür hereinkommt: »Heee...liii...um... baaa....lllon.« Dann strebt er schnurstracks auf die Behälter mit den Luftballons zu.

»Welche Farbe nimmst du denn heute?« ruft die Verkäuferin, als er die Verkaufstheke passiert. Er antwortet nicht. Er sucht sich jetzt ganz selbständig seinen Luftballon aus und bringt ihn zum Ladentisch, ohne daß ich ihm einen Hinweis geben muß.

Eines Tages, als die Frau und ich darauf warteten, daß er zum Ladentisch zurückkehrte, erzählte ich ihr, daß mein Sohn autistisch sei. Ich dachte, unsere Kameradschaft mit ihr würde das möglich machen.

»Aber Sie wollen doch wohl nicht behaupten, daß mit ihm etwas nicht stimmt! Er ist vollkommen gesund!« protestierte sie, ganz ungläubig, daß ich so etwas andeuten konnte.

Ich suche nach einer Antwort. »Also... natürlich ist es nicht so, daß mit ihm etwas nicht *stimmt*. Er ist autistisch. Deshalb kommen wir ständig her.« Ich hatte gehofft, sie über unser Ritual aufzuklären, aber sie schüttelte nur ungläubig den Kopf.

An diesem Tag erfuhr ich etwas über Unsichtbarkeit und darüber, wie weit Elija vom Neurotypischen abweichen konnte, ohne aufzufallen. Einige Freunde warfen mir sogar vor, ein Opfer »dieser schrecklichen Etikettierungen, die ein Kind nur stigmatisieren«, geworden zu sein, aber ich fand ihre Bemerkungen stark vereinfachend. Sicher, die herablassende Sprache der Psychiatrie brachte mich in Harnisch, aber mit dem Wort »Autismus« selbst hatte ich keine Probleme. Daß die Leute so rasch bereit waren, Elijas Lebensart zu leugnen oder herabzusetzen, empfand ich in den ersten Jahren als beleidigend – bevor ich lernte, daß ich das ebenso loslassen mußte, wie Elija seine Luftballons losließ.

Ein Jahr war vergangen, seit ich ins Brookside Cottage gezogen war. Obwohl Ben und ich mittlerweile geschieden waren, hatte es in unserer Familiendynamik eine Wendung zum Besseren gegeben. Ich erkannte das, als ich an einem Frühlingsmorgen auf der Veranda des Hauses saß und im Tagesheft Bens sämtliche Briefe an den Kindergarten durchlas. Ich begann mit dem Tag, an dem Elija zu Ben gezogen war, nach meinem Depressionsschub und der Fahrt ins Krankenhaus. Im Verlauf dieses verlustreichen Jahres war der schroffe Ben ganz mütterlich geworden! Das war deutlich an seinen Briefen an die Erzieherinnen abzulesen, an seiner Sprache, die erstaunlich intensiv mit den komplexen, winzigsten Einzelheiten der Kindererziehung befaßt war. »Elija«, schrieb er während der Phase des Toilettentrainings, »war diese Woche müde und will abends nichts essen.... Es belastet ihn, daß er immer noch nicht ins Töpfchen macht. ›Ich kann das nicht‹, sagt er manchmal zu mir. ›Du kannst das‹, sage ich. ›Mach dir keine Gedanken.‹ Er lächelt und wird froh. ›Tut mir leid‹, sagt er. ›Keine Sorge, du machst das doch gut‹, antworte ich. Er grinst und entspannt sich.«

Die Beziehung zwischen Ben und mir hatte sich sehr verbessert, und im Sommer sorgten wir abwechselnd für Elija, nach einem festen Plan, auf den er sich verlassen konnte. Meine Großeltern hatten mir etwas Geld hinterlassen, und als mir das Erbe ausgezahlt wurde, ließ meine Eifersucht auf Bens Haus und Bens Kinderfrau nach, und ich mußte beides nicht mehr verurteilen. Das Geld ermöglichte es mir, einen Teilzeit-Job anzunehmen und mich den Rest des Tages auf Elijas intensive Bedürfnisse zu konzentrieren. Ich machte mich wieder an meine Dissertation, eine Studie über die

Dichterin Else Lasker-Schüler, eine deutsche Jüdin, deren Leben als Schriftstellerin und alleinerziehende Mutter eines ungewöhnlichen Kindes mich stark ansprach. Sie wurde rasch zu meiner literarischen Mentorin. Ich begann auch wieder aus dem Deutschen zu übersetzen und nahm schließlich die Lehrtätigkeit an einem privaten geisteswissenschaftlichen College wieder auf, an dem ich schon früher tätig gewesen war. Elija und ich zogen aus dem Brookside Cottage aus und zurück in unsere alte Wohnung im Farmhaus des Clowns. Emma Missouri sahen wir immer noch sehr häufig. Emma gehörte zur Familie, aber ich als eines Tages in der Stadt mit dem Clown Bob zusammenstieß und er mir sagte, die Wohnung sei frei, vermißte ich die offenen Wiesen und den großen sternenübersäten Himmel bei Nacht. Ich wollte mit Elija dorthin zurückkehren und unser Leben wiederaufnehmen, das durch Unglück und Depression unterbrochen worden war.

Das war der weite Sommer von Elijas fünftem Geburtstag, in dem Ben und ich an seinem Swimmingpool saßen und besprachen, ob wir es riskieren konnten, Elijas Antikonvulsivum abzusetzen, ganz langsam, damit er keine Entzugsanfälle bekam. Der Neurologe in New York City hatte uns seinen Segen gegeben. Elija war seit mehr als zwei Jahren anfallsfrei.

»Mami, Papi... schaut mal!« rief Joanne, die Kinderfrau, die Elija gerade beibrachte, vom Brett zu springen. Er sprang ohne jede Hemmung und tauchte tief bis auf den Grund des Beckens.

»Was für ein kleiner Guppy!« rief Ben stolz. Dann drehte er sich zu mir um, die Augen naß vor Tränen. »Weißt du, Val, diese Monate, in denen Elija hauptsächlich bei mir war, haben mein Leben verändert. Es hat mich menschlicher gemacht.«

»Mich auch. Jetzt wird alles besser, nicht wahr, Ben?«

»Ja«, sagte er. »Du bist ein guter Mensch, Val.«

»Du auch. Kann ich dir etwas sagen?«

»Klar.«

»Bitte paß auf dich auf, Ben. Du bist überarbeitet. Elija und ich brauchen dich.«

»Mach ich.«

Einer meiner freiberuflichen Aufträge war das Übersetzen deutscher Dokumente für Dennis Overbye, einen Wissenschaftsautor. Er arbeitete an einem Buch über Albert Einstein, und ich sollte einen Teil der unveröffentlichten Korrespondenz des Physikers ins Englische übertragen. Einmal in der Woche saß ich neben Dennis in seinem Büro und übersetzte laut Einsteins Briefe ins Englische, nachdem ich das deutsche Original entziffert hatte. Dennis hackte auf seine Tastatur ein und protokollierte meine Worte.

Ein paar Monate, nachdem ich damit angefangen hatte, hörte ich zum erstenmal Berichte aus autistischen Kreisen, nach denen Einstein wahrscheinlich ein hochfunktionaler Autist mit Asperger-Syndrom gewesen sei. Beim Entziffern von Einsteins Handschrift in seinen Briefen an Familienmitglieder und seine engsten Freunde fing ich an, Andeutungen von Autismus zwischen den Zeilen zu lesen. Als Kleinkind galt Einstein als Dummkopf, zumindest wurde er von seiner Großmutter so bezeichnet, und seine Eltern waren überzeugt, daß er unterdurchschnittlich begabt sei.[1] Er neigte zu emotionalen Ausbrüchen. Er war ein eigenbrötlerisches und mürrisches Kind, das vor dem rauhen Getöse und dem Anblick von Militärparaden floh. Seine Sprachentwicklung war verzögert, er zeigte Anzeichen von Echolalie und besaß eine tiefe Zuneigung zu Gegenständen. »Er war weit über zwei Jahre alt«, schreibt Dennis Overbye, »als er zu sprechen begann. Seine denkwürdigste Äußerung tat er mit zweieinhalb, nach der Geburt seiner Schwester Maja. Er hatte offenbar irgendein Spielzeug erwartet und verlangte zu wissen, warum sie keine Räder hätte. Bis zum Alter von sieben Jahren hatte er die sonderbare Angewohnheit, jeden Satz, den er sagte, leise für sich selbst zu wiederholen.«[2]

Es scheint bei Einstein auch eine Verzögerung der Sprachverarbeitung gegeben zu haben, denn es gab eine »Denkpause« oder ein Zögern, bevor er Fragen beantwortete, die ihm gestellt wurden. Ilana Katz, eine Einstein-Spezialistin und Mutter eines autistischen Kindes, sagt, der kleine Albert sei »introvertiert« gewesen, er habe den »Kontakt mit anderen Kindern seines Alters gemieden und lieber für sich allein gespielt«.[3] Später in der Schule wurde er von seinen Klassenkameraden mit dem Spitznamen »Biedermeier« gehänselt, ein Äquivalent für Dummbart.[4] Einstein bekam in manchen Fächern glänzende Noten, während seine Leistungen in anderen Fächern unterdurchschnittlich waren. Das ist ein häufiges Merkmal von Autisten, das manchmal »Streuung« genannt wird. So bekam er zwar, schreibt Overbye, »gute Noten in Mathematik«, aber »seine Frühreife war für das mit seiner Schulbildung betraute Lehrpersonal nur sporadisch ersichtlich«.[5] Sein Griechischlehrer am Münchner Luitpold-Gymnasium, auf das er im Alter von neun Jahren kam, soll ihm einmal vor der ganzen Klasse prophezeit haben: »Aus dir wird nie was Rechtes werden!«[6]

Einsteins Leben war gekennzeichnet durch eine serielle Abfolge von Faszinationen und durch intensive Konzentration auf eine begrenzte Anzahl von Interessengebieten. Das begann im Kindesalter mit dem eifrigen Studium der jüdischen Religion (sehr zum Erstaunen seiner nicht-religiösen Eltern), das er im Alter von zwölf Jahren abrupt fallenließ, um sich der Mathematik zu widmen. In den Sommerferien dieses Jahres, sagt Overbye, arbeitete Einstein »sich durch den gesamten Stoff, der im Gymnasium auf dem Mathematik-Lehrplan stand, einschließlich der Differential- und Integralrechnung. Er saß tagelang über den Lehrbüchern, die [sein Vater] ihm mitbrachte, bewies Sätze und löste die Aufgaben.«[7]

Trotz seiner offensichtlichen Mathematikbegabung machte er nicht das Abitur, weil er aufgrund störenden Verhaltens im Klassenzimmer der Schule verwiesen worden war. Aber zu seinem Glück wurde ihm eine akademische Ausbildung nicht verwehrt, denn es gelang ihm – mit Mühe und einiger Verzögerung – am Zürcher Polytechnikum, der späteren Eidgenössischen Technischen Hochschule, angenommen zu werden. Im Gegensatz zu vielen anderen Universitäten wurde hier kein Abiturzeugnis verlangt. Einmal eingeschrieben, verbrachte Einstein den größten Teil seiner Zeit mit dem Perseverieren über Physik. Andere Fächer erwiesen sich als mühevolle Herausforderung, weil er es nicht über sich bringen konnte, sich mit Studienfächern zu befassen, die ihn nicht interessierten. Die Vorlesungen der Professoren empfand er als Störung seiner eigenen Denkprozesse, und oft schwänzte er Pflichtveranstaltungen, um allein intensiv zu lesen und zu arbeiten. Seine Kommilitonen berichteten, er würde »nie zuhören« und »im Labor den Anweisungen nicht Folge leisten«.[8] Er war bekannt dafür, gesellschaftlichen Zwängen keine Beachtung zu schenken und »aus der Alltagswelt hinauszutreten, wann immer er es wünschte«. Einsteins Autismus war unsichtbar und erregte dieselben neurotypischen Kommentare, die heutzutage oft über autistische Jugendliche und Erwachsene abgegeben werden. Sie leben »in einer eigenen Welt«. Sie sind »exzentrisch« und »distanziert«, und sie scheinen, oberflächlich betrachtet, kein Bedürfnis nach emotionalen Beziehungen zu anderen Menschen zu haben.

Einstein hatte offensichtliche neurologische Auffälligkeiten. Möglicherweise war er Epileptiker, und eindeutig perseverierte er. Overbye berichtet:

Es gab die sonderbaren Gelegenheiten, bei denen er in einer Art Trance oder Absence versank, als wäre er gerade in seiner eigenen Welt verschwunden. Später behauptete er dann, keinerlei Erinnerung an die Geschehnisse zu haben.... Sein ganzes Leben lang fiel seine Fähigkeit auf, sich urplötzlich auch von der lautstärksten Umgebung zurückziehen zu können, um sich auf seine eigenen Gedanken zu konzentrieren... Auf Außenstehende und sogar auf sich selbst wirkte Einstein oft ein wenig weltfremd.[9]

Zwingende Fixierungen bewirken eine Entfernung vom normativen sozialen Umfeld. Elijas Luftballon-Ritual ist ein gutes Beispiel dafür. Er hat keinerlei Bedenken, den Luftballon loszulassen, und empfindet kein Verlustgefühl. Im Gegenteil, ein Festhalten des Luftballons ist eine Unterbrechung seiner perseverativen Faszination mit der räumlichen Erfahrung, wie die Entfernung die offenbare Größe eines Gegenstands verändert. Ganz am Anfang unserer zur Regel gewordenen Gewohnheit ließ Elija seine Luftballons direkt in der Tinker Street steigen, aber ausnahmslos machte dann irgendein Passant eine abfällige Bemerkung oder schimpfte sogar mit mir. Deshalb gehen wir für unsere täglichen Starts auf das Feld. Manchmal sind die Erwartungen der Neurotypiker allzu störend. Wahrscheinlich aus diesem Grund blieb Einstein den Vorlesungen fern. Bevor er in der Öffentlichkeit den Status eines Genies bekam und als bedeutender Physiker gefeiert wurde, galt er bei vielen seiner Lehrer und Arbeitgeber als Versager oder gesellschaftlicher Aussteiger, und in der Tat war er ganz darauf fixiert, einen Weg durch das Labyrinth komplexer Fragen zu finden, das ihn schließlich zur Relativitätstheorie führte.

Mit ungeheurer Mühe gelang es Einstein, sein Studium am Zürcher Polytechnikum abzuschließen, obwohl seine Noten nur mittelmäßig waren. Nach dem Examen bekamen die meisten seiner Kommilitonen eine Assistentenstelle, Einstein nicht. Er versuchte es mit Privatunterricht, wurde wegen seiner lässigen Unterrichtsmethoden gefeuert und schaffte es dann, eine Stelle beim Schweizer Patentamt in Bern zu bekommen, wo sein legeres Äußeres und sein unkonventionelles Benehmen toleriert wurden. Er kam in Pantoffeln und salopper Kleidung zur Arbeit. In der Tat hat er es immer vorgezogen, getragene Sachen anzuziehen, die weich waren und seinen Körper lose umhüllten, wahrscheinlich wegen einer Reizüberflutung durch übermäßig empfindliche Haut.

Einstein blieb nach den Bürostunden häufig länger, um

theoretisch weiterzuarbeiten, und so wurde das Berner Patentamt berühmt als der Ort, an dem er seine Relativitätstheorie entwickelte. Einstein sagte von sich selbst, daß ihm seine wissenschaftlichen Ideen erst als Bilder erschienen und er danach die harte Arbeit auf sich nehmen mußte, sie in Worte und verständliche Gleichungen zu fassen. Bei Steven Pinker heißt es:

Aus der Vorstellung beispielsweise, auf einem Lichtstrahl zu reiten und auf einen scheinbar eingefrorenen Uhrenturm zurückzublicken, entwickelte er die spezielle Relativitätstheorie – daß Zeit, Raum, Länge und Masse relative Größen sind, abhängig vom Betrachter und seinem Bewegungszustand. Aus der Vorstellung, sich im Inneren eines herabsausenden Fahrstuhls zu befinden, scheinbar gewichtslos, entwickelte er die allgemeine Relativitätstheorie – daß Gravitation und Beschleunigung dasselbe sind.[10]

Temple Grandin vergleicht ihre Erfahrung des Denkens in Bildern mit den Gedankenexperimenten, die Einstein bei der Entwicklung seiner physikalischen Theorien anstellte.[11] Auch Elijas räumliches Vorstellungsvermögen scheint geschärft zu sein, aber ihm fehlen die Wörter, um seine gesteigerte Erfahrung zu beschreiben. In Bens Pool schaue ich durch meine Schwimmbrille zu, wie Elija herumschwimmt und forschend das ausgedehnte Unterwasser-Universum betrachtet, das er durchreist. Seine Augen sind immer weit geöffnet. Er lächelt sogar unter Wasser! Als er einmal auftaucht, um Luft zu schnappen, paddle ich zu ihm hin und nehme seinen schwerelosen kleinen Körper in die Arme.

»Elija, warum machst du unter Wasser die Augen auf?«

Er zögert und denkt angestrengt über die Worte nach, die er hervorrufen will. »Es ist... ein... Raum«, antwortet er fröhlich.

Wäre der junge Einstein in unserer Zeit der Lernschwächen und der Heilpädagogik aufgewachsen, wäre er sehr wahrscheinlich für eine Frühförderung wie die in Elijas Kindergarten vorgeschlagen worden. Einsteins verzögerter Sprachentwicklung und seinen echolalischen Tendenzen wäre mit einer intensiven Sprachtherapie begegnet worden. Seine Wutausbrüche hätten ihn zu einem Kandidaten für heilpädagogische Maßnahmen zur Entwicklung der sozialen Fähigkeiten gemacht, ganz zu schweigen von seiner scheinbaren Distanziertheit und Gleichgültigkeit gegenüber den Gefühlen anderer Leute, die sich als verheerend für seine Beziehung zu seiner Familie erwies. Aber um 1890, als Einstein ein kleiner Junge war, war das nicht üblich. Geblieben jedoch ist das Erbe der Unsichtbarkeit des Autismus.

Zwei Jahre lang wirbelten bei meiner Arbeit für Dennis Overbye die schriftlichen Überreste von Einsteins Leben um mich herum, und eine Frage drängte sich mir auf: Wenn Albert Einstein autistisch war, besitzt Elija dann eine Sozialgeschichte, die er sein eigen nennen kann? Ich wollte weder meinen Sohn auf die gleiche Stufe stellen wie Einstein, noch dachte oder hoffte ich, daß er eines Tages als Genie gelten würde. Ich wollte nur folgende Überlegung anstellen: Wenn der Autismus eine eigenständige neurologische Kultur ist, welche historischen Rollenvorbilder kämen für ihn in Frage? Sicher, Elija hatte *lebende* Rollenvorbilder, Sharron beispielsweise. Es gab Temple Grandin und Donna Williams. Als Frau und Schriftstellerin wußte ich, wie wichtig Rollenvorbilder sind. Ich hatte Else Lasker-Schüler. Ich hatte Virginia Woolf. Ich hatte Mary Wollstonecraft. Das ließ in mir die Frage aufsteigen: Hatte Elija Einstein als Rollenvorbild?

»Ich... möchte... einen... Luftbaaa....lon«, sagt Elija, als wir eines Tages auf dem Weg vom Spielplatz bei Houst's vorbeikommen.

»Du willst einen Luftballon?« Ich bin erstaunt, daß er den Laden überhaupt wahrgenommen hat, und noch erstaunter, daß er so schnell einen so langen Satz gebildet hat. »Klar. Wir haben Zeit.«

Ich fahre auf den Parkplatz hinter dem Laden, immer

noch verblüfft über die Mühelosigkeit des Dialogs, den wir gerade geführt haben. Wir waren seit Monaten nicht mehr bei Houst's. Wir brauchen das Luftballon-Ritual nicht mehr, um aus dem Haus zu kommen, obwohl Luftballons immer noch eine wichtige Rolle in unserem Leben spielen. Seit diesen ersten Fahrten in die Stadt sind wir zu Wasserballons und ihren vielfältigen Möglichkeiten übergegangen. Wir bewerfen uns draußen auf der Wiese damit und schreien: »Freier Schuß! Freier Schuß!« Wir packen sie über Nacht in die Gefriertruhe, schleudern sie dann von der Veranda auf den harten Fels unten und hören zu, wie sie zerbersten. Wir werfen einen Stapel Wasserballons in die Badewanne, damit Elija sie unter Wasser drücken und zusehen kann, wie sie langsam in seiner Hand schrumpfen. Wir blasen sie auf, zeichnen lustige Gesichter darauf, lassen dann die Luft ab und studieren die feinen Cartoon-Linien, die übrigbleiben. Wir bemalen die Luftballons. Wir bedecken sie mit einer Schicht Gips. Wir reihen sie in Muffin-Förmchen auf. Wir tun kleine Glöckchen hinein, blasen sie auf und schütteln sie wie Musikinstrumente.

Wir betreten den Laden durch den Hintereingang – was Elija nicht mehr verwirrt oder ihn zum Weinen bringt wie sonst, wenn irgend etwas an dem festgelegten Ablauf geändert wurde – und gehen den langen, mit verblichenem Linoleum ausgelegten Gang hinunter zum hinteren Ende des Ladens, wo die Behälter mit den Luftballons stehen.

»Oh! Sie haben neue Ware reinbekommen! Was für eine Auswahl!« rufe ich aus. »Welche Farbe möchtest du denn?«

»Elija... will.... Bluuu....men.« Obwohl er angefangen hat, das Personalpronomen »ich« häufiger zu verwenden, spricht er noch gelegentlich von sich selbst in der dritten Person. Ich sehe den Luftballon, den er beschrieben hat.

»Das sind keine Blumen, das ist ein Feuerwerk. Weißt du, was ein Feuerwerk ist?«

»Ja«, antwortet er, etwas steif und formell. »Feeuuer... werrrk.«

»Ein Feuerwerk sieht aus wie Blumen, die am Himmel explodieren. In gewisser Weise hast du also ganz recht.«

»Elija... will... Feuerrr... werrrk.«

»Gut. Komm, wir bezahlen den Luftballon.«

Als ich mich umdrehe, um zur Kasse zu gehen, hält Elija mich auf und schiebt meine Hand auf die Luftballon-Behälter zu.

»Welche... Farbe... möchtest... du?« fragt er, wobei er versucht, den »Rauf- und Runterton« anzuwenden. Im Kindergarten arbeitet sein Sprachtherapeut mit ihm daran, nicht monoton zu sprechen, wenn er eine Frage stellt, sondern die Stimme am Schluß zu heben.

»Du willst, daß ich mir eine Farbe aussuche?«

»Ja.« Er hört sich an wie ein kleiner Roboter.

»Gut. Hmmm... Laß mal sehen... Ich nehme diesen schwarzen Luftballon.«

Elija steht steif da. Ich weiß, sein Zögern bedeutet, daß er an einer Antwort auf die Bemerkung arbeitet, die ich gerade gemacht habe, also warte ich ein paar Herzschläge, bis er sie parat hat. »Er... ist... nicht... schwarz.«

»Nein?«

»Er... ist... purpurn.«

»Purpurn? Wirklich?«

»Ja.«

»Hm, ich finde, er sieht schwarz aus.«

»Er... ist... purpurn.«

»Soll ich Ihnen die Luftballons aufblasen?« fragt das Mädchen, das an der Kasse sitzt. Sie arbeitet jetzt offenbar hier statt der Frau, die wir kennen.

»Ja. Danke.« Alle drei gehen wir zur Heliumkartusche hinüber, wo ich Elija die Ohren zuhalte. Das Mädchen bläst zuerst seinen Luftballon auf. Wir schauen zu, wie die kleinen Raketen sich zu großen Blumensträußen ausdehnen. »Wie schön! Es sieht wirklich wie Blumen aus, Elija.«

»Es... ist... Feuerrr...werrrk.« Elija schaut zu, wie das Mädchen seinen Luftballon mit einem roten Band zuknotet.

Ich kann spüren, wie er daran kaut, daß sie ihn nicht gefragt hat, welche Farbe er haben wollte, aber ihm fehlt die Reaktionszeit, um es laut auszusprechen. Sie reicht ihm den Luftballon und nimmt dann meinen, um ihn aufzublasen.

»Wow!« sagt sie. »Ich glaube, ich habe noch nie einen schwarzen Luftballon gesehen.«

»Er... ist... pur...purn«, korrigiert Elija sie.

»Purpurn?«

»Ja.«

»Hmmm... vielleicht«, meint sie halbherzig und fängt an, ihn aufzublasen. Als der Luftballon größer wird, verwandelt er sich wunderbarerweise von Schwarz in ein dunkles Purpurrot.

»Elija! Du hattest recht! Er ist purpurn!«

Das Mädchen bekundet mit begeistertem Nicken seine Zustimmung. Elija ist sichtlich erfreut über sein Insider-Wissen. Wir bezahlen die Luftballons an der Kasse.

»Danke!« sagt das Mädchen fröhlich.

»Nichts zu danken«, antwortet Elija, und wir treten auf die sonnige Tinker Street hinaus und gehen ganz selbstverständlich in Richtung Feld. Es ist Sommer, und unsere Luftballons tanzen über uns im Wind.

»He, Elija. Sehr bald wirst du sechs Jahre alt sein. Ist das zu glauben!?«

»Ja.«

Wir gehen in die Mitte des Feldes, und unvermittelt steigt Elijas Feuerwerk in den Himmel auf.

»Laß... los«, instruiert er mich mechanisch und zerrt an meinem Ellbogen.

»Du willst, daß ich meinen Luftballon auch loslasse?«

»Ja.«

»Okay, auf geht's.« Aber ich stelle fest, daß ich zögere. »Mach du es.« Ich halte ihm den Ballon hin.

»Nein«, sagt er.

»Nein?«

»Nein.«

»Gut, auf geht's!« Ich lasse den purpurroten Luftballon los, und er steigt hoch, schließt sich Elijas Feuerwerk an. »Das habe ich noch nie zuvor gemacht!« Mein Herz hämmert. »Jetzt weiß ich, wie das ist!« Elija schweigt, hält meine Hand und schaut zu, wie unsere Luftballons gemeinsam aufsteigen und dabei immer kleiner werden. »Vielen Dank, daß du mir gezeigt hast, wie man losläßt.«

»Nichts... zu... danken.«

Kapitel 9

Den Zeichentrickfiguren tut nichts weh

Sharron kaufte einen alten Kutter, der im Hafen einer Küstenstadt bei Los Angeles lag, und richtete sich dort häuslich ein. *Sojourner* hieß das Boot. Es hatte zwei defekte Maschinen, war aber seetüchtig.

»Es ist richtig gemütlich hier«, erzählte sie glücklich am Telefon. »Es ist wie eine schwimmende Hippie-Hütte in Woodstock.«

Es war nicht das Wohnwagen-in-der-Wüste-Szenario, von dem sie geträumt hatte, als wir uns kennenlernten, aber es verschaffte ihr heimelige Einsamkeit und Unabhängigkeit. Die Liegegebühren waren viel niedriger als die Miete für eine Wohnung, besonders in diesem kleinen Hafen, wo hauptsächlich Fischerboote und ein paar andere Hausboote lagen. Zumindest konnte Sharron sich in einem warmen Klima halbwegs zur Ruhe setzen. Sie machte ein bißchen Kinderbetreuung, und sie malte.

»Wo hast du das Porträt von Elija aufgehängt?«

»In seinem Zimmer.«

Vor einigen Monaten hatte ich bei Sharron ein Porträt von Elija in Auftrag gegeben. »Ich will, daß er aussieht wie der kleine Lord Fauntleroy«, hatte sie damals gesagt. »Ich will, daß er aussieht wie ein autistischer Prinz.« Auf dem Porträt schaut Elija den Betrachter direkt an, und er sitzt auf einem reichgeschnitzten Holzstuhl, der auf einem grasbewachsenen Hügel thront. Der blaue Himmel und seine weißen Wolken ziehen hinter ihm vorbei.

»Wohnst du wieder im Haus des Clowns?«

»Ja.«

»Ich denke gern an euch zwei in diesem großen alten Haus. Es ist schön dort.«

»Ja, wir lieben diesen Ort. Es ist jetzt so viel beglückender, besonders seit Elija das Antikonvulsivum nicht mehr nimmt. Du würdest staunen, wieviel er redet!«

»He, du solltest wirklich mal zum Autreat fahren. Elija ist jetzt sechs. Er kann damit umgehen.«

»Autreat? Was ist das?«

»Ein Retreat für autistische Menschen. Es wird von Jim Sinclair und ANI organisiert.«

Von Jim Sinclair hatte ich schon viel gehört. Sharron sprach häufig von ihm, wobei sie Wörter wie »Engel« und »Heiliger« gebrauchte, und ich wußte, daß sie es ernst meinte. Jim ist Mitbegründer des Autism Network International (ANI), einer Selbsthilfe-Organisation von Autisten für Autisten, einer der ersten ihrer Art in der Welt. Obwohl die Organisatoren alle hochfunktionale Autisten sind, möchte die Gruppe ihre Vision von Unabhängigkeit und autistischem Selbstbewußtsein auf das gesamte Spektrum ausgedehnt wissen. Die Mitglieder, ein internationales Netzwerk von Autisten, kommunizieren per Internet miteinander; es gibt eine Mailing-Liste und Gesprächsforen. Einige, wie zum Beispiel Jim, der im höheren Fachsemester am pädagogischen Seminar der University of New York in Syracuse Rehabilitationsberatung studiert, sind hochqualifizierte Pädagogen und Behindertenanwälte.

»Bring Elija dorthin. Es wird ihm guttun«, drängte Sharron.

Als der Prospekt und die Anmeldeformulare für das Autreat mit der Post kamen, brauchte ich nur einen Blick auf das diesjährige Thema »Feier der autistischen Kultur« zu werfen, um zu wissen, daß wir teilnehmen würden. Einige Wochen später traten wir die sechsstündige Fahrt nach Norden zu den Finger Lakes an, den Rücksitz vollgepackt mit Elijas stimulierendsten Gegenständen. Wir nahmen unseren Grundstock klassischer Komponisten auf Kassette mit und den Soundtrack von Disneys *Pinocchio*, Elijas neueste zwanghafte musikalische Fixierung. Am Anfang des Sommers war meine Mutter zu Besuch gekommen, und an einem trüben Nachmittag lag Elija neben ihr auf dem Sofa und rezitierte den gesamten Dialog des Films, von Anfang bis Ende. Er tat das einmal und nur ein einziges Mal, sprach sämtliche Rollen laut in einem Aufblitzen außerordentlichen Erinnerungsvermögens.

Die Fahrt zum Autreat war ein gefährliches Unterfangen. Schon längst hatte ich alle größeren Touren außerhalb der näheren Umgebung von Woodstock aufgegeben, einschließlich der Reisen nach Colorado zu meiner Familie. Aber die Finger Lakes waren gerade noch erreichbar, und wenn ich meiner Ahnung trauen konnte, würde es das Opfer wert sein. Eben die Worte »autistische Kultur« waren mir seit Beginn meiner Albert Einstein-Recherchen mit einem Fragezeichen durch den Kopf gegangen. Jetzt hatten wir die Chance, diese Kultur aus erster Hand zu erleben, ungefiltert durch die Ansichten der Fachleute, die oft den Großteil der Information über Elijas Lebensart zu bestimmen scheinen.

Während der ersten Stunde der Fahrt durchwühlte Elija die Sticker, die ich zu Hunderten mitgebracht hatte, um ihn im Auto zu beschäftigen. Fiebrig zog er das Papier ab und klebte sie auf ein großes Stück Pappe, mit absoluter und präziser Konzentration, wie eine kleine Maschine. Im Rückspiegel sah ich, wie das Wachspapier sich neben ihm auftürmte wie duftige Schneehaufen. Als er den allerletzten Sticker abgezogen hatte, stieß er einen hohen, durchdringenden Ton aus. Schnell schob ich den *Pinocchio*-Soundtrack in den Kassettenrecorder, um seine Gedanken auf etwas anderes zu lenken, aber zu meiner Bestürzung hatte ich vergessen zurückzuspulen.

»ZURÜCK....SPULEN!« bellte er, als plötzlich Pinocchios knabenhafte Stimme ertönte, mitten in einem Lied: *Mich halten keine Fäden fest, ich bin allein auf dem Podest. Ich bewege mich ganz frei, kein Mensch hilft mir dabei.*[1] Ich fummelte an den Tasten herum, was Elijas Qualen nur noch verstärkte. Er schrie gellend weiter, bis ich es endlich geschafft hatte, die Kassette so anfangen zu lassen, wie er es mochte, am Anfang, mit Jiminy Grilles Eröffnungssolo, begleitet von melodischen Harfenklängen.

Als Jiminy sein liebliches Lied beendet hatte, ertönte in unserem kleinen Wagen das Werkstatt-Instrumentalstück des Spielzeugmachers Gepetto mit seinen Kuckucksuhren und Musicbox-Effekten. Gepetto ist Pinocchios verschrobener Vater, ein Bastler, Erfinder und geistesabwesender Einzelgänger. Die tickenden Klänge, das Klingeln von Glocken und die komplexe Orchestrierung aus Glockenspielen, Schluckauf und Korken, die mit einem Plopp aus Champagnerflaschen flogen, machten uns beide kontemplativ und schweigsam. Lag es nur an der ganzen Autismus-Literatur, die ich gelesen hatte, oder bildete sich Elijas visuelles Denken allmählich voll aus? Ich konnte nicht in seinen Kopf hineinsehen, aber ich war überzeugt, daß er jedesmal, wenn wir uns den Soundtrack anhörten, gleichzeitig den Zeichentrickfilm vor seinem inneren Auge ablaufen ließ.

Eine gute Stunde verging. Wir hörten uns *Pinocchio* ein zweites Mal an, während die Sonne höher am Morgenhimmel stieg und den Wagen aufheizte, der keine Klimaanlage hatte. Wir hörten uns ein drittes Mal *Pinccochio* an, und ein viertes Mal. Damit war meine Grenze erreicht, aber bevor Elija wieder gellend schreien konnte, lenkte ich ihn ab und reichte ihm einen Pastellstift aus einem neuen Kasten mit 64 Pastellkreiden, den ich extra für diese Gelegenheit erworben hatte. Ich beobachtete Elija im Rückspiegel und sah, wie sein Gesichtsausdruck von Verzweiflung in lebhaftes Interesse umschlug, sobald er erkannte, was ich ihm da hinhielt.

»Pastell...stift«, sagte er. Seine kleine Hand schnappte sich den Stift. »Welche... Farbe... ist... es?«

»Gebrannte Siena.«

»Gebrrrannte...Si...enna.«

»Ja. Willst du die Papierhülse abziehen?«

»Ja.« Elija antwortet jetzt öfter mit »Ja« oder »Nein«, anstatt meine Frage zu wiederholen.

Ich blicke wieder in den Rückspiegel. Mit wachsender Konzentration zieht Elija die Papierhülse ab und pult die Reste ab, bis der Pastellstift vollkommen sauber ist, dann wirft er ihn gleichgültig neben sich auf den Rücksitz, direkt in die pralle Sonne. Ich habe ernstere Dinge im Kopf als schmelzende Pastell-Ölkreiden, beispielsweise die Frage, ob die restlichen 63 Stifte reichen werden. Ich gebe Elija die nächste Farbe. Wir gehen von Silber zu Lachsrosa und weiter zu Krapprosa. Dann kommen Veilchenblau, Ziegelrot, Indigo und Aquamarin. Jedesmal wenn ich ihm einen Pastellstift reiche, wartet er, bis ich das Wort sage, und wiederholt es laut, bevor er mit dem Abziehen beginnt. Gelb-Orange. Grasgrün. Rotviolett. Kastanienbraun. Als wir den Kasten halb geleert haben, drehe ich mich um und werfe einen raschen Blick auf den Rücksitz. Elija ist äußerst konzentriert, unter Ausschluß von allem anderen. Zerbrochene Pastellkreiden liegen auf der Rückbank herum, werden ölig in der Sonne. Und diese schönen Stückchen farbiges Papier, die er abgezogen hat, haben sich mit den weißen Schneehaufen um ihn herum vermischt. Ein paar verstreute Sticker kleben am Fenster.

»Alles klar da hinten?« Es folgt eine lange Pause. Keine Antwort. »Alles klar?« wiederhole ich, und plötzlich empfinde ich ein scharfes Verlustgefühl. Ich werde an Dr. T. und *seine* äußerste Konzentration erinnert.

»Elija?«

»Ja?«

»Alles klar?«

»Ja.«

»Gut. Bereit für einen neuen Pastellstift?«

»Ja.«

Ich nehme die nächste Farbe aus der Schachtel. »Wahnsinn! Der Klang dieses Wortes wird dir gefallen! Purpurne Bergesmajestät.« Ich reiche ihm den Stift, und er nimmt ihn.

»Pur...purne...Berges....« Er zögert.
»Majestät.«
»Ma...jestät.«

Elija benutzt die Pastellkreiden nie, um Bilder damit zu malen, aber er findet die Farben ungeheuer reizvoll und spannend. Für ihn ist es ein visuelles Sprachspiel. Daheim in Woodstock kaufen wir Sätze von Fasermalern im Laden für Künstlerbedarf – ein neues Ziel, eine Gelegenheit, die er nie vorübergehen läßt, wenn sie sich ihm bietet –, und dann kehren wir in die Wohnung zurück und üben laut. »Hellblau.« »Mittelblau.« »Dunkelblau.« Die Fasermaler gibt es in allen Grundfarben und Mischfarben in verschiedensten Schattierungen. Ich sage: »Mittelgrün.« Elija ahmt mich nach, zieht die Kappe ab, zieht eine Linie flüssiger Farbe auf weißes Papier und schaut zu, wie sie in die feinen Fasern einsinkt. Dann schlägt er die nächste leere Seite des Skizzenbuchs auf, in dem er zeichnet, und nimmt die nächste Farbe. Von Zeit zu Zeit frage ich ihn, ob er unbedingt nur eine einzige Linie auf ein Blatt ziehen muß, ob er nicht Papier sparen könne, indem er mehr male, aber derartige Vorschläge machen ihn ärgerlich. Er weigert sich sogar, seine farbigen Linien auf dem weniger teuren Recyclingpapier zu ziehen. Ich habe es einmal versucht, aber es ging nicht. Vielleicht ist ihm das Recyclingpapier zu grau. Vielleicht ist die Linie darauf visuell weniger befriedigend. Sobald Elija methodisch die Papierhülsen aller 64 Pastellstifte abgezogen hat, wird er gereizt. Autistische Kinder brauchen ständig konzentrierte Aktivität, sonst beginnt die sorgsam konstruierte Kohärenz, die sie erfahren, sich aufzulösen, was Streß bedeutet. Wir hören uns zum x-ten Mal eine klassische Fuge an, aber das beschwichtigt Elija nicht. Alle Autofenster sind mittlerweile weit offen. Wir schwitzen in der Mittagshitze, aber wir nähern uns unserem Ziel. Elija gerät langsam in Panik.

»Wir sind bald da«, versuche ich ihn zu trösten, aber vergebens. Er schreit jetzt aus vollem Hals, und unter Schumann-Klängen, die aus den offenen Autofenstern dringen, fahren wir endlich auf den Parkplatz eines alten Ferienlagers der Wandervogelbewegung aus den zwanziger Jahren.

»Wir sind da! Wir sind da! Komm, wir steigen aus!«

Elija rappelt sich auf, sobald ich ihm die Wagentür aufmache, und schießt hinaus in die frische Luft. Wir sehen andere müde, aufgeregte Teilnehmer, die ebenfalls gerade eintreffen. Es sind Autisten aus dem gesamten Spektrum, die aus den verschiedensten Ecken des Landes und dem Rest der Welt kommen. Einige sind in Begleitung von Familienmitgliedern oder Betreuungspersonen. Andere sind selbständig angereist. Nachdem wir unsere Sachen in die uns zugewiesene Hütte gebracht haben, breite ich eine Decke auf dem grünen Gras direkt neben dem Hauptgebäude des Ferienlagers aus, und Elija und ich legen uns darauf und fangen an, uns einer Druckverminderung zu unterziehen. Er liegt dicht neben mir und lauscht den Liedern aus *Pinocchio*, die ich gerade laut genug singe, um seine wandernde Aufmerksamkeit zu fesseln.

Wir sind auf unserer Insel, klar markiert durch die Grenze der Decke. Von dort aus haben Elija und ich unsere ersten Begegnungen mit anderen Autisten, die zum Retreat gekommen sind. Zwei von Sharrons Kumpels aus L.A. schauen vorbei, stellen sich vor und sagen, sie hätten schon viel von uns gehört. Der eine ist Weltreisender und Friedensaktivist. Der andere ist Städteplaner. Sharron hat sich allmählich einen Ruf als engagiertes Mitglied der Autismusbewegung erworben, und dank ihr kenne ich all diese Leute dem Namen nach. Wir treffen Dan Asher, einen bildenden Künstler aus New York, der in die Antarktis gereist ist, um das Eis zu fotografieren. Dann erscheint eine kleine, geschlechtslose Person von zarter Statur und mit langen, dunklen Haaren, flankiert von zwei wachsamen Diensthunden.

»Seid ihr Valerie und Elija?«

»Ja, sind wir.«

»Sharron Loree hat mir von euch erzählt. Der Einführungsvortrag fängt gleich an, im Haupthaus.«

Jim Sinclair war mir sofort vertraut, obwohl wir uns vorher nie begegnet waren. Teilweise lag das an Sharrons liebevollen und begeisterten Schilderungen seiner Arbeit, teilweise an dem Frieden, den ich empfand, wenn ich nur seine Stimme hörte. Jim hat einen messerscharfen Verstand. Er spricht wie Kristall. Nach Jahren, in einem späteren Autreat, drehte sich Elija, der aufmerksam Jims Vortrag über ethische Fragen beim Verhaltensmanagement und respektvolle Behandlung Behinderter verfolgt hatte, zu mir um und flüsterte: »Jim Sinclair macht alles so klar.« Kristallklar. Ironischerweise begann Jim, der wie ein Leuchtfeuer in der aufblühenden Autistenbewegung ist, erst mit zwölf Jahren zu sprechen, sehr spät für einen Autisten, bei dem die Sprachentwicklung nicht ganz ausbleibt. Jim, mittlerweile Mitte Dreißig, ist zum typischen politischen Aktivisten geworden. Stets belagert, stets überlastet, gibt er den autistischen Menschen um sich herum mit seinem scharfen, analytischen Verstand und seinem intensiven Engagement Selbstvertrauen und Trost.

Als er in seinem Einführungsvortrag die Besonderheiten des Autreats vorstellte, schien Jim mir wie eine Kerze, die hell an beiden Enden brennt. Ganz offensichtlich war er die Seele, die Sharron beschrieben hatte, ein intellektueller Nachfahr von Helen Keller und Louis Braille. Und ähnlich wie bei diesen frühen Aktivisten, die Blinden, Sehgeschädigten und Gehörlosen eine völlig andere Kommunikation ermöglichten, wurden Jims bahnbrechende Vorstellungen über den Autismus von wichtigen Verbänden wie der Autism Society of America (ASA) mit Ambivalenz aufgenommen, manchmal sogar mit direkter Ablehnung. Bis vor kurzem herrschte sogar innerhalb dieser Verbände die Ansicht vor, Autisten seien unfähig, ihre eigenen Bedürfnisse zu erkennen, ganz zu schweigen davon, daß sie ihre eigenen Entscheidungen über diese Bedürfnisse in Worte fassen könnten. Jim gehörte damals zu der Handvoll von Autisten, die grundlegende Konzepte der Selbstbestimmung einforderten. Er nahm sich dabei die erfolgreiche Gehörlosen-Bewegung und andere Gruppen innerhalb der Behindertenbewegung zum Vorbild. Da er einer der ersten Stimmen dieser neuen Welle war, wurde er als Bedrohung des Status quo angesehen. Einige Mitglieder der ASA gingen sogar so weit zu behaupten, Jim sei gar nicht autistisch, weil er so gut in der Lage war, selbständig zu denken. Aber in Wahrheit waren die Ansichten, die er vertrat, eine dringend notwendige Herausforderung. Die ablehnende Reaktion darauf ist uns von jeder politischen Bewegung her vertraut. Als beispielsweise Vertreterinnen der frühen Frauenbewegung für Frauenbildung eintraten, kam oft das wegwerfende Argument, Frauen seien sowieso nicht bildungsfähig, also warum sich die Mühe machen?

In einem Leben gibt es viel zu tun, und an diesem Tag im Autreat brannte Jim hell an beiden Enden. Er hatte schon länger mit seinen verschiedenen Behinderungen gelebt, als das medizinische Establishment erwartet hatte. Jim ist autistisch, hat eine Gehbehinderung und ist biologisch ein Neutrum, das heißt, er besitzt keine Sexualorgane und ist daher weder Mann noch Frau. Obwohl er den männlichen Namen Jim benutzt, zieht er es vor, als das angesehen zu werden, was er ist: geschlechtslos.

Ungefähr 20 oder 30 Teilnehmer standen in dem bescheidenen Haupthaus des Ferienlagers, um sich den Einführungsvortrag anzuhören (während andere draußen oder in ihren ruhigen Hütten blieben), und fanden sich mit der entnervenden Akustik ab, die alle Geräusche wild von den Zementböden abprallen ließ. Wie anders diese Umgebung doch war als die komfortablen Hotels, wo die großen Autismus-Konferenzen stattfanden, an denen ich in verschiedenen Städten Amerikas teilgenommen hatte! Dort hatten sich hauptsächlich Neurotypiker versammelt, um über ihre Kinder, ihre Schüler und Patienten zu sprechen. Hier kamen die Betroffenen zu Wort. Diese autistischen Menschen besaßen weder vergleichbare Mittel noch vergleichbaren Einfluß in Medizin, Forschung und Bildungswesen. Aber hier war alles von den Mitgliedern geplant und entworfen worden, von den T-Shirts bis zu den Workshop-Themen und den Regeln für den Umgang miteinander. Beispielsweise stellte Jim die farbig kodierten Abzeichen vor, die an alle Teilnehmer verteilt worden waren.

»Diese Abzeichen können um den Hals getragen werden. Ein rotes Abzeichen zeigt an, daß die Person, die es trägt, mit *niemandem* sprechen will. Ein gelbes bedeutet, daß die Person, die es trägt, angesprochen werden möchte, *aber nur von Freunden.*« Im folgenden Jahr wurde Grün hinzufügt, als Zeichen, daß *jeder* auf einen zukommen konnte.

Respekt vor dem Wunsch, allein zu sein, spielte eine Schlüsselrolle. Jeder autistische Teilnehmer hatte eine Hütte, in die er sich zurückziehen konnte, allein oder mit Betreuungspersonen oder Familienmitgliedern, und niemand wurde gezwungen, an irgendwelchen Veranstaltungen teilzunehmen. In diesem Umfeld war es vollkommen legitim, sich zu isolieren, um eine sensorische Überlastung zu vermeiden oder sich davon zu erholen. Foto- und Videoaufnahmen waren nur nach vorheriger Erlaubnis gestattet, und nur draußen, wo das Blitzlicht den Teilnehmern mit visueller Hypersensitivität keine Pein bereitete. Aus denselben sensorischen Gründen waren Parfüm und Zigaretten nicht zugelassen.

Noch während Jims Vortrag erkannte ich, daß Elija und ich an einem großen Experiment teilnahmen. Wir erprobten mit einer Gruppe autistischer Pioniere, was es hieß, sein unmittelbares Umfeld zu gestalten, ohne daß einem eine dominierende Kultur im Nacken saß. Ich für meinen Teil entschied mich auf der Stelle, mich während unseres Aufenthalts ganz Elijas Bedürfnissen und perserverativen Interessen zu widmen, solange das im Rahmen der Sicherheit möglich war. Ich würde hingehen, wo er hingehen wollte. Ich würde die Spiele spielen, die ihm gefielen, und zwar so lange, wie er wollte. Ich würde stundenlang mit ihm in unserer Hütte liegen und *Pinocchio* hören. Andere Pflichten hatte ich an diesem Wochenende nicht. Es gab keine Abgabetermine, keine Texte zu übersetzen, und ich war froh, die stets drückende Last der Dissertation einmal vergessen zu können.

Elija und ich übernachteten in Schlafsäcken auf quietschenden Metallkojen. Kurz bevor wir eindösten, schaltete ich die Taschenlampe an und beleuchtete damit die hohe Decke. Das Abenteuer begann.

»Schau dir mal die Linien und Winkel da oben an, Elija!« rufe ich ihm über den Raum hinweg zu. Er liegt ebenfalls auf dem oberen Etagenbett. »Die Schatten in den Dachsparren sind hübsch, nicht?«

»Ja.«

»Elija, gefällt es dir hier?«

»Ja.«

Am nächsten Morgen, beim Frühstück im Haupthaus, trugen einige Teilnehmer Buttons am Kragen, auf denen stand: »Ich überlebte die Verhaltensmodifikation.« Andere trugen T-Shirts – von einem Kind, einem Mitglied von ANI, entworfen – mit der Aufschrift: »Kuriert die Neurotypiker, aber laßt mich in Ruhe.« Es gab ein Schwimmbad im Camp, das Elija und andere Autisten mit einer ähnlichen Vorliebe für Wasser bestärkte und ermutigte. Die Begriffe »hohes Entwicklungsniveau« und »niedriges Entwicklungsniveau« waren hier bedeutungslos. Es gab keine Hierarchie von »mehr« oder »weniger fähig«. Manche Leute redeten. Andere nicht. Manche saßen im Rollstuhl vor einer Tastatur. Einige hatten Sterotypien, flatterten mit den Händen oder wackelten mit dem Kopf. Einige waren geistig behindert.

Wie bei einem Stein, der in einen stillen Teich geworfen wird, breiteten sich beim Autreat Wellen ringförmig vom Haupthaus her aus. In jedem Ring, der sich vom Zentrum ausbreitete, fand ich einen autistischen Menschen, der allein im Wald spazierenging, ein Buch las, auf einem Musikinstrument spielte, mit sich selbst sprach, von einer Vertrauensperson mit einer Tastatur unterstützt wurde, intellektuelle Debatten mit Freunden führte oder zuschaute, wie die Sonne über dem hügeligen, grünen, bebauten Land unterging. Jede Person, die ich traf, hatte eine ganz bestimmte Konstellation von Überempfindlichkeiten und intensiven Interessen. Jeder war ein Stern am Himmel, und Elija war Teil des Universums, das ich aus den dämmrigen Seitenkulissen heraus betrachtete.

Jim Sinclair sagt, bis vor kurzem sei man bei den meisten Versuchen, Autisten zu helfen, von der Vorstellung ausgegangen, ihr Verhalten müsse normalisiert werden. »Die Erwartung, daß wir lernen, ein ›normales‹ Sozialverhalten zu zeigen«, sagt er, »ist, als würde man von Blinden erwarten, Autofahren zu lernen, anstatt ihnen beizubringen, öffentliche Verkehrsmittel zu benutzen.«[2] Im Autreat lernte ich, daß Autisten finden, es gäbe wichtigere Dinge, als sie ständig zu zwingen, Blickkontakt herzustellen oder das nachzuahmen, was als angemessenes Sozialverhalten gilt. Ich erfuhr, daß sie mehr als alles andere Hilfe dabei brauchen, ihre Bedürfnisse zu erkennen und mitzuteilen, ihren Grad an sensorischer Stimulation zu überwachen und zu erkennen, wie und wann sie sich aus einer sie überfordernden Situation zurückziehen können, bevor sie das Stadium der »Kernschmelze« erreichen. Aber anstatt Autisten beizubringen, mit sensorischen und sozialen Überlastungen fertigzuwerden, meint Jim, tendieren therapeutische Maßnahmen dazu, Verhaltensweisen wie das Handflattern abzustellen, obwohl diese im Grunde ein »Versuch zur Kommunikation oder zur Bewältigung einer bestimmten Situation« sein können.

Oft werden die antrainierten Verhaltensweisen »nur so hoch geschätzt, weil sie als ›normal‹ gelten, aus keinem anderen Grund«.

Im Camp herrschte ein Klima der Akzeptanz. Es war ein seltener, außergewöhnlicher Ort. Elija und ich spielten den ganzen Tag, ohne unsere Wiederholungen zu verbergen oder abzubrechen, bevor er aufhören wollte. Wir mußten uns nicht auf ein isoliertes Feld zurückziehen wie in Woodstock mit unserem unkonventionellen Luftballon-Ritual. Wir standen vor dem Haupthaus und spielten stundenlang Schattenspiele, beobachteten, wie unsere dunklen Silhouetten von unseren Füßen aufstiegen und an die Hauswand geworfen wurden, die von der untergehenden Sonne golden gefärbt war. Je tiefer die Sonne sank, desto deutlicher und klarer umrissen wurden unsere Schatten. Wir spielten Zeichentrick-Spiele, rannten auf das Haus zu, um zu sehen, wie unsere Figuren klein wurden und schärfere Konturen bekamen. Dann liefen wir wieder fort, wurden amorphe Riesen, ließen unsere Schatten einander jagen, und sie schüttelten zornig die Fäuste und droschen witzige Zeichentrickfilm-Phrasen.

»Dag...nabit!« brüllt Elija glücklich. Sein Schatten ist sehr klein im Vergleich zu meinem, denn er steht weit vor mir, direkt vor dem Haus.

»Bist du Yosemite Sam?«

»Ja.«

»Ach ja?! Da, du feiger Halunke!« Meine turmhoch aufragende Silhouette haut Yosemite mit einer Schattenfaust auf den Kopf. Elija lacht wild und springt vom Haus weg, wobei seine Gestalt sich immer höher auftürmt. Dann stellt er sich direkt neben mich, den Blick demonstrativ auf unsere verschmolzenen Schatten an der Wand gerichtet. »Schau dir diese beiden Galumphs da drüben an!« rufe ich aus.

Elija lacht jedesmal über die Nonsens-Wörter, die ich sage. Der Klang von »Galumph« und »frumius Pluckerwank« gefällt ihm.[3] Er mag es, wenn ich ihn bei seinem Spitznamen »Skrumpfshk« rufe.

»Wollen wir nochmal durcheinander hindurchgehen, Skrumpfshk?«

»Ja.«

Ich mache einen Schritt rückwärts und schiebe mich dann langsam direkt hinter Elija. An der Wand verschmelzen unsere Schatten.

»Was für ein GROSSER Galumph!«

Elija gluckst vor Lachen.

Nicht alles war die reine Freude im Autreat. Es warf mich sogar vollkommen aus dem Gleichgewicht. Als »Verwandte« – so bezeichneten sich die anderen Eltern mit Schattenmerkmalen – empfand ich die besondere Umgebung, in die ich plötzlich eingetaucht war, gleichzeitig als zutiefst vertraut und zutiefst sonderbar. Manchmal fühlte ich mich ausgeschlossen und ignoriert. Oder ich machte mir Sorgen, daß ich irgendeinen neurotypischen Fauxpas begehen könnte. Dann war da der autistische Humor, all die Insider-Witze und Sprachspiele, die ich nicht immer mitbekam. Es gab Isoliertheit, überall Wiederholung und enervierenden Streß mit Elija, und dennoch hatte ich eine Grenze überquert, drang spürbar tiefer in sein Leben ein als jemals zuvor. Und es gefiel mir, mich der Herausforderung meines Unbehagens auszusetzen.

Als unser langes Wochenende zu Ende ging, war auch der Sommer vorbei. Elija und ich traten die lange Fahrt zurück nach Woodstock an, wo er in die erste Schulklasse kommen sollte, eine sonderpädogisch betreute Klasse an der Grundschule von Woodstock. Die sprachlichen Fähigkeiten seiner Klassenkameraden waren weit höher als die der Kinder in dem Sonderkindergarten, den er besucht hatte, und binnen Monaten vermehrte sich sein Wortschatz drastisch. Im Verlauf dieses Übergangs-Jahres in der Schule wurde er zu einem hochfunktionalen Plappermaul à la Asperger-Syndrom. Visuelle Bilder waren sein Kommunikationsvehikel, und er stellte endlos Fragen über die Feinheiten der Animation.

»Mama«, sagt er zu mir, während wir zusammen auf dem Bett sitzen, Hand in Hand, und uns wieder einmal Disneys *Pinocchio* ansehen. »Ist Pinocchio ein richtiger Junge?«

»Nein, an diesem Punkt der Geschichte ist er noch eine Marionette. Aber am Ende des Films wird er zu einem richtigen Jungen.«

»Mama?«

»Ja?«

»Kann man Zeichentrickfiguren wehtun?«

»Nein... Ich meine, ja. Es kommt darauf an, wie man es betrachtet.«

»Bin ich zweidimensional?«

»Nein.«

»Bin ich dreidimensional?«

»Ja.«

»Sind Zeichentrickfiguren echt?«

»Nein... na, eigentlich kommt auch das darauf an.«

»Sind Zeichentrickfiguren tot?«

Elijas fragt beharrlich. Er stellt seine Fragen hundertmal am Tag, widmet sich ganz dem Problem Realität versus Zeichentrickfilm.

»Mama?«

»Ja?«

»Kann man den Zeichentrickfiguren wehtun?«

»Das ist eine schwere Frage, Elija.« Ich antworte langsam und in so einfachen Worten wie möglich. »Manchmal werden die Figuren in den Geschichten verletzt – wenn sie beispielsweise von einer Felswand fallen oder eins übergebraten bekommen.« Elija lacht. »Aber sie erholen sich immer ziemlich schnell wieder, oder?«

»Ja!«

»Im *wirklichen Leben* sind sie nur Bilder. Sie fühlen nichts.«

»Ist Pinocchio ein richtiger Junge?«

»Also... nein, das ist er nicht. Er ist eine Zeichentrickfigur.«

»Wird Pinocchio verletzt?«

Mittlerweile bin ich selbst völlig verwirrt und weiß nicht mehr, was ich Elija antworten soll. Erst sage ich, Pinocchio ist eine Marionette. Dann sage ich, er ist ein Junge. Dann sage ich, er ist eine Zeichentrickfigur. Ich sage, er ist ein richtiger Junge. Ich sage, er ist kein richtiger Junge. Ich sage, er ist nur ein sich bewegendes Bild. Temple Grandin weist darauf hin, daß autistische Kinder nicht notwendigerweise den neurotypischen Zusammenhang herstellen und davon ausgehen, daß das Bild eines Objekts nicht das Objekt selbst ist. »Sie müssen lernen, daß eine Linienzeichnung ein Bild ist.«[4] Mit anderen Worten, wenn man einem autistischen Kind beibringen will, was eine Tasse ist, »muß man ihm erst den Gegenstand selbst zeigen und erst später das Bild einer Tasse.«

Während Elija sich Hals über Kopf in den Zeichentrickfilm stürzte, wurden aus seinen einfarbigen Linien auf jeweils einem frischen Blatt Papier kunstvolle Zeichnungen. Gegen Ende seines siebten Lebensjahres waren Zeichnen und das Reden in Cartoon-Sprache alles, was ihn interessierte. Er kam von der Schule nach Hause, stieg mit mir die Treppe zu unserer Wohnung hinauf, schleuderte direkt hinter der Tür die Schuhe von sich und ging sofort und wortlos in sein Zimmer, zu seinen speziellen Fasermaler-Sätzen und Skizzenblöcken. Wie immer weigerte er sich, einfach irgendein Papier zu nehmen. Im Laden für Künstlerbedarf war er extrem wählerisch und suchte sorgfältig das Papier aus, wobei er auf die Textur, die Größe des Blocks und den Grad der Weiße achtete.

Als erstes zeichnete er nur Hüte, alle exakt aus Zeichentrickfilmen kopiert, die er gesehen hatte. Monatelang zeichnete er zwanghaft die Schlapphüte der sieben Zwerge aus Disneys *Schneewittchen*, während er Fragen stellte, die sich um das Phänomen Bewegung und Schwerkraft zu drehen schienen.

»Mami?«

»Ja?«

»Steht der Zipfel von Hatschis Mütze hoch?« Er sieht sich das Video *Schneewittchen* an, während ich neben ihm sitze und einen akademischen Aufsatz über Else Lasker-Schülers Leben in Palästina lese, wohin sie ins Exil gegangen war, nachdem die Nationalsozialisten an die Macht gekommen waren.

»Steht der Zipfel von Hatschis Mütze hoch?«

Ich werfe einen flüchtigen Blick auf den Fernseher. »Ja, der Zipfel von Hatschis Mütze steht hoch«, antworte ich mechanisch.

»Mami?«

»Hmm?«

»Hängt der Zipfel von Brummbärs Mütze runter?«

Ich blicke wieder auf. »Ja, der Zipfel von Brummbärs Mütze hängt runter.«

In Doktor Seuss' *Grüne Eier mit Schinkenspeck* trägt die Hauptfigur, Sam Bin Ich, eine Mütze, die an die Zipfelmützen der Zwerge aus *Schneewittchen* erinnert. Elija zeichnete Hunderte von Skizzen von Sams Mütze, wobei er oft die Dreidimensionalität durch Schatten oder die gewählten Farben andeutete. Aber der Hut, den Elija am liebsten zeichnete, und zwar buchstäblich viele tausend Mal, war ein Zylinderhut, der Jiminy Grille gehörte.

»Siehst du dieses Viereck?« frage ich und deute auf die Zeichnung, an der er gerade arbeitet. Elija antwortet nicht, aber ich weiß, daß er zuhört. Wir sitzen nebeneinander auf den Holzdielen der Küche, umgeben von Dutzenden von Zeichnungen. Wie gewöhnlich sind seine Hände verschmiert mit Fasermaler-Tinte. »Das Viereck, das du da zeichnest, ist ein Flicken auf Jiminys *altem* Hut, der sich in einen neuen Zylinder verwandelt, als die Fee kommt und ihn mit ihrem Zauberstab berührt.«

Elija schweigt immer noch, aber es gefällt ihm, wenn ich für ihn wiedergebe, was er klarer in Bildern als in Worten weiß. Als die Zeichnung fertig ist, steht er unvermittelt auf und geht zur anderen Seite des Raums.

»Pinocchio, rette dich selbst! Rette dich selbst!« ruft er dramatisch und wirft sich zu Boden. Elija ahmt Pinocchios Vater Gepetto nach. Er hat eine intensive Medien-Fixierung entwickelt (ein Thema, über das Jim Sinclair 1999 im Autreat sprach).

Elija steht vom Boden auf und beginnt, in der Wohnung

auf- und abzulaufen. Er trägt seine »zerrissenen Sachen«, eine Reihe zerlumpter Kleidungsstücke, die wie die Sachen aussehen, die Gepetto in den Tagen seiner höchsten Not trug, als er im Bauch des Wals gefangen war. Elija hat dieses spezielle Kostüm selbst entworfen, wobei er sich strikt an die visuelle Vorlage des Disney-Zeichentrickfilms hielt. Er wählte die Farben für das »zerrissene Hemd« und die »zerrissene Weste« aus und zeigte mir, wo ich die Flicken an die Kniebundhosen annähen sollte. Die Kniebundhosen müssen an den Knien durchgescheuert sein, und an die Holzschuhe, die er trägt, haben wir goldene Schnallen aus Filz geklebt. Immer wieder zeichnet Elija diese zerrissenen Kleidungsstücke. Sie schweben auf dem weißen Papier des Skizzenblocks, in Reihen angeordnet wie Modezeichnungen. Er trägt sogar eine weiße Perücke, die wie Gepettos Haarschopf geformt ist.

»Pinocchio, rette dich selbst! Rette dich selbst!«

Elija zitiert, was Gepetto sagt, als Pinocchio versucht, seinen Vater vor Monstro zu retten, dem großen Wal, der gerade ihr winziges Floß zerschmettert hat. Als Monstro bedrohlich näherkommt und sich für den Todesstoß bereitmacht, packt Pinocchio den hilflosen Gepetto, ohne an seine eigene Sicherheit zu denken, und es gelingt ihm, ihn ans Ufer zu zerren. Elija bringt ganze Tage damit zu, diese Szene des Zeichentrickfilms nachzugestalten. Immer wieder zeichnet er Hüte, zerrissene Hosen und Hemden und Schuhschnallen. Manchmal malt er Pinocchio und Gepetto im Augenblick ihrer tiefsten Verzweiflung, als sie Seite an Seite auf einem Floß sitzen, im Bauch des Wals, kurz vor ihrem dramatischen Entkommen.

Viele Autisten haben Medienfixierungen. Sie ahmen die Redeweise von Film- und Fernsehfiguren nach. Sie bilden deren Gesten nach und lernen die Dialoge auswendig, so wie die von Dustin Hoffman in dem Film *Rain Man* gespielte Figur, die ständig lange Passagen aus einer Nummer des Komikerduos Abbott und Costello aufsagte. Ursache einer Medienfixierung kann der Wunsch sein, menschliches

Sozialverhalten zu verstehen. Jim Sinclair spricht von seiner »Fernseh-Autobiographie«: wie er durch eifriges Studium seiner Lieblingssendungen vieles gelernt hat, das Neurotypiker für selbstverständlich halten.[5] Die Hauptoffenbarung, die er beispielsweise aus *Gilligans Insel* gewann, lautete, daß man Menschen »wiedererkennen kann, weil sie jedesmal, wenn man sie sieht, das gleiche Erscheinungsbild und den gleichen Namen haben«. Jim übt so auch das Interpretieren von Gesichtsausdrücken und kann sofort das Lächeln eines Menschen dem Gefühl von Freude zuordnen, dank einer Medienfixierung auf *Hercules*.

Elija zeichnet die Figuren aus *Pinocchio* auf Papier. Er gestaltet sie in Ton. Er ahmt sie in Kleidung, Gestik und Redeweise nach. Manchmal zeichnet er mit aufgedrehter Stereoanlage, zeichnet zu verspielten Akkordeon-Polkas. Die Akkordeonmusik gefällt ihm, weil Gepetto im Zeichentrickfilm von Walt Disney Ziehharmonika spielt. In solchen Augenblicken reimt er sich durch seine Medienfixierungen die Welt zusammen, durch Zeichentrickfilme, durch Soundeffekte und Mimik.

»Bin ich zweidimensional?«

»Bin ich dreidimensional?«

»Bin ich ein richtiger Junge?«

»Kann man den Zeichentrickfiguren wehtun?«

Meine Antworten scheinen immer unzureichend, aber Elija wartet auf etwas, das diesen Komplex aus Fragen über Realität, Identität und die sich bewegenden Bilder auf dem Fernsehschirm entwirren wird. »Du bist dreidimensional, Elija«, sage ich endlich und spüren ein Ziehen tief in mir drin. Dahinter steckt noch weit mehr, aber ich kann es nicht übersetzen. »Die Grenzen meiner Sprache bedeuten die Grenzen meiner Welt.«[6]

Als ich Sharron eines Tages am Telefon von Elijas aufregender Reise in die Welt der bildenden Kunst erzähle, gab sie ein verständnisinniges Stöhnen von sich.

»Das Zeichnen ist gut«, erklärte sie. »Elija braucht das. Aber du mußt wissen, daß er ziemlich unter Streß steht, wenn er die ganze Zeit zeichnet.«

Ihre Worte waren ernüchternd.

Manche Forscher und Autisten sind der Ansicht, Ludwig Wittgenstein sei ein hochfunktionaler Autist gewesen, wahrscheinlich mit dem Asperger-Syndrom. Wittgenstein wurde in die Philosphie verstrickt, schreibt sein Biograph, »weil ihn solche Fragen zwanghaft quälten«.[7] Immer wenn ich Wittgensteins Philosophie der Sprache lese, erkenne ich einen Geist voll tiefer Einsicht in das Bild und seine Beziehung zum gesprochenen Wort:

Wenn mir jemand das Wort »Würfel« sagt, so weiß ich, was es bedeutet. Aber kann mir denn die ganze Verwendung des Wortes vorschweben, wenn ich es so verstehe?

Ja, wird aber andererseits die Bedeutung des Wortes nicht auch durch seine Verwendung bestimmt? Und können sich diese Bestimmungen nun widersprechen? Kann, was wir so mit einem Schlage erfassen, mit einer Verwendung übereinstimmen, zu ihr passen, oder nicht zu ihr passen? Und wie kann das, was uns in einem Augenblicke gegenwärtig ist, was in einem Augenblick vorschwebt, zu einer Verwendung passen?

Was ist es denn eigentlich, was uns vorschwebt, wenn wir ein Wort verstehen? – Ist es nicht etwas, wie ein Bild? Kann es nicht ein Bild sein?[8]

Wittgenstein ist gefesselt davon, wie ein ganz bestimmtes, »treffendes« Wort in einem gegebenen Zusammenhang im Geist vorgestellt wird. In seiner berühmten Studie der Logik, dem *Tractatus logico-philosophicus*, stellt er Bilder ins Zentrum seiner Theorie der Sprache. Für ihn ist ein Satz eine Art Bild. Der Wittgenstein-Forscher H. O. Mounce erklärt:

Ein Mann weiß, was ein Bild darstellt, sagen wir das Gemälde eines Weizenfeldes, nicht weil das Bild es ihm sagt, sondern weil er

174

es auf dem Bild sehen kann, selbst wenn das, was es abbildet, das Weizenfeld, niemals existiert hat. Natürlich kann man auch in Worte fassen, was auf dem Bild dargestellt ist. Aber Wittgensteins Theorie ist nun, daß wir, wenn wir das tun, in Wahrheit ein weiteres Bild einführen. Wie ein Gemälde bildhaft abbildet, so bildet ein Satz als Beschreibung eines möglichen Sachverhalts logisch ab; ein Satz ist das Bild eines Sachverhalts.[9]

Wittgenstein wurde 1889 in Wien geboren, als achtes und jüngstes Kind einer der wohlhabendsten Familien von Österreich-Ungarn. Er ist ein Zeitgenosse von Leo Kanner, Hans Asperger und Bruno Bettelheim (die alle ebenfalls Österreicher waren). In der Beschreibung seiner Kindheit erkennen wir die vertrauten Zeichen der Geschichte eines hochfunktionalen Autisten. Er lernte erst mit vier Jahren sprechen. Bis zum Alter von 14 Jahren wurde er von Hauslehrern unterrichtet, und als er danach auf eine Schule kam, wurde er von seinen Klassenkameraden gehänselt und schikaniert.[10] Sie »verspotteten ihn mit einem alliterierenden Spruch, der sich über sein Unglück und die tiefe Kluft zwischen ihm und dem Rest der Schule lustig machte: ›Wittgenstein wandelt wehmütig widriger Winde wegen Wienwärts.‹«

Marjorie Perloff faßt den Tenor eines Lebens, das eine neurotypische Kultur »exzentrisch« nennen würde, konzise zusammen:

Die Wittgenstein-Paradoxien sind in der Tat der Stoff, aus dem Legenden gemacht werden. Ein sagenhaft reicher Mann, der all sein Geld verschenkt, weil er nicht damit belastet werden will; ein Mann, der drei Brüder besaß, die Selbstmord begingen, der selbst häufig Selbstmord in Erwägung zog und dennoch Freunden auf dem Sterbebett mitteilte, er habe ein wunderbares Leben geführt... ein philosophisches Genie, das, mit Anfang Dreißig, erst als Volksschullehrer in verschiedenen abgelegenen Dörfern Niederösterreichs und dann als Gärtnergehilfe arbeitete... ein Mann, der kein Interesse an »modernen« Kunstrichtungen hatte und in spartani-

schen gemieteten Räumen lebte, eingerichtet mit ein paar mit
Segeltuch bespannten Stühlen, aber für seine Schwester Margare-
te Stonborough ein ultramodernes Haus von schlichter und stati-
scher Schönheit entwarf, wobei er bis in die kleinste Einzelheit alles
selbst aussuchte, von den Heizkörpern bis zu den Fenstergriffen.....
[Er ist] der Außenseiter in Reinkultur, der nie aufhört, sich selbst
neu zu erfinden, der nie irgendwo »hingehört«.[11]

Der Autismus-Forscher M. Fitzgerald stellt fest, daß bei
Wittgenstein offensichtlich die »reziproke soziale Interaktion beeinträchtigt war«.[12] Seine Beziehungen zu seinen
Mitmenschen waren problembeladen, und seine Kleingrup
pen-Unterrichtsmethode als Professor der Philosophie in
Cambridge war »entschieden sonderbar. Er dachte vor seinen Hörern, größtenteils in einem Monolog«. Er neigte
dazu, »sich in Gedanken zu verlieren, und es mißfiel ihm,
dabei unterbrochen zu werden«. Es war nun nicht so, als
hätte Wittgenstein keine Interaktion mit anderen Menschen
gewünscht, aber jeder Kontakt stand »in Beziehung zu seinem speziellen Interesse, der Philosphie«. Er war berüchtigt
für seine emotionalen Ausbrüche, die oft genug seine intensiven Freundschaften mit anderen Gelehrten in Cambridge
wie Bertrand Russell stark belasteten. Wittgenstein hat einmal gesagt, »normale Menschen« seien eine »Qual« für ihn
und die meisten menschlichen Beziehungen seien »ermü-
dend«, womit er offensichtlich seine ständigen Zusammen-
stöße mit den Erwartungen der neurotypischen Kultur
kommentierte. »Er war vollkommen auf eine Sache konzentriert«, so Fitzgerald, »und hielt repetitiv an seinen Interessen fest. Seinem Empfinden nach war das einzige, was es
wert war, getan zu werden, das Verfassen bedeutender philo-
sophischer Werke – die er ja in der Tat verfaßte. Er zog
sich oft für lange Zeit an entlegene Orte zurück, wo er in
völliger Abgeschiedenheit lebte und ausschließlich daran
arbeitete«.[13]

Zwänge und Wiederholungen ziehen sich durch Wittgen-

steins Leben.[14] »Er kehrte immer wieder zu einem Musik-
stück oder einem Gedicht zurück« oder »blieb bei einem
tiefsinnigen Spruch« und versuchte, »sein Verständnis dafür
zu vertiefen.« Er war ein Mensch, der eher in die Tiefe ging,
und er war nie dafür, »eine Vielzahl von Dingen zu lernen,
nur weil es von ihm erwartet wurde«. Er zog es vor, seine
Zeit damit zuzubringen, »seine philosophischen Werke
immer wieder umzuarbeiten, kritisch zu prüfen und neu
anzuordnen«. Er hörte Musik ebenso wie Elija, »immer wieder«, und behauptete, im Opernhaus dreißigmal Wagners
Meistersinger gehört zu haben.

Im Bereich der nonverbalen Kommunikation besaß Wittgenstein den bekannten starren Blick und die beschränkte
Mimik, und die Menschen, mit denen er zusammentraf, zeigten die klassischen neurotypischen Reaktionen darauf.[15]
Wittgenstein erweckte den Eindruck, als »sei er nicht von
dieser Welt«. Er war ein Sonderling und »hob sich scharf
von seiner Umgebung ab«. In Gesprächen mit seinen Philo-
sophenkollegen dominierte er oft die Diskussion, bestand
starrsinnig auf seinen Ansichten oder monologisierte bis spät
in die Nacht, ohne zu bedenken, daß seine Gesprächspartner
müde oder gelangweilt sein könnten. Heutzutage liegt bei
der Erziehung von Asperger-Kindern der Schwerpunkt auf
dem Erlernen sozialer Fähigkeiten wie beispielsweise, andere auch einmal zu Wort kommen zu lassen oder ein neues
Thema elegant anzuschneiden.

Wie viele Autisten hatte Wittgenstein nur ein begrenztes
Interesse am Essen, wahrscheinlich aufgrund sensorischer
Überempfindlichkeiten. Als er in Dublin wohnte, nahm er
jeden Tag genau dieselbe Mahlzeit in Bewley's Café in der
Grafton Street zu sich, und gegen Ende seines Lebens, als
sein Hausarzt ihn bei sich aufgenommen hatte, wollte er
jeden Tag dasselbe vorgesetzt bekommen. Auch Elija ist beim
Essen sehr eigen, was von seiner sensorischen Erfahrung dik-
tiert zu sein scheint. Lange Zeit aß er ausschließlich weiße
oder fast farblose Lebensmittel: weißes Brot, weißen Tofu,

weißen Reis und Hähnchenbrust. Die einzelnen Speisen durften nicht miteinander vermischt werden, sonst rührte er sie nicht an. Farbe, oder das Fehlen von Farbe, ist ihm immer wichtig gewesen.

Die autistische Künstlerin Jesse Park unterschied »Pfauenblau« von »Pfauengrün«, wie sie diese Farben bezeichnete, lange bevor sie richtig sprechen lernte.[16] Wittgenstein hat viel über Farbe nachgedacht. Er hat eine philosophische Abhandlung darüber geschrieben. »Denken wir uns«, schreibt er, »jemand malte jedes beliebige Stück der Natur, und zwar in den naturgetreuen Farben. Jeder Flächenteil so eines Gemäldes hat eine bestimmte Farbe. Welche Farbe? Wie bestimme ich ihren Namen? Soll sie den Namen des Pigments haben, das er aufgetragen hat, unter dem es z. B. zu kaufen ist? Aber könnte nicht in der besondern Umgebung ein solches Pigment ganz anders aussehen als auf der Palette?«[17] Wittgenstein bemerkt, daß wir beim Benennen einer Farbe irgendeine Vorstellung von absoluter Reinheit haben, einer idealen Definition, während wir doch »im gewöhnlichen Leben beinahe von lauter unreinen Farben umgeben« sind.[18] »Ich behandle die Farbbegriffe«, sagt er, »ähnlich wie die Begriffe der Sinnesempfindungen.«[19]

»Val?« Elija hat angefangen, mich beim Namen zu rufen, besonders wenn er will, daß ich ihm meine besondere Aufmerksamkeit schenke.

»Ja, Elija?«

»Was kommt zwischen Mittelblau und Dunkelblau?«

»Das ist eine schwere Frage. Was meinst du denn?«

»Nein, was meinst du?«

»Was kommt zwischen Mittelgrün und Dunkelgrün?«

»Das ist eine gute Frage. Sie ist schwer zu beantworten, nicht wahr?«

»Ja.«

»Ich liebe deine Fragen, Shrumpfshk. Sie bringen mich zum Nachdenken.«

»Danke, Val. Kann man den Zeichentrickfiguren wehtun?«

»Das, was man weiß, wenn uns niemand fragt«, sagt Wittgenstein, »aber nicht mehr weiß, wenn wir es erklären sollen, ist etwas, worauf man sich *besinnen* muß. (Und offenbar etwas, worauf man sich aus irgendeinem Grund schwer besinnt.)«[20]

Kapitel 10
Leben unter Glas

»Val?«

»Ja, Elija?«

»Findest du Yosemite Sam witzig?«

»Ja, Elija. Ich finde ihn witzig.«

»Findest du es witzig, wenn sein Gesicht ganz schwarz wird?«

»Ja, ich finde, es ist witzig, wenn sein Gesicht ganz schwarz wird.«

»Val?«

»Ja, Elija?« Ich liege auf dem Sofa und beobachte ihn, wie er auf dem Boden hockt und voller Sicherheit Zeichnungen anfertigt, während er mich mit seinen Zeichentrickfilm-Fragen bombardiert.

»Findest du es witzig, wenn Yosemite Sam die blauen Hosen anhat und sein Gesicht ganz schwarz wird? Findest du es witzig, wenn die Kanone losgeht, ihm direkt ins Gesicht?«

»Findest du es denn witzig?« frage ich, zu müde, um das Geplänkel fortzusetzen. Es ist Sonntag, später Nachmittag. Wir haben den ganzen Tag faul in der Wohnung verbracht, sind nicht einmal vor die Tür getreten, um frische Luft zu schnappen. An den Wochenenden widmet sich Elija hingebungsvoll dem Zeichnen, er unterbricht es nur, um gelegentlich etwas zu essen. Denn in der Woche, wenn er Schule hat, ist die Zeit dafür begrenzt. Es ist still im Raum; man hört nur, wie Elijas Fasermaler behende über das Papier gleitet. Überall auf dem Fußboden liegen Zeichnungen verstreut, und bald wird die Sonne untergehen. Goldenes Licht schwimmt durch das Fenster meines Schlafzimmers und lockt mich, zu kommen und ein Nickerchen zu halten.

»Findest du es witzig, wenn die Kanone losgeht?«

»Laß uns eine Weile nicht reden, okay? Ich werde mich ein bißchen hinlegen.«

Elija antwortet nicht, aber der Fasermaler fährt weiter rasch über das Papier. In den letzten Stunden hat Elija bestimmt 20 Zeichnungen fertiggestellt, und alle zeigen Yosemite Sam, den exaltierten, herumzeternden Gegenspieler von Duffy Duck und Buggs Bunny. Jede einzelne Zeichnung von Yosemite Sam hat Elija sorgfältig in einer anderen Farbe ausgemalt. Yosemite in Rot. Yosemite in Blau. Ein purpurner Yosemite. Auch einer in Orange.

Auf dem Bett liegend, denke ich an den Tag zurück, den wir gemeinsam in dem College verbrachten, wo ich unterrichte. Die Schule war ausgefallen, also nahm ich Elija mit zur Arbeit, wo ich bürokratische Aufgaben zu erfüllen hatte. Mittags gingen wir in die Fakultäts-Cafeteria und saßen mit ein paar Kollegen, die in eine literarische Diskussion vertieft waren, an einem großen runden Tisch. Meine Dissertation war fertig und das Geld meiner Großeltern verbraucht, und so empfand ich meinen Status als Teilzeit-Lehrbeauftragte an der Institution, an der ich, mit Unterbrechungen, seit zehn Jahren tätig gewesen war – seit ich den niedrigsten akademischen Grad erworben hatte – als besonders prekär.

Obwohl ich jetzt meine Promotion in der Tasche habe, besteht nicht die geringste Aussicht auf Beförderung. Meine Chance war vor Jahren gekommen und war vorbeigegangen, als ich mich um ein epileptisches Kleinkind kümmern mußte, was jede Hoffnung auf eine akademische Karriere zerschlug. Ich bin eine stigmatisierte außerordentliche Dozentin, und obwohl ich kein Bedauern wegen meiner Verantwortung für Elija empfinde, sind wir fast pleite. Genauso wie in den frühen Jahren leben wir von der Hand in den Mund.

Das machte die Belesenheit der Professoren und festangestellten Vollzeitdozenten am Tisch noch zermürbender für mich. Die Themen, um die sich das Gespräch drehte, waren mir sehr fremd geworden. Elija, der wie unter einer Glasglocke äußerster Konzentration neben mir saß, arbeitete sich rasch durch den nagelneuen Skizzenblock, von dem ich gehofft hatte, er würde ein wenig länger vorhalten. Innerhalb einer halben Stunde hatte er fast jedes Blatt mit Ansichten von Yosemite Sam bedeckt, wobei jede Zeichnung die Zeichentrickfigur aus einer anderen Perspektive zeigte. Da wurde mir klar, unter meiner eigenen Glasglocke der Nichtbeteiligung am Tischgespräch, daß Elija an einem Storyboard für einen Zeichentrickfilm arbeitete. Es begann mit der Rückenansicht von Yosemite – man sah nur einen großen Cowboyhut von hinten und untersetzte, gestiefelte Beine, die darunter hervorragten. Langsam schwenkt die Kamera um ihn herum, erst sieht man ihn im Profil, dann in Dreiviertelprofil und schließlich aus der Vogelperspektive. Dann folgte eine Reihe frontaler Darstellungen aus unterschiedlicher Entfernung, als würde eine Kamera ihn, Blatt für Blatt, immer näher heranholen. Yosemite, der zuerst nur ein Stäubchen gewesen war, ragte immer weiter ins Bild, bis hin zu einer extremen Großaufnahme, bei der seine wilden Augen das ganze Blatt füllten.

An diesem Tag im College war Elija besonders auf seine Arbeit konzentriert, und ich spürte, daß er meine Nervosität spürte. Dann sprach mich einer meiner Kollegen aus der Tischrunde direkt an, es ging um einen Lyrikband von Soundso. Der Name sagte mir nichts.

»Das habe ich nicht gelesen«, war meine zerstreute Antwort. Elijas Skizzenblock war fast voll. Bald würde er gehen wollen.

»Sie haben Soundso nicht gelesen?« Der Kollege war verblüfft über meine Unwissenheit.

»Nein, habe ich nicht«, hörte ich mich gereizt und trotzig erwidern. »Ich habe andere Bücher gelesen, andere Autoren.« Damit hatte ich es geschafft, es mir mit ihm zu verscherzen, und anscheinend mit allen anderen am Tisch auch.

Also lümmele ich mich an einem ruhigen Sonntagabend auf dem Bett herum und frage mich, ob es mir wohl je gelingen wird, bei dem Überangebot auf dem Universitätsmarkt eine akademische Position zu finden, insbesondere da das Bildungswesen im Jahrzehnt meiner Graduierung zunehmend bestrebt war, nach Prinzipien der Wirtschaft zu verfahren. Ich drehe mich auf die Seite, versuche die Sache zu vergessen und schlage den dicken Katalog einer Andy Warhol-Ausstellung auf, den ich mir kürzlich von einer Freundin geliehen habe. Ich habe angefangen, Warhols Biographie zu lesen und in seinen seriellen Kunstwerken nach Hinweisen auf Autismus zu suchen.

»Elija, komm mal her. Schau dir das an.«

»Nein, ich habe jetzt keine Zeit.«

Im Nebenraum herrschen Stille und tiefe Konzentration. Elija ist ganz davon in Anspruch genommen, »innerhalb der Linien zu bleiben«, wie er es nennt, wenn er Farben verwendet.

»Das hier erinnert mich so an Yosemite Sam«, locke ich ihn.

Das Schweigen im Wohnzimmer wird lauter. Ich kann hören, wie er schwankt. Elija legt seinen Fasermaler hin. Er steht auf. Konzentrierte Schritte nähern sich dem Schlafzimmer.

»Ja, Val, ich will hören, wie du über Yosemite Sam redest«, sagt er und bleibt auf der Türschwelle stehen.

»Guck mal.« Ich weise auf den Katalog, der neben mir auf dem Bett liegt. »Das sind Campbell-Suppendosen, mit zerrissenen Etiketten.«

»Ja«, antwortet Elija desinteressiert.

»Sieh dir das mal an.« Ich blättere die Katalogseite um. »Hier sind noch mehr Campbell-Suppendosen, hübsch in Reihen angeordnet. Sie stammen von dem Künstler Andy Warhol. Guck, hier ist ein Bild von ihm. So hat Andy Warhol ausgesehen.« Elija kommt näher.

»Andy Warhol mag Comics.«

»Ja, das tat er.«

»Hat Andy Warhol Angst?«

»Ich weiß nicht«, erwidere ich und betrachte das Foto noch einmal. Andys Blick ist zerstreut, er starrt ins scheinbar Leere. »Glaubst du, daß er Angst hat?«

»Ja.« Elija will das Gespräch beenden und zu der dringenden Arbeit zurückkehren, die im Wohnzimmer auf ihn wartet. Wenn das, was ich zu sagen habe, nicht zu seiner augenblicklichen Beschäftigung paßt, hat er keine Zeit dafür. »Warte! Geh noch nicht! Ich muß dir noch etwas zeigen. Nimm dir Zeit, und schau dir das mal genau an. Andy Warhol, der Künstler der Campbell-Suppendosen, hat viele Bilder von einer Person wie Yosemite Sam gemacht. Ihr Name war Marilyn. Sie war eine berühmte Filmschauspielerin. Er hat sie viele Male in vielen verschiedenen Farben gemacht.« Ich schlage im Katalog die Seiten mit der berühmten Marilyn-Serie auf. »Da ist Marilyn. Schau. Hier hat sie blaue Lippen und gelbes Haar. Und schau, hier ist sie ganz in Rot. Hier ist sie in Grün und Pink. Ihr habt vieles gemeinsam, du und Andy Warhol.«

»Ja! Andy Warhol ist ein Trickzeichner!«

»Und jetzt warte. Geh noch nicht weg.« Ich stehe vom Bett auf, gehe ins Wohnzimmer, hebe einen Stapel von Elijas Zeichnungen auf und kehre ins Schlafzimmer zurück, wo ich sie auf dem Bett anordne. Zwölf Bilder in hübschen Reihen von je vier Bildern. Yosemite in Grün. Yosemite in Blau. Ein purpurner Yosemite. Und ein gelber. »Verstehst du jetzt, was ich mit Andy Warhol und Marilyn meine?«

»Ja.« Elija zeigt nacheinander auf jedes seiner Bilder. »Hier ist Yosemite orange, und er war es immer. Hier ist Yosemite blau, und er war es immer. Hier ist Yosemite grün, und er war es immer.« Als Elija nach dem letzten Bild greift, stockt er kurz. Er entdeckt eine Störung, eine Farbe, die doppelt vorhanden ist, einen zweiten Yosemite ganz in Orange. Er greift danach und schaut es an. »Val, wirf das weg.« Er reicht mir das Bild und geht abrupt ins Wohnzimmer. »Wirf es weg, Val. Ich mache ein neues. Das wird ein neuer Yosemite, in einer neuen Farbe, pink«, sagt er, während er sich auf den Holzfußboden hockt. Als er fertig ist, kommt er ins Schlafzimmer zurück und legt das Bild in Pink an die richtige Stelle. »Hier ist Yosemite pink, und er war es immer.«

Andy Warhol hat wahrscheinlich nie etwas vom Asperger-Syndrom gehört, aber er war sich bewußt, daß »mit seiner Chemie etwas nicht stimmte«, wie er es nannte.[1] Manchmal bezeichnete er es als seine »Verantwortungssubstanzen«. Die fehlten ihm, erklärte er, und deshalb sei er solch ein »Waschlappen«, so ein »Muttersöhnchen«. Deshalb mochte er so ungern berührt werden, deshalb war Sex »harte Arbeit«, und deshalb hatte er Angst vorm Fliegen und Höhenangst.[2] »Ich führe jedes Problem auf chemische Ursachen zurück«, bemerkt er in seiner Autobiographie, »weil ich tatsächlich glaube, daß alles mit der Chemie anfängt und daß alles mit der Chemie aufhört«.[3]

Warhol stand offen zu seinen »chemisch bedingten« Problemen. Als er Anfang der sechziger Jahre mit seiner Pop Art mit einem Schlag berühmt wurde, war er als Person für die Medien ebenso atemberaubend und provozierend wie seine Kunst. Seine lakonische Redeweise, seine lässige Haltung und das bizarre Äußere stießen bei Kunstkritikern und Journalisten auf instinktives Mißtrauen. Warhol bekam jede Menge Aufmerksamkeit, und ein Teil davon galt (unwissentlich) nicht seiner Kunst, sondern seinem Asperger-Syndrom.

»Er war ein Befreier«, hat der New Yorker Galerist Ivan Karp einmal in einem Interview gesagt, als er auf die Anfänge von Warhols Karriere einging.[4] »Was ihn so bedeutend machte, war die *Idee*, Suppendosen zu malen – seine Konzentration auf Dinge als Dinge.« Von 1961 bis 1962 malte Warhol 32 »Konterfeis« von Suppendosen der Firma Campbell, wobei er jede Geschmacksrichtung methodisch kopierte, von Chicken Gumbo bis Black Bean, von Split Pea bis Pepper Pot. In keinem Bild veränderte er die Form, die Farbe oder die Perspektive. Das Ergebnis war fesselnd und provozierend. Jede Suppendose war eine absolute Kopie der vorhergehenden. Bei seiner ersten Ausstellung, 1961 in einer Galerie in Los Angeles, waren die Besucher sprachlos und verwirrt. Sie wußten nicht, was sie davon halten sollten.

Bald wurden Wiederholung und endlose Reihen ähnlicher Bildnisse zu Warhols Markenzeichen. Der Gipfelpunkt seiner Jahre als Pop Art-Künstler hatte begonnen. Mit seinem Assistenten arbeitete er wie die Maschine, die er immer hatte sein wollen, produzierte wie am Fließband Foto-Siebdrucke von typisch amerikanischen Produkten und berühmten Persönlichkeiten, von Stars wie Elvis Presley, Jackie Onassis und Marilyn Monroe, die ihn aus der Ferne blendeten. Einige Kunstkritiker fanden seine Arbeiten banal, sie vermißten das Gefühl und den malerischen Prozeß. Andere hielten ihn für einen Revolutionär, ein visuelles Genie.

Waren die Suppendosen schon kühl und unpersönlich, entfernten die Siebdrucke Warhol noch einen Grad weiter von seinem sogenannten Sujet. Ob das Sujet nun eine Colaflasche war oder Jackie Onassis, er kopierte es immer wieder, wie eine Vervielfältigungsmaschine. »Meine Gedanken schweifen immer ab, wenn ich Wörter wie ›objektiv‹ und ›subjektiv‹ höre«, schreibt er, »ich weiß dann nie, wovon die Leute eigentlich reden, das übersteigt mein Spatzenhirn.«[5] Warhol bewegte sich im Bereich des Nicht-Abstrakten, der Wörtlichkeit, ein häufiges Merkmal von Autisten. Abstraktionen, Theorien und Begriffe sind nicht so greifbar wie die Gegenstände und Bilder, die Warhol in verschiedenen Farben und Größen produzierte. Er bediente sich einer einfachen Reihung der repetierten Motive. *210 Coca-Cola-Flaschen, 80 Zwei-Dollar-Scheine, 16 Jackies, 20 Jackies*, und 168mal wiederholt die Lippen von Marilyn Monroe. Warhol blieb immer von der Wiederholung gefesselt. Vielleicht war es eine autistische Vorliebe für Serien und das ganz Konkrete, Wörtliche.

Das Leben von Autisten ist geprägt von zutiefst serieller Erfahrung. Es ist ein Leben des Katalogisierens wiederholter Ereignisse oder Variationen von Ereignissen. Wiederholte Bilder. Wiederholte Sprache. Wiederholte Bewegungen und wiederholte Gesten. Es findet seinen Ausdruck, klassisch und klinisch, im Aufreihen von Gegenständen, Seite an Seite an

Seite, so wie Elija seine Wasserballons ordentlich in Muffin-förmchen aufreiht oder seine Fasermaler auf dem Boden anordnet. Auch in der bildenden Kunst gibt es eine klassische Wiederholungsneigung. Ein Künstler macht eine Studie oder Vorzeichnung. Dann macht er noch eine, und noch eine, und noch eine, bis der künstlerische Prozeß abgeschlossen ist. Die Wiederholung ist zwingend, ein Spiegel inneren Dramas und innerer Entwicklung. Es ist ein Ort von Grenz-überschreitungen, ein Ort unter Glas, der irgendwo zwischen Subjekt und Objekt in der Schwebe bleibt. Vielleicht ist es ein Ort neurologischer Transzendenz.

Pfeffertopf, Pfeffertopf, Pfeffertopfsuppe. Geflügelgumbo und Tomatensuppe mit Reis. Das kann man jeden Tag essen, jeden Tag zum Mittagessen. Mama macht jeden Tag eine Suppe warm, und doch ist jeder Tag anders. Auch Andys Kindheit war anders. Er war ein Einzelgänger. Schüchtern, ernsthaft, zurückgezogen, und immer zeichnete er. Er zeichnete und zeichnete und zeichnete. Zudem blieb er den größten Teil des Tages in der Nähe seiner Mutter Julia. Sie wußte genau, was Andy brauchte und was er mochte. Jeden Tag wärmte sie zum Mittagessen eine Dosensuppe von Campbell auf. »Ich habe jeden Tag dasselbe zu Mittag gegessen«, sagt Warhol von sich, »zwanzig Jahre lang, glaube ich.«[6] Wie Elija und Wittgenstein reagierte Warhol vielleicht überempfindlich auf manche Geschmacks-reize und Konsistenzen.

Warhol wurde 1928 geboren, zu Beginn der Weltwirt-schaftskrise. Seine Eltern waren Einwanderer aus einem Dorf in den Karpaten, irgendwo an der Grenze zwischen Rußland und Polen. Sein Vater war Arbeiter; er starb, als Andy noch ein Kind war. Die Mutter war Hausfrau. Sie hatten wenig Geld, kaum Bildung, nichts als ein bißchen gebrochenes Englisch, ihr baufälliges Haus im Ghettoviertel Soho von Pittsburgh und ihren griechisch-orthodoxen-rutheni-schen Glauben. Laut der Legende konnte die Familie sich nichts Besseres leisten als Campbell-Suppen, aber Andy muß es auch geschmeckt haben, so sehr, daß' er die Suppendosen perseverativ malte, präzise und methodisch.

»Kommunikation über Objekte war sicher«, schreibt Donna Williams in ihrem Buch *Ich könnte verschwinden, wenn du mich berührst*.[7] Williams hatte auch ihren Katalog spezieller Gegenstände, etwa die Telefonzelle an der Ecke, ganz zu schweigen von dem Telefonbuch darin. Da sie in ihrem gewalttätigen Elternhaus keine Liebe fand, tätigte sie viele Anrufe von diesem Telefon aus. Sie ging alphabetisch vor und arbeitete sich ebenso methodisch durch das Telefonbuch, wie Andy sorgfältig jede einzelne Suppensorte malte. Sie wählte eine Nummer, und wenn jemand sich meldete, teilte sie der Stimme beispielsweise mit, daß sein Name der erste im Telefonbuch unter B sei. Aus diesem Grund riefe sie an. Perplex legte der Angerufene entweder auf oder schimpfte wütend. Die Kunstbetrachter reagierten ähnlich auf Warhols Werke. Es war ein dummer Streich. Ein Grund, in Wut zu geraten.

Das ist der entscheidende, der springende Punkt einer fehlgeschlagenen Kommunikation. Es ist die Geschichte zweier Schiffe, die sich in der Nacht begegnen. Ein Schiff sendet Signale aus, durch das Objekt; es segelt unter der autistischen Flagge. Das andere Schiff tut das nicht; es befährt die neurotypischen Gewässer und braucht keine Gegenstände, um zu kommunizieren. Warhol war bekannt für seine zärtliche Bewunderung des Telefons (ganz zu schweigen von Tonbändern und Fernsehgeräten). Er sagte, man solle den Kontakt zu seinen engsten Freunden über das »intimste« aller Medien pflegen – das Telefon. Aber was er »persönliche Liebe« und »persönlichen Sex« nannte, lehnte er verächtlich ab.

Der berühmte und geliebte Münzfernsprecher, der an der Wand seines New Yorker Studios, der »Factory«, hing, war das perfekte Medium von Nähe für Warhol. Am Telefon gab es nicht zuviel soziale und sensorische Reize zu verarbeiten. Der persönliche Kontakt wurde auf eine Stimme reduziert – zu einem »B«, wie Andy die jeweilige Person am anderen

Ende der Leitung nannte, während er sich selbst als »A« bezeichnete. Der Dialog zwischen A und B, via Telefon, Tonband oder Filmkamera, war eine wichtige Grundlage für Andys Beziehungen. Wichtig daran ist der Spiegel-Effekt, und am besten erklärt wird es durch den Titel seiner Memoiren: *Die Philosophie des Andy Warhol (von A bis B und zurück)*.

»Die Menschen, die ich gern hatte, waren für mich einfach ihre Sachen«, erklärt Donna Williams.[8] Für Menschen, die sie auf diese Art leben ließen, *durch* die Gegenstände, ohne Donna zu verspotten oder zu bedrängen, entwickelte sie Zuneigung. Warhol assoziierte die Suppendosen und andere Haushaltsgegenstände, wie die Brillo-Schachteln, direkt mit seiner Mutter Julia. Nach der Ausstellung der *32 Suppendosen* machte er sich daran, ihre ganze Küche zu kopieren. Es war eine Küche voller Dinge: Dosen, Schacheln, Seifen und besondere Produkte. Eine Küche voll amerikanischer Werbung, immer gleicher Mittagessen und verläßlicher Rituale.

Für Julia Warhola gab es viel im Auge zu behalten, als Andy ein kleiner Junge war. Er wurde häufig von seinen Brüdern oder den harten Jungs in der Schule schikaniert, und er verriet keine Anzeichen der üblichen sozial erwünschten Umgangsformen. Sein Bruder Paul hat einmal gesagt, Andy habe im Alter von drei bis sechs Jahren voller Unfug gesteckt. Wenn er unanständige Ausdrücke von den anderen Kindern hörte, wiederholte er sie in den unpassendsten Augenblicken, so daß seine Familie dazu überging, ihn auszusperren, wenn Verwandte zu Besuch kamen. Das war »sehr peinlich«, sagt Paul. »Ich gab ihm deshalb Ohrfeigen. Doch je mehr ich ihn schlug, desto ärger trieb er's.«[9] Als Andy ein wenig älter wurde, war er »sehr ernst und scheu, sobald andere Leute dabei waren. Auf jedem Photo, das wir damals von ihm machten, läßt er den Kopf hängen und schaut einen von unten herauf an, als habe er Angst oder traue einem nicht.«[10]

Andy war auch für sein häufiges Verschwinden bekannt.

Oft verschwand er mitten in einem Softballspiel. Wenn ein Kind den Ball ins Außenfeld warf, wo Andy aufgestellt war, bemerkte die Mannschaft bei näherem Hinsehen, daß er weg war. Später fand man ihn dann zu Hause auf der Veranda beim Zeichnen. Die ganze Nachbarschaft lachte über diese Fälle von »geistesabwesendem« Verschwinden.

In Florida ist einmal ein neunjähriger autistischer Junge in die Sümpfe gewandert und schwamm allein unter den Krokodilen herum. Zwei Tage später wurde er von einem Fischer entdeckt, unversehrt und vollständig nackt. Elija geht einfach auf die Straße, obwohl Autos vorbeisausen. Er scheint nicht zu wissen, wo die Gefahren liegen oder worin sie bestehen. Die »Verantwortungssubstanzen«, von denen Warhol spricht, die er als Ursache seiner Probleme benennt, die Substanzen, die ihm fehlen, könnten etwas mit autistischer Erfahrung zu tun haben. Es ist ein neurologisches Phänomen, ein Unterschied im Denken. Der Geist ist nicht abwesend, sondern irgendwo anders, mit anderen Dingen verbunden, lichtelnd, wischelnd oder perseverierend.

»Leute, die eine kühle, ruhige Atmosphäre verbreiten«, schreibt Warhol, »sind meistens geistig weggetreten. Man sieht das an den Augen und daran, wie sie dasitzen, ohne zu stören. Manche Leute sind von Natur aus so, wegen ihrer Chemie, und andere sind so wegen Drogen.«[11] Vielleicht sprach er ja über sich selbst und den abwesenden autistischen Blick, das »Fehlen von Blickkontakt«, die neurotypische Personen häufig als unhöfliche Distanziertheit, fehlende Ansprechbarkeit oder kühle Geistesabwesenheit wahrnehmen.

Warum verläßt Elija den Raum, wenn er voller Menschen ist? Warum verstummt er, wenn Freunde vorbeikommen, und zieht sich unauffällig in sein Zimmer zurück, um Bilder zu malen? Warum verfiel Warhol bei seiner ersten großen Vernissage, 1962 in New York in der Stable Gallery, unvermittelt in Schweigen? Er »drückte sich den Rest des Abends stumm in irgendeiner Ecke der Galerie herum«[12], mit leerem Gesichtsausdruck, was vielen Leuten auffiel.

Die hochfunktionalen Autisten, die ich im Autreat kennengelernt habe, beschreiben das, was Neurotypiker als autistischen Rückzug wahrnehmen, als ein teilweises Abschalten der Sinne, als emsiges Katalogisieren der Geschehnisse um sie herum oder als stimulierende Faszination mit einer sensorischen Erfahrung. Manchmal sind einfach zu viele soziale Hinweise auf einmal zu lesen und zu entschlüsseln. Es ist eine Frage der Wahrnehmungsorganisation. Ein – oft intensives – Gespräch zu zweit ist ihre bevorzugte Form sozialer Interaktion. Eins ist sicher: Die scheinbare Kontaktabwehr ist ein notwendiges Sicherheitsventil, eine Möglichkeit zur Navigation auf neurotypischen Gewässern, obwohl es oft als Abschotten, verwirrender Mangel an feiner Lebensart oder schlicht als schlechtes Benehmen mißverstanden wird. »Ich war jedoch nicht ungezogen; wenn sie mich gefunden hätten und mir gesagt hätten, wohin ich gehen sollte«, schreibt Donna Williams über ihr häufiges »mysteriöses« Verschwinden aus der Schule, »hätte ich es getan.«[13]

»Ich wünschte, Sie würden mir die Worte sagen, dann könnte ich sie einfach wiederholen, denn ich kann nicht... äh...äh... also, äh... ich kann nicht... äh... ich bin so leer, daß mir nichts einfällt.... Warum sagen Sie mir nicht einfach die Worte, und sie kommen dann aus meinem Mund?«[14] Das sagte Andy Warhol 1966 zu einem Fernsehjournalisten, der ihn interviewen wollte. Er sprach derart monoton, daß es unnahbar oder arrogant wirken konnte. War Warhol *ungezogen*? Viele Leute damals waren der Ansicht. Er war berüchtigt dafür, bei Interviews sämtliche Regeln sozialer Interaktion zu brechen, wodurch er festverwurzelte Annahmen über Kommunikationsnormen enthüllte.

In dem Interview sitzt Warhol auf einem hohen Hocker, der Kamera direkt gegenüber, die gefalteten Hände sorgsam um ein Knie gelegt. Er wirkt wie ein Stück Porzellan in einer Glasvitrine. Er wirkt »geistig weggetreten«, um seine eigenen Worte zu gebrauchen, trägt eine Sonnenbrille (reagierte er auch überempfindlich auf Licht?) und macht selten eine

Geste oder zeigt irgendein Mienenspiel. In klinischen Begriffen heißt das »Mangel an Affekt«. Hinter Warhol steht ein großer Siebdruck eines doppelten Elvis in Gunfighter-Haltung, der einen Revolver zieht. Während des gesamten Interviews sieht Warhol den Journalisten, der nervös raucht und auf seinem Stuhl herumrutscht, nicht ein einziges Mal an. Statt dessen sagt er, er sei »leer«. Ihm fehlen die Worte, die er braucht, so sorgsam postiert zwischen dem Siebdruck und der Kamera, wie er ist. In diesen Augenblick schafft er es entweder nicht, als neurotypisch durchzugehen, oder er will es nicht.

»Warum sagen Sie mir nicht einfach die Worte, und sie kommen dann aus meinem Mund?« Bat er um einen echolalischen Hinweis? Stand er unter zu großem Streß, um die Worte selbst hervorzubringen? Der Interviewer, aus der Bahn geworfen, zieht wild an seiner Zigarette.

»Nein. Machen Sie sich keine Gedanken«, sagt er. »Denn wir...«

»Nein. Nein. Das wäre doch nett«, unterbricht Warhol ihn, ein wenig provokanter. Der Interviewer ist mittlerweile ganz verwirrt.

»Wir werden schon nach einer Weile lockerer«, sagt er und versucht, es mit einem Lachen abzutun.

»Nein, das ist es nicht«, korrigiert Warhol ihn. Wenn man eindringlich genug ins Andys Gesicht schaut, sieht man unter der scheinbaren Lässigkeit eine komplexe, gequälte Frustration wachsen. »Es ist nur, ich kann nicht... äh... ich bin erkältet und kann nicht denken, und es wäre doch nett, wenn Sie mir einfach einen Satz sagen würden, den ich wiederholen kann.«

»Gut denn«, sagt der Interviewer, «lassen Sie mich Ihnen ein paar Fragen stellen, die Sie beantworten können.«

»Oh, nein«, sagt Warhol, »aber wiederholen Sie auch die Antworten.«

War dies der manipulative Widerling, der die Medien so verblüffte, oder war das das beharrliche Genie? Andy

Warhols »Verhalten« war schockierend, aber an diesem Punkt in seinem Leben, mit achtunddreißig, hatte er genug von dem erwarteten Diskurs. Er hatte seine soziale Unbeholfenheit zu einer hohen Kunstform des Spotts und der Kritik an der herrschenden Kultur gemacht. Er war ein hochfunktionaler, fintenreicher Gaukler, der seine »Chemie, mit der etwas nicht stimmte«, und seine »fehlende Verantwortung« gegenüber der neurologischen Mainstream-Kultur schillernd zur Schau stellte. Wenn Warhol der frühe Underground-Pionier des Schwulentums war, als den viele ihn heute betrachten, könnte dasselbe auch über ihn und den Autismus gesagt werden.

Was ist der Unterschied zwischen subjektiv und objektiv? Äh…äh…äh… ich weiß nicht. »Ich glaube, wenn ich in den Spiegel sehe, werde ich NICHTS sehen«, schreibt Warhol. »Man nennt mich immer einen Spiegel, und wenn ein Spiegel in einen Spiegel sieht, was ist dann zu sehen?«[15] Eine Frau mit Asperger-Syndrom aus Los Angeles hat den Autismus einmal als »unfreiwilligen Buddhismus« bezeichnet, und manchmal ist ein Gespräch mit Elija über Yosemite Sam wie ein Mantra oder ein Spiegel-Dialog, bei dem allmählich die Unterscheidung, wer wer ist und wer von uns gerade spricht, verlorengeht.

»Val?«

»Ja, Elija?«

»Findest du Yosemite Sam witzig?«

»Ja, Elija. Ich finde ihn witzig.«

»Findest du es witzig, wenn sein Gesicht schwarz wird?«

»Ja. Das finde ich witzig.«

»Val?«

»Ja, Elija?«

»Findest du es witzig, wenn sein Gesicht schwarz wird?«

»Ja, ich finde es witzig, wenn sein Gesicht schwarz wird.«

Die Unterhaltung mit Elija ist zu einem Dialog komplexer, mannigfaltiger Reflexionen geworden, so wie Warhol es in seiner Autobiographie *Von A bis B und zurück* beschreibt:

*Ich beherrsche nur eine Sprache, und manchmal komme ich mir
mitten im Satz vor wie ein Ausländer, der ihn auszusprechen versucht, weil bei mir Wortspasmen eintreten, wenn mir die Wortteile
plötzlich merkwürdig vorkommen. Dann denke ich mitten im
Wort: »Oh, das kann doch nicht richtig sein – das hört sich sehr
merkwürdig an, ich weiß nicht, ob ich versuchen soll, das Wort fertig auszusprechen, oder ob ich versuchen soll, etwas anderes daraus
zu machen, denn wenn es mir gelingt, ist es gut, wenn aber nicht,
dann hört es sich irgendwie zurückgeblieben an.*[16]

Warhol scheint Verzögerungen bei der Verarbeitung und
Hervorbringung von Sprache gehabt zu haben, und er spielte damit, Wörter neu zu kombinieren. In Augenblicken des
Zögerns versuchte er manchmal, ihnen andere Wörter »auf-
zupfropfen«.[17] Manchmal, meinte er, gebe das »einen guten
journalistischen Stil«. Manchmal sei es »sehr peinlich«. Seine Angst davor, »zurückgeblieben« zu klingen, hatte eine
Geschichte. Lange bevor er ein berühmter Künstler wurde,
hatte er das negative Stigma des »Zurückgebliebenen« verin-
nerlicht. Im Alter von acht Jahren hatte er einen traumati-
schen Anfall von Veitstanz, einer Störung des zentralen Ner-
vensystems, die unwillkürliche Muskelzuckungen hervorruft.
In den dreißiger Jahren wurden Behinderte ausgegrenzt, und
es war durchaus bedrohlich, eine Behinderung zu haben.
Unter führenden Psychiatern wurde damals ernsthaft die
Zwangssterilisierung von »Sozialfeinden und geistig Debilen« diskutiert, von Menschen mit angeborenem Schwach-
sinn, Schizophrenie (dazu zählten damals auch Autisten, die
eindeutige Abgrenzung war noch nicht erfolgt), manisch-
depressiver Psychose, Epilepsie und Veitstanz.

Als seine Symptome sich in der Schule zeigten, wurde er
von den anderen Kindern ausgelacht und schikaniert. »Er
wurde immer verwirrter, brach rasch in Tränen aus und fand
schon die einfachsten Betätigungen, wie seine Schuhe zuzu-
binden oder seinen Namen zu schreiben, schwierig«, berichtet sein Biograph.[18] Als die Lage zu schwierig wurde, nahm

man Andy aus der Schule, und er blieb einen Monat zu Hause im Bett. Victor Bockris bezeichnet das als »wunderbare Zeit« für Andy, weil er sich »von der Welt absondern« konnte.[19] Er zeichnete viel und studierte eifrig die Comics, Papierpuppen zum Ausschneiden und Malbücher, mit denen seine Mutter ihn überhäufte. Im Grunde war es so etwas wie Warhols erstes Studio. »Ich liebte Walt Disney«, sagt Warhol über seine vierwöchige Bettruhe, »und schnitt Walt Disney-Figuren aus. Schneewittchen hat mich besonders beeindruckt.«[20]

Obwohl er sich schließlich vom Veitstanz erholte, verschwanden seine Lernschwierigkeiten nicht. Als Junge und junger Erwachsener hatte er mit Sprachproblemen zu kämpfen, und seine frühe Kindheit war von der eigenartigen Form seiner Sprache geprägt. Vielleicht war diese Seltsamkeit das »in Gedichten sprechen«.[21] So nennt Donna Williams das Schwafeln und Quasseln von Menschen mit dem Asperger-Syndrom, das eifrige Reden über einen eigenartigen Gegenstand, das dem Uneingeweihten engstirnig, obsessiv und auf bizarre Weise ohne Bezug zur aktuellen Gesprächssituation zu sein scheint.

»Haben Zeichentrickfiguren Blut?« fragt Elija unvermittelt viele Male am Tag.

»Bin ich zweidimensional?«

»Bin ich dreidimensional?«

»Sind Zeichentrickfiguren tot?«

Damals wurde nicht die Terminologie verwendet, die uns heute vertraut ist. War die Ursache von Warhols Lernschwierigkeiten eine Dyslexie? Ein Aufmerksamkeitsdefizit? Viele Lehrer gingen von einem »Sprachproblem« aus, weil die Eltern Einwanderer waren und ihn mit ihrem »Hunkie«-Akzent beeinflußten[22], aber das war es nicht allein. Ein Dozent am Carnegie-Institute of Technology sagt, Andy, dessen Noten nicht gerade berauschend waren, sei unfähig gewesen, seine Gedanken zusammenhängend schriftlich darzulegen, aber das habe nichts mit seiner Intelligenz zu tun. (In der Tat brachte Warhol die Werke, die er später veröffentlichte, nicht selbst zu Papier, sondern überließ es anderen in der »Factory«, seine Gedanken in Worte zu übersetzen). Es fiel ihm auch schwer, Anweisungen zu befolgen, wie sich seine Professoren erinnern, womit ein anderer Schlüsselaspekt des Asperger-Syndroms benannt wird.[23] Er sei »schon mit einem eigenen Stil ans Carnegie-Institut gekommen« und hatte ihn »eigenständig weiterentwickelt«.

Seine Art, Beziehungen zu anderen Menschen herzustellen und aufrechtzuerhalten, scheint dem Asperger-Modell zu folgen. Wenn man klinische Sprache verwendet, könnte man sagen, seine Kunst, einschließlich seiner Filme, sei »ein eng begrenztes Spezialinteresse« gewesen, das »ihn ganz in Anspruch nahm«, das »sich mit der Zeit verändern mag, aber gewöhnlich dominiert, sowohl was die Zeit und Energie angeht, die der Verfolgung des Themas gewidmet wird, und auch die soziale Interaktion mit anderen bestimmt.«[24] Das ist eine treffende Beschreibung der Struktur von Warhols Beziehungen zu seiner Familie, inbesondere zu seiner Mutter Julia, und zu seinen Kollegen in der »Factory«. Seine Schwägerin berichtet, als Jugendlicher habe Andy »nie viel zu sagen« gehabt, und wenn, »dann nur über seine Arbeit«.[25]

Andys *Arbeit*, das waren sein Zeichnen und seine Medienfixierungen.[26] In der High-School zeichnete er »ständig, fast zwanghaft«, und trug stets einen Skizzenblock bei sich. Seine künstlerische Reputation war nach Ansicht seines Biographen etwas, hinter dem er sich in der Schule »verstecken« konnte.[27] Aus einer neurotypischen Perspektive gesehen mag das wahr sein, aber vielleicht hatte Andy auch einen Weg gefunden, sich selbst und seine Energien vor schmerzhafter Reizüberflutung zu schützen und sich zumindest soviel Anschein von Normalität zu geben, daß er von seinen Mitschülern akzeptiert wurde. Als sensibles »Klassenbaby« mit künstlerischem Talent klammerte er sich an seine visuellen Fähigkeiten als Hauptquell der Stabilität.

Er wurde vom Carnegie-Institute of Technology angenommen, wo er Kunst studierte.[28] Er arbeitete viel, vor allem nachts, wie sich eine Collegefreundin erinnert. In seiner Familie schenkte ihm niemand sonderlich viel Aufmerksamkeit, außer Julia, die ihm gelegentlich die Mahlzeiten in sein Zimmer brachte. Andy verkroch sich lange Stunden dort und ließ sich oft überhaupt nicht bei der Familie blicken. Ich denke an Julia Warhola, wenn ich die Wochenenden daheim mit Elija verbringe, der selten das Haus verlassen will, weil er so viel zu zeichnen hat. Elijas Zeichnen ist zum Mittelpunkt unseres Lebens geworden, wie es bei Andy war. Ohne Malutensilien gehen wir überhaupt nicht aus dem Haus. In späteren Jahren war die Beziehung zwischen Andy und Julia zu einer problematischen, dysfunktionalen Symbiose geworden, die sich ganz um Andys Arbeit drehte. Es ist möglich, daß Julia, eine exzentrische Einsiedlerin, die selten die Wohnung verließ, selbst irgendwo auf dem autistischen Spektrum angesiedelt war oder autistische Schattenmerkmale aufwies.

In einem Augenblick visueller Offenbarung sah Temple Grandin einmal ihr isoliertes soziales Leben symbolisch in einem Bild verkörpert. Sie war Anfang Zwanzig, Studentin im höheren Semester, und putzte gerade die Fenstertüren der Mensa. Als sie zwischen die doppelten Glastüren schlüpfte, um die Innenseiten zu putzen, fand sie sich plötzlich zwischen zwei Fenstertüren eingesperrt. »Es war fast unmöglich, durch das Glas hindurch mit jemandem zu kommunizieren«, schreibt sie. »Autismus heißt, so gefangen zu sein. Die Fenster waren ein Symbol für mein Gefühl der Unverbundenheit mit anderen Menschen, und dieses Symbol half mir, mit meiner Isolation fertigzuwerden.«[29] Donna Williams fühlte sich in der Schule, wenn ihre Klassenkameraden sie auslachten und als »wahnsinnig« bezeichneten, wie abgesondert, wie in einer »Welt unter Glas«[30], und Wendy Lawson, eine Asperger-Frau, schrieb eine Autobiographie mit dem Titel *Leben hinter Glas*.[31]

Glas ist das symbolische Medium der Trennung zwischen dem autistischen und dem nichtautistischen Leben. Glas ist unergründlich und signifikant. Als Kleinkind und zur Zeit seiner epileptischen Anfälle blickte Elija *in* das Glas *hinein*, nicht hindurch. Er war versunken in die feine Schicht dessen, was dazwischenliegt, in die scheinbar unsichtbaren Orte, die Neurotypiker übersehen. Es ist eine andere Ordnung des Sehens, das trotz eines durchsichtigen Mediums tiefe Trennungen verursacht. Hochfunktionale Autisten werden sich ihrer Unterschiedlichkeit und Isoliertheit schmerzlich bewußt, wenn sie die Kindheit hinter sich lassen und in die Pubertät kommen.

Andy Warhol hat einmal unbeabsichtigt das soziale Dilemma und das Ausgestoßensein von Menschen mit dem Asperger-Syndrom beschrieben: »Diejenigen, für die ich einfach nur der Partylöwe aus den Illustrierten bin, der in den sechziger Jahren gewohnheitsmäßig mit einem ›Gefolge‹ von mindestens sechs Leuten bei Partys auftrat, werden sich fragen, wie ich dazu komme, mich als ›Einzelgänger‹ zu bezeichnen. Deshalb will ich jetzt erklären, wie ich das meine und warum es wahr ist. In der Zeit, als ich besonders gesellig war, gerne Leute um mich hatte und auf der Suche nach echten Busenfreunden war, fand ich keine Resonanz...«[32] Damals, erklärt Warhol, fing er an, sich »als Einzelgänger zu betrachten«.

Leere, Leere, eine Welt unter Glas. Vielleicht ein Ort zwischen den Spiegeln. Ein Ort zwischen einem Siebdruck und einer Fernsehkamera. Wenn die Versuche zur Kommunikation mit Neurotypikern ständig zurückgewiesen werden und sich als nutzlos erweisen, nicht wert, daß man Zeit darin investiert, dem eigenen emotionalen Wohlergehen nicht förderlich, gibt es ja immer noch die Arbeit. »Leben ist Arbeit«, schreibt Warhol in seiner Autobiographie.[33] Immer wieder denke ich an Sharrons vielsagendes Stöhnen am Telefon, als sie sagte, es sei großartig, daß Elija so viel zeichne, aber es bedeute auch, daß er »sehr unter Streß« stehe. Temple Grandin schreibt, daß sie in einer Kultur, in der im sozialen Bereich kein Platz für sie ist, ihre Hauptbefriedigung in der

198

Arbeit findet.[34] Wie Temple Grandin kam Warhol schließlich zu dem Schluß, daß seine Arbeit und seine Medienfixierungen das einzige Gegenmittel zu seinem Einzelgänger-Status waren, zu einem Leben unter Glas. Mit Anfang Dreißig hatte er seinen eigenen Weg gefunden. Es war ein Prozeß der Selbst-Verwirklichung durch die Medien.

Seit dem Aufkommen von Fernsehen, Kinofilmen und Popmusik in der zweiten Hälfte des 20. Jahrhunderts ist für Autisten etwas bisher Einmaliges geschehen. Für viele ist das moderne Leben ein systematisches Selbst-Entwerfen durch Medienfixierungen geworden. Elija hat Yosemite Sam, Geppetto und Jiminy Grille, und Andy Warhol hatte *Schneewittchen* und Shirley Temple. Von dem Augenblick an, als er Shirley zum erstenmal auf der Kinoleinwand sah, war sie sein Idol und sein »Rollenvorbild«.[35] Er »imitierte sein Leben lang ihre Standardgesten: Er faltete die Hände und hob sie an seine Wange, oder er verschlang sie ineinander und hielt sie rechts unterhalb seiner Taille vom Körper weg.«[36]

Andy Warhol, der zu Beginn der Ära der Massenmedien aufwuchs, kann zur ersten Generation von Autisten gezählt werden, die auf dieser befreienden Welle ritten. Er sagt, er habe sich Popsongs wieder und wieder und wieder angehört, bis er ihre Bedeutung verstand. Unaufhörlich verfolgte er alles, was es an Kinofilmen, Fernsehsendungen, Musik, Werbung, Comics und Zeitungsfotos gab, von frühester Kindheit an. Sein Bruder John erzählt, Andy habe sich als Siebenjähriger einen Filmprojektor gewünscht.[37] Die Familie konnte sich die Leinwand nicht leisten, »aber man konnte die Bilder auch auf der Wand zeigen. Natürlich nur schwarzweiß. Er schaute sich Mickey Mouse an oder Little Orphan Annie, kriegte neue Ideen und zeichnete dann eine Menge.« Später wurden Medienfixierungen Andys Reaktion auf die neurotypische Mainstream-Kultur. »Nachdem ich nun also meinen ersten Fernseher hatte«, schreibt er, »waren mir feste Freundschaften nicht mehr so lebenswichtig. Man hatte mich oft sehr gekränkt, so sehr, wie man nur gekränkt werden kann, wenn einem Freundschaften lebenswichtig sind. Ich nehme daher an, daß sie mir lebenswichtig waren in den Tagen, als noch keiner etwas von ›Pop Art‹ oder ›Undergroundfilmen‹ oder ›Superstars‹ gehört hat.«[38]

Ende der fünfziger Jahre, kurz vor seinem künstlerischen Durchbruch, begann Andy »eine Affäre« mit seinem Fernsehgerät.[39] Er spiele in seinem Schlafzimmer »gleich mit vieren auf einmal herum«, sagt er. »Ich habe jedoch erst 1964 geheiratet, als ich mein erstes Tonbandgerät bekam. Meine Frau. Mein Tonbandgerät und ich sind nun seit zehn Jahren verheiratet. Wenn ich ›wir‹ sage, meine ich mein Tonbandgerät und mich. Manche Leute verstehen das nicht.«

Warhols »Frau« ermöglichte es ihm, in einem Raum allein mit jemandem zu sein, der kein »B« war. »Bs« waren vertraut. Das waren Kollegen oder Freaks aus der Factory. Aber wenn er neue Leute kennenlernte oder jemanden, der sexuelle Signale in seine Richtung ausstrahlte, gab Warhols »Frau« ihm ein Gefühl von Sicherheit und verringerte seine Angstgefühle. Die Geräte wurden eine Lösung für einen Teil seiner sozialen Dilemmata. Ob auf Tonbänder oder Filmspulen, das Aufnehmen von Gesprächen war eine Sicherheitsvorrichtung, ein Puffer und eine Möglichkeit, mit anderen Menschen in Beziehung zu treten. Sie waren ein Mittel der Grenzüberschreitung, sie ermöglichten es ihm, durch das Glas zu gelangen.

Mit dem Erwerb des Tonbandgeräts ging das, was ich an Gefühlsleben gehabt haben mag, endgültig zu Ende, und ich war froh darüber. Nichts ist jemals wieder zu einem Problem geworden, weil ein Problem jetzt immer nur ein gutes Tonband war, und sobald sich ein Problem in ein gutes Tonband verwandelt, ist es kein Problem mehr. Ein interessantes Problem war ein interessantes Tonband. Jeder wußte das und schauspielerte für das Tonband. Man wußte nicht, welche Probleme echt waren und welche für das Tonband übertrieben wurden. Und das Allerbeste war, daß die Leute, die über ihre Probleme sprachen, selbst auch nicht mehr wußten, ob sie wirklich diese Probleme hatten oder ob sie eben doch nur gespielt waren.[40]

Durch seine Filme geriet Warhol in den Ruf eines Voyeurs. Für einen Menschen, der in Bildern denkt und wahrscheinlich in Streßsituationen Schwierigkeiten hat, seine verbalen Fähigkeiten einzusetzen, oder ganz verstummt, ist es nur natürlich, zum Zuschauer zu werden. Seine Filme und seine Sexualität gingen Hand in Hand. Auch Sex war ein »Problem« für Warhol. Möglicherweise litt er unter sensorischer Hypersensitivität, und zudem war es notwendig für ihn, über Dinge in Kontakt zu anderen Menschen zu treten, durch Gegenstände, durch die Medien. Tonband und Filmkamera machten Sex möglich. In seiner Autobiographie zeichnet Warhol ein Gespräch mit einer Freundin auf, die ihn auf seine Angst, berührt zu werden, anspricht.

»Du kannst es absolut nicht leiden, wenn Leute dich anfassen«, sagt die Freundin. »Ich erinnere mich, wie wir das erste Mal zusammentrafen. Da bin ich mit dir zusammengestoßen, und du bist mindestens zwei Meter zurückgesprungen. Warum? Angst vor Ansteckung?«[41]

»Nein. Angst vor Angriffen.«

»Bist du so, seit dich die Schüsse getroffen haben?«

»Ich war immer so. Gesundes Mißtrauen. Ich sehe immer hinter mich und über mich.«

Hochfunktionale Autisten, die überempfindlich auf Berührungsreize reagieren, vergleichen das Gefühl, berührt zu werden, häufig mit einem Sonnenbrand. Andere betonen die Wichtigkeit des »peripheren Sehens«, d.h. andere nur aus den Augenwinkeln anzuschauen. Warhol scheint diese Überempfindlichkeiten und Bewältigungsmechanismen gehabt zu haben. Temple Grandin weist in ihrem Buch darauf hin, daß dieses Zusammenzucken bei der unerwarteten Berührung durch eine andere Person und das ständige Ausschauhalten nach Anzeichen von Gefahr aus den Augenwinkeln eine Parallele zum Verhalten von Tieren aufweisen könnte.[42] Sie schreibt von einem »Schutzsystem gegen Raubtierangriffe«, das tief in ihrem Gehirn aktiviert wird, wenn sie in Kontakt mit bedrohlichen Stimuli kommt. Diese »uralten tierischen Instinkte« werden bei Autisten wahrscheinlich leichter aktiviert als bei Neurotypikern. Andy Warhol, der oft als Feigling galt, war immer auf der Hut vor Angriffen.

Warhol, berühmt für seine visuelle Virtuosität, hatte auch einen sehr empfindlichen Geruchssinn, was nur wenige wissen. In seiner Autobiographie schreibt er über »Parfüm-Raum« und über sein »Geruchsmuseum«, eine vielgeliebte Sammlung verschiedener Düfte, die er sammelte: »Sous le Vent« von Guerlain, »Opening Night« von Lucien Le Long, »Surrender« von Ciro, »À Bientôt« von Lenthèric. Die Liste nimmt gar kein Ende. Es ist ein Katalog von Düften, die Warhol erkennen konnte, sobald er einen Raum betrat oder wenn jemand auf der Straße an ihm vorbeiging. »Es ist mir peinlich, es zugeben zu müssen«, schreibt Temple Grandin, »aber als kleines Mädchen roch ich gern an Leuten, wie ein Hund. Die Gerüche verschiedener Menschen waren interessant.[44]« Warhol führt in seiner Autobiographie noch zahlreiche weitere Geruchs-Situationen auf.

Wenn ich in New York herumspaziere, bin ich mir immer bewußt, daß alles um mich herum einen Eigengeruch hat: die Gummimatten in den Bürohäusern; Polstersitze im Kino; Pizza; der Orange Julius; Espresso-Knoblauch-Oregano; Hamburger; trockene Baumwoll-T-Shirts; das Lebensmittelgeschäft gleich um die Ecke; feine Lebensmittelgeschäfte; Hot-dogs- und Sauerkraut-Imbißwagen; der Geruch vom Eisenwarengeschäft; der Geruch vom Schreibwarengeschäft; Souvlaki; Leder und Teppiche bei Dunhill; Mark Cross, Gucci; das gegerbte marokkanische Leder an den Straßenständen; neue Illustrierte; alte Illustrierte; Schreibmaschinengeschäfte; chinesische Importläden (der Modergeruch vom Frachter)…[45]

Wenn Autisten mit Beginn der Fernsehära eine neue Ebene

persönlicher Freiheit erreichten, geschah ihre Befreiung, im Gegensatz zu anderen Befreiungsbewegungen der sechziger und siebziger Jahren des 20. Jahrhunderts, größtenteils geräuschlos. Das ist auch auf den damaligen Stand von Medizin und Psychiatrie zurückzuführen, aber Warhol, ganz wie man es von ihm erwartet, zündete den Funken für eine neurologische Revolution. Ein großes autistisches Sichöffnen und Hervortreten in unserer Kultur läßt sich in seinem Lebenswerk beobachten. Seit Jahren diskutieren Kunstprofessoren und Kunstkritiker das »Rätsel«, die »Unergründlichkeit«, die »Exzentrizität« der Person Andy Warhols. Seit Jahren besteht ein unausgesprochener Konsens, daß er uns Sand in die Augen streut, hinter seiner dunklen Sonnenbrille distanziert bleibt und nichts enthüllt. Aber das »Rätsel« Andy Warhol ist weit größer als ein einzelnes exzentrisches Leben. Nie könnte ein einzelner Mensch, mit oder ohne »Verantwortungssubstanzen«, für so viel verantwortlich gemacht werden.

»Wiederholung«, schreibt Victor Bockris, lag Anfang der sechziger Jahre »in der Luft. Man Ray hat in seiner Autobiographie darüber geschrieben. John Cage hielt sie für ein Grundkonzept der Kunst des 20. Jahrhunderts.«[46] Lag Autismus in der Luft? War eine neurologische Offenbarung im Kommen? War es das Aufkommen der Massenmedien, das die vielen hochfunktionalen Stimmen des Autismus plötzlich hörbar machte? Was machte es möglich, sich endlich Hans Aspergers Studien zuzuwenden, die mehr als fünfzig Jahre in Vergessenheit geraten waren? Bekamen diese hochfunktionalen Autisten durch Kino, Fernsehen und Popsongs endlich die Freiheit und die Möglichkeiten, die notwendig sind, um als von der Gesellschaft wahrgenommene Gruppe in Erscheinung zu treten? Ich glaube ja. Und Andy Warhol, der fintenreiche Gaukler, unwissentlich ein Pionier dieser Entwicklung, bewegte sich hin und her, hin und her, zwischen den Spiegeln, zwischen dem Glas.

Kapitel 11
Pausenhof-Komiker

»Hör zu, ich bin da in einer etwas mißlichen Lage«, sagt Oliver Hardy im Film *Helpmates (Hilfreiche Hände)* zu seinem besten Kumpel Stan Laurel.[1] Stan ist gerade zur Tür hereingekommen, und die beiden stehen in Olivers Wohnzimmer. Oliver ist hochgradig nervös: »Meine Frau kommt heute mittag wieder zurück, völlig unerwartet, und schau dir bloß mal an, wie es hier aussieht!« Lange Pause. Die alten Comedys haben ihre Schweigepausen und ausgiebigen Nahaufnahmen. Oliver schneidet wilde Grimassen. Er hat die ganze Nacht mit den Jungs getrunken und Karten gespielt, und jetzt muß er Stan überreden, ihm beim Aufräumen zu helfen, und zwar schleunigst! Zigaretten qualmen in überfüllten Aschenbechern. Überall stehen leere Flaschen herum. Stühle sind umgeworfen. Möbel sind zerschlagen. Die Vorhänge sind zugezogen, und in wenigen Stunden wird die Gattin zurückerwartet! Es ist keine Zeit zu verlieren!

Stan, der sensible Harlekin, sieht sich im Wohnzimmer um. Sein leeres, ehrliches, offenes Gesicht zeigt, daß er sich bemüht. Er nimmt die verkrusteten Teller voller Essensreste und die umgekippten Cocktailgläser wahr, aus denen es auf den Teppich tropft, aber er begreift offenbar überhaupt nicht, worum es geht. »Was ist denn damit?« fragt er und schaut ins Leere.

»Was damit ist!?« Oliver regt sich auf. »Du hast meine Frau nie kennengelernt, oder?«

Stan hält inne, um zu überlegen. »Ja... hab ich nie.« Seine eigene Antwort stimmt ihn nachdenklich.

»Was willst du damit sagen: »*Ja*, hab ich nie!?« Oliver wird langsam gereizt. Er greift sich ein Foto seiner Frau, das auf einer Kommode steht, und hält es Stan entgegen. »*Das* ist meine Frau!« Er weist auf das Bild einer zähen Schreck-schraube, das nichts Gutes ahnen läßt.

Gewissenhaft studiert Stan die Fotografie. Er möchte gern das Richtige sagen. »Entzückend.«

»Charmant!« brüllt Oliver, der mittlerweile genug hat von den vergeblichen Versuchen, seine Notlage zu erklären. Stanny bleibt gutmütig. Wütende Gattin hin oder her, er hilft gern beim Saubermachen. Bei ihm liegt die Komik in den sozialen Hinweisen, die er in seiner Naivität einfach nicht mitbekommt, und den Worten, die er vollkommen falsch interpretiert. Oliver Hardy hingegen ist komisch wegen seines häufigen und unangemessenen Wütens. Dieses Komikerduo mit seinen übersehenen Hinweisen und ausge-klügelten Verstößen gegen die sozialen Regeln fasziniert Elija. Er lacht schallend, macht har-har-har und stellt eine Million Fragen, die immer mit den Worten beginnen: »Ist es komisch, wenn...?«, als wolle er jedes erdenkliche Beispiel von Humor katalogisieren.

»Ist es komisch, wenn Stan sich das Foto von Olivers Frau ansieht?« fragt Elija.

»Ja, ist es.«

»Warum?«

Comedy ist eine schnelle Kunstform. Bevor ich Elija ant-worte, muß ich das Video anhalten, das wir uns gerade anschauen, und gehe dann zu einer ausführlichen Erläute-rung der Handlung, des Mienenspiels und der Bedeutung einer Geste über.

»Olivers Frau sieht *richtig fies* aus«, erwidere ich möglichst dramatisch, während die beiden Komiker erstarrt auf dem Fernsehschirm stehen und darauf warten, daß ich fertig wer-de. »Hast du dieses Gesicht gesehen?!«

»Ja!« Elija quietscht vor Vergnügen.

»Hast du ihr Stirnrunzeln gesehen? Direkt hufeisen-förmig!«

»JA!« Elija wirft den Kopf zurück und heult vor Lachen.

»Also, wenn diese mißmutige Frau von Oliver nach Hause

kommt, wird sie ECHT WÜTEND werden, weil er und seine Kumpels das Haus in eine Müllhalde verwandelt haben. Wie sieht es denn HIER aus!«

Elija kann gar nicht mehr aufhören zu lachen. Es gefällt ihm, wenn ich das Understatement übertreibe. »Das ist köstlich!« ruft er, ein neu gelerntes Synonym für das Wort »komisch«. Er geht mich immer um neue Begriffe an, die er bei seinen Erkundungen ins Reich des Humors verwenden kann. Da gibt es »belustigend«. Da gibt es »witzig«. Witze sind »zwerchfellerschütternd« und »spaßig« und, unter besonderen Umständen, »absurd«. Elija plaudert munter über die verschiedenen Genres der Komik: Slapstick, Stand-up-Comedy, Pantomime, Satire, Sarkasmus. Er sammelt Witzbücher und lernt den Inhalt auswendig.

»Warum springt die Kuh über den Mond?« Den Witz erzählt er schon die ganze Woche.

»Ich weiß nicht. Warum denn?« frage ich, lasse ihn die Pointe vorbringen, als seien wir ein Komiker-Duo, das sein Repertoire zum Besten gibt.

»Weil der Bauer kalte Hände hat.«

Mittlerweile verläßt Elija seltener den Raum, wenn Freunde zu Besuch kommen. Manchmal stellt er sich sogar in den Mittelpunkt und erzählt einen Witz nach dem anderen. Seine Vortragsweise ist in Intonation und Pragmatik gerade atypisch genug, um sein Publikum gebannt und leicht aus dem Gleichgewicht gebracht zuhören zu lassen.

Aber das ist zu Hause, wo alle Elija kennen und wo er, wie er sagt, »an die Leute gewöhnt« ist. In der Schule ist es anders. Elija ist neun. Er geht in die vierte Klasse und kommt jeden Nachmittag verwirrt und voller Klagen nach Hause, weil die anderen Jungs in seiner Klasse sich über ihn lustig gemacht haben. Wenn er nicht von seinen Slapstick-Filmen abgelenkt ist, ist er leicht reizbar, zurückgezogen und traurig. Ich mache einen Besuch in der Schule, weil ich denke, daß ich der Sache so vielleicht auf den Grund gehen kann. Das erste, was ich dort sehe, ist Elijas Sterotypie, ein leichtes

Händeflattern, das er zu Hause längst nicht mehr zeigt. Die Bewegung ist gerade ungewöhnlich genug, um bei den anderen Kindern Unbehagen auszulösen und sie zu veranlassen, auf Distanz zu bleiben.

Dieses Jahr, zum erstenmal in seiner Schulkarriere, ist Elija als »komisch« abgestempelt worden. Er möchte mit den anderen Kindern interagieren. Er geht auf sie zu und erzählt ihnen einen Witz, denn er hat gelernt, auf diese Weise erfolgreich zu kommunizieren. Aber in der Schule, bei seinen Klassenkameraden, kommt das einfach nicht an. Nachdem ich ihn den Vormittag über in seiner Klasse beobachtet habe, bleibe ich noch zum Mittagessen. Gemeinsam gehen wir den Flur hinunter, dem ohrenbetäubenden Krach in der Schulcafeteria entgegen.

»Wow! Ist das laut hier drin«, sage ich, als wir durch die Tür treten. »Macht dir der Lärm denn nichts aus?«

»Nö!« antwortet Elija stolz, setzt sich an einen langen Tisch und wickelt sein rituelles Pausenbrot aus, ein Thunfisch-Sandwich. Im letzten Jahr hat sich seine Geräuschempfindlichkeit drastisch verringert. Sie beschränkt sich jetzt hauptsächlich auf tiefes Grollen wie beispielsweise Donner oder das Dröhnen eines großen Lastwagens, der die Straße entlangrumpelt. Andere Viertkläßler sitzen mit uns am Tisch, einige aus Elijas »Sonderpäd-Klasse«, einige aus der »Regelklasse«. Die Jungs fragen Elija, ob er nicht nach dem Essen mit ihnen Kickball spielen möchte.

»Nein danke«, sagt er gleichgültig und kaut sein Sandwich.

»Warum willst du nicht mitspielen?« frage ich und ermutige ihn, das Angebot anzunehmen. Zögernd tut er es und bittet mich, in der Aktiven Pause noch dazubleiben und zuzuschauen.

Nach dem Essen, auf dem Weg zum Sportplatz, enthüllt Elija mir, daß die Jungs, die ihn aufgefordert haben, mit ihnen zu kicken, »gelogen haben«, weil ich zufällig heute mit am Tisch saß. Es bleibt keine Zeit, ihn zu fragen, was er meint, weil das Spiel bereits anfängt. Elija trottet auf die geteerte Spielfläche. Binnen Minuten habe ich die Situation erfaßt. Ich sehe, daß die Jungs, die das Spiel arrangiert haben, eine lärmende Clique sind, voll mutwilliger Energie und rohem Interesse daran, andere zu ärgern. Manche haben emotionale Probleme, die Mitschüler aus Elijas Sonderklasse. Sie schieben sich millimeterweise die hierarchischen Stickerpyramiden hinauf, die an der Wand des Klassenzimmers hängen und jeden Tag das Maß ihrer Selbstkontrolle anzeigen. Verhaltensmodifikation. Diese Jungen brauchen eine feste Struktur, und wie Elija sind sie schwarze Schafe. Allmählich wird ihnen schmerzlich bewußt, welchen Status sie auf dieser Schule haben. Unglücklicherweise ist Elija das einzige autistische Kind in seiner Klasse, was nicht ungewöhnlich ist. Seine Bedürfnisse unterscheiden sich manchmal erheblich von denen der Majorität seiner Klassenkameraden, und bei seiner gedämpften Passivität und Gutmütigkeit argwöhne ich, daß seine Bedürfnisse oft übersehen werden.

Die Rowdys, die sich mit anderen Rowdys aus der Regelklasse zusammengetan haben, haben selektiv eine Mannschaft zusammengestellt, die gegen eine Gruppe von Underdogs spielen wird, zu der auch Elija gehört. Sie kommandieren ihre Gegner herum und sagen ihnen, sie sollen das Außenfeld nehmen.

»Du bist mit denen in einer Mannschaft, Elija«, weist einer der Jungs ihn an. »Ihr werft. Wir kicken.«

»Gut.« Elija läuft aufs Außenfeld, halb ziellos, und schließt sich seinen zusammengewürfelten Mannschaftskameraden an, die ihre Plätze eingenommen haben. Ihr Werfer ist ein sehr kurzgeratener Junge, der es nicht schafft, den Ball allzuschnell den körnigen Asphalt entlangrollen zu lassen. Das macht es der hänselnden Gegenmannschaft leicht, den Ball weit weg zu kicken. Mehrmals fliegt der Ball direkt an dem schlaksigen Elija vorbei, der geistig weggetreten ist und abwesend lächelt wie Stan Laurel. Auch Gregory ist Außenfeldspieler. Gregory ist »der Fette«, wie die Clique ihn höhnisch bezeichnet. Zudem fällt es ihm auffallend schwer, Sprache spontan zu gebrauchen. Nachdem der kurze Junge ein paar Runden als Werfer dran war und das Schikanier-Team zu viele Punkte beim Rennen um die Schlägerfelder herum gemacht hat, versucht Gregory klarzumachen, daß er auch einmal Werfer sein möchte. Aber die harten Kids lassen ihn nicht. Sie brüllen und lachen: »Nein! Nein! Weg vom Feld!« Gregory läßt sich nicht unterkriegen, stellt sich breitbeinig in die Mitte des Spielfelds und hält das Spiel auf. Sein Gefühl für Würde und Fairneß ist intakt, und empört kreischt er seine Peiniger an, unfähig zu sprechen. Aber das stachelt sie nur noch mehr an. Wieder stößt er ein schrilles Gekreisch aus, eine Oktave höher, was die Pausenhof-Betreuer alarmiert. Sie eilen herbei, entfernen ihn vom Spielfeld und teilen ihm mit, er müsse sich beruhigen. Kein Wort an die wilde, lärmende Gang. Angewidert stürmt Gregory von den beschwichtigenden Betreuern fort und geht auf die Grasfläche, wo ich stehe. Er läuft umher und stößt Flüche aus, die ich nicht ganz mitbekomme.

»Deine Wut ist vollkommen berechtigt«, teile ich ihm mit. »Du bist ein guter Junge.« Er flucht noch etwas mehr. Ich nicke zustimmend.

Heute spielt nur ein einziges Mädchen mit. Das ist Jenny. Sie ist in Elijas Underdog-Mannschaft, und sie ist zudem das einzige Mädchen in seiner Klasse. Das ist ein typisches Geschlechterverhältnis in der Sonderpädagogik – behinderte und verhaltensauffällige Jungen sind den Mädchen gegenüber weit in der Überzahl. Auf Jenny hacken alle herum. Sie ist »blöde«. Sie ist »fischig«. Ich weiß zufällig, daß Jenny mißhandelt wurde und nicht mehr bei ihren Eltern lebt. Elijas Pult steht direkt neben ihrem. Eines Abends, an einem Elternabend, sah ich, daß es sowohl Elija als auch Jenny nicht gelungen war, ein Bio-Projekt erfolgreich abzuschließen. Alle anderen Kinder der Klasse hatten ein Schaubild eines Ökosystems fertiggestellt, das stolz ihre Pulte krönte, modellierte Darstellungen der Habitate von Leguanen, Taranteln und Fledermäusen. Auf Elijas Pult, ganz in eine Ecke geschoben, standen nur drei sehr kleine Tonfiguren, so undefinierbar, daß ich nicht erkennen konnte, was sie darstellen sollten. Auf Jennys Pult war das Wort »TRÄUMERIN« in farbenfrohen Buttons zu lesen, die sie auf ein Stück Pappe geklebt hatte.

Jenny, die Träumerin, war zufällig der beste Werfer auf dem Platz. Sie löste den kurzgeratenen Jungen ab und begann, zielsicher Bälle auf ihre Gegenspieler abzufeuern. Die ganze Zeit über lächelte Elija, während die Bälle direkt an ihm vorbeiflogen. Dann ertönte eine Pfeife. Die Aktive Pause war vorbei.

»Komm, ich will mich von dir verabschieden!«, rief ich ihm zu.

»Okay, Val!« Elija kam angerannt, schlaksig und froh darüber, daß ich noch da war.

Ich gab ihm einen Kuß. »Hab noch einen schönen Tag.«

»Gut.« Er stakste davon, unbeholfen wie ein junger Hund, und verschwand im Schulgebäude.

An diesem Abend erzählte er mir, als ich ihn ins Bett brachte, daß er nicht gern Kickball spiele und daß er gewöhnlich »Nein danke« sagte, wenn diese Jungs ihn zum Mitspielen aufforderten.

»Ich verstehe jetzt, warum. Zuerst habe ich es nicht verstanden«, sage ich zu ihm. »Sie waren sehr unfair gegenüber Gregory, und ich habe gehört, was für gemeine Dinge sie zu Jenny gesagt haben.«

Langsam begann ich mir einen Begriff davon zu machen, welch geringe Mittel den Lehrern, den Betreuern und den Kindern selbst zur Verfügung standen, um an der Überbrückung der Lücken zu arbeiten. Mit neun Jahren hatte Elija noch nicht die Erfahrung einer guten, engen Freundschaft gemacht, aber sollte er Freunde finden, würde ich seine Wahl akzeptieren und ihn nicht drängen, Beziehungen zu anderen Kindern aufzunehmen, nur um meine Sorge wegen seiner autistischen Isolation zu lindern. »Wenn ich Kontakt mit jemandem aufnehme«, schreibt Jim Sinclair, »ist das etwas ganz Besonderes – und zwar nicht, weil viel Zeit und Mühe aufgewendet worden ist, um eine Reaktion zu erzeugen, die eine blasse Imitation normaler sozialer Reaktionen ist. Blasse Imitationen von Normalität sind mir weder Zeit noch Mühe wert.«[2]

Das ist ein Thema, das ich oft von erwachsenen Autisten angesprochen höre, die ständigem Druck ausgesetzt sind, so zu tun, als seien sie normal. Als Autismus-Aktivist liegt Jim viel daran, die Authentizität in der Kommunikation von Autisten zu bewahren, die manchmal von der neurotypischen Konzentration auf autistische »Defizite« bedroht wird:

Wenn ich mit jemandem in Verbindung trete, ist das etwas Besonderes, denn ich muß es nicht tun, sondern entscheide mich frei dafür. Es ist etwas Besonderes, weil ich nicht besonders gut verallgemeinern kann und also alles, was ich tue, intensiv auf diesen einen Menschen konzentriert ist. Es ist etwas Besonderes, weil ich, der ich keine Ahnung habe, was normal ist, und kaum Talent zur Nachahmung besitze, etwas vollkommen Neues für diesen Menschen und diese Gelegenheit geschaffen habe. Es ist etwas Besonderes, weil ich nicht weiß, wie man Menschen als selbstverständlich hinnimmt; wenn ich also eine Bindung eingehe, ist dieser Mensch für die Dauer des Kontakts für mich das Wichtigste auf der Welt.... Ich habe genauso viele Beziehungen, wie ich haben will. Ich nehme ausschließlich Kontakt als ich selbst auf, und nur auf eine Art und Weise, die für mich authentisch ist. Ich schätze Menschen ausschließlich um ihrer selbst willen, nicht wegen ihrer gesellschaftlichen Rolle oder ihres Status, und nicht, weil ich jemanden brauche, der die Leere in meinem Leben füllt. Sind das die erheblichen Kommunikationsschwierigkeiten und Defizite in der Fähigkeit, Beziehungen zu anderen Menschen herzustellen, über die ich ständig lese?

Es gibt in der Tat einige ziemlich gravierende Defizite, aber die betreffen nicht meine Fähigkeit, Zuneigung zu empfinden. Ich habe ein Defizit in der Fähigkeit, Personen zu erkennen, die nicht in der

Lage sind, Zuneigung zu empfinden, Menschen, die nicht authentisch sind, die mich nicht als ich selbst wertschätzen oder die im eigenen Kern unverbunden sind. Es fällt mir schwer zu erkennen, wenn jemand lügt. Ich habe sehr lange gebraucht und viele schmerzliche Erfahrungen machen müssen, um überhaupt zu begreifen, was Lügen ist. Und im sozialen Bereich, wie in allen anderen Bereichen, habe ich Schwierigkeiten, gleichzeitig auf viele Reize zu achten. Ich muß Dinge mühsam lernen, über die andere Menschen nie nachdenken. Ich muß kognitive Strategien entwickeln, um das Fehlen von Instinkten wettzumachen, die ich nicht besitze.[3]

»Sind Mädchen klüger als Jungen?« fragt Elija eines Abends nicht lange nach meinem Besuch in der Schule. Unsere abendlichen Gespräche auf der Bettkante unterscheiden sich sehr von dem regen Tagesgeplapper über Comedy, das eher routinemäßig und repetitiv ist. Abends führen wir komplexe Gespräche über Gefühle und soziale Phänomene.

»Nein«, beantworte ich seine Frage. »Mädchen sind klug, und Jungen auch.«

»Mädchen... sind doch nicht dumm, oder?«

»Du meinst, weil sie Mädchen sind?«

»Ja.«

»Manche Leute denken das, aber es stimmt nicht.«

»Die Jungs in meiner Klasse finden, daß Jenny dumm ist.«

»Jenny ist nicht dumm.«

»Ich weiß.«

»Magst du sie?«

»Ja.«

»Dann ist sie eine Freundin. Es ist vollkommen in Ordnung, ein Mädchen zum Freund zu haben. *Jeder*, der einen anständig behandelt, kann ein Freund sein.«

Das Schuljahr ging weiter, und das Hänseln ebenfalls. Jenny war der einzige Mensch in Elijas Klasse, mit dem er Kontakt aufnehmen wollte, aber obwohl wir ihr öfters eine Einladung schickten, doch mal zum Spielen vorbeizukommen, erhielten wir nie eine Antwort von ihrer Tante. Elijas Lehrerin sagte mir, daß die Familie überbehütend sei und Jenny nicht viel weggehe.

Ich machte wenig Fortschritte in meinem Gesprächen mit Elijas Lehrerin, die, wenn ich sie auf das Hänseln und Schikanieren ansprach, erklärte, Viertkläßler seien nun mal einfach furchtbar im Umgang miteinander. Ich wollte mehr über die Kultur der Schule herausfinden, an der Elija war. Es forderte ihm ganz offensichtlich seinen Zoll ab. Er hatte wieder angefangen, mit dem Kopf gegen die Wand zu schlagen, was er seit der Kleinkindzeit nicht mehr getan hatte, und redete davon, sich »umzubringen« oder »von einer Klippe zu springen«. Ich meldete mich freiwillig als Betreuungsperson aus der Elternschaft für einen Schachkurs, der nach dem Unterricht angeboten wurde. Elija hatte erklärt, er habe Interesse, daran teilzunehmen. An einem Nachmittag in der Woche wartete ich also in der Cafeteria auf meine Schützlinge. Die acht Kinder, die an dem Schachkurs teilnahmen, kamen außer Elija alle aus Regelklassen. Sie schwärmten durch die Cafeteria, durch das Gewühl von Eltern, die ihre Kinder von der Schule abholten, und anderen Gruppen, die sich zu ihren freiwilligen Projekten versammelten. Sobald alle Kinder aus ihren Klassenräumen eingetroffen waren, führte ich sie in die Schulbücherei, wo der Schachlehrer auf uns wartete.

Beim zweiten Kurstermin stellte ich während des Wartens auf meine Gruppe fest, daß Elijas Sterotypie in der lauten Cafeteria am ausgeprägtesten war. Ich beobachtete ihn von weitem, wie er herumflatterte, ganz aufgeregt, weil der Schultag zu Ende war und ich während des Schachkurses anwesend sein würde. Dann betrat ein Junge namens Trevor die Cafeteria. Er gehörte zu den Schachspielern. Elija erkannte ihn sofort und schlängelte sich durch den Raum auf ihn zu. Er wollte Kontakt aufnehmen, also blieb er in einiger Entfernung vor Trevor stehen, wedelte mit den Armen und machte wellenförmige Bewegungen mit dem Körper. Es erinnerte an Steve Martin, wenn der seine »wilder und verrückter Typ«-Nummer abzieht. Trevor war verblüfft und bekam es mit der Angst zu tun. Er wußte nicht, wie er sich verhalten sollte. Als Elija näherkam, stand er wie gelähmt da.

»Warum ging das Huhn über die Straße?« hörte ich Elija klar und deutlich sagen, durch die lauten Echos der Kinderstimmen hindurch, die von den Schlackenstein-Wänden der Cafeteria widerhallten.

Trevor, zutiefst verwirrt durch Elijas Gesprächseröffnung, rief: »Geh weg!«

Die Abweisung ließ Elija zu einem Punkt in einiger Entfernung zurückflattern, wo er stehenblieb und Trevor anschaute. Er wußte nicht, was er tun sollte, und war unfähig wegzugehen, also lachte er nervös und begann wieder, wellenförmige Bewegungen zu machen. Dann kam ein zweiter Junge aus dem Schachkurs herein und gesellte sich zu Trevor, der sichtlich erleichtert war, jemanden neben sich zu wissen. Trevor flüsterte dem anderen Jungen etwas ins Ohr, und beide starrten Elija an und zeigten gelegentlich mit dem Finger auf ihn. Elijas Flattern verstärkte sich. Das Phänomen des Andersseins entfaltete sich vor meinen Augen. Meine Kehle wurde eng. Ich ging zu den drei Jungen hinüber, unterdrückte meine Tränen und sagte, es sei Zeit, in die Bücherei zu gehen.

Auf dem Weg dorthin ging Elija neben mir, hielt meine Hand und sah zu, wie die anderen Kinder schreiend und witzelnd vor uns hertobten.

»Val, hält Trevor mich für verrückt?«

Bis ins Mark getroffen von dieser Frage und der Szene, die ich gerade in der Cafeteria miterlebt hatte, konnte ich mir ausrechnen, daß Elija an seinen langen Schultagen wohl häufiger solche Erlebnisse hatte.

»Wir reden später darüber, nach dem Schachkurs, einverstanden?« murmelte ich.

»Gut.«

In der Bibliothek rannte Elija sofort zu dem Tisch, an dem

Trevor und der andere Junge saßen, und setzte sich direkt neben Trevor.

»Warum ging das Huhn über die Straße?«

»Geh weg!« schrie Trevor wieder. »Ich will nicht, daß er neben mir sitzt!«

Ohne nachzudenken, trat ich an den Tisch der Jungen, ohne auf den Schachlehrer zu achten, der gerade begonnen hatte, die Rochade zu erläutern. Ich hockte mich hin, damit ich auf einer Augenhöhe mit Elija und Trevor war.

»Hört mal zu, Jungs«, sagte ich entschieden. Beide wirkten überrascht über mein plötzliches Erscheinen auf der Szene. »Wir müssen da mal etwas klarstellen. Trevor, Elija hat eine Behinderung, die nicht sehr auffällt. Deshalb fühlst du dich so unbehaglich. Elija, du fühlst dich unbehaglich, weil Trevor dir ständig sagt, daß du weggehen sollst.« Elija nickte mit dem Kopf. Ich wandte mich wieder an Trevor. »Elija mag dich. Er möchte dich gern näher kennenlernen, aber er ist nervös, und deshalb sagt er Sachen, die dir vielleicht komisch vorkommen.« Trevor wirkte überrascht und erleichtert.

»Elija«, sagte ich, »Trevor macht es nervös, wenn du ihm so unvermittelt einen Witz erzählst. Du mußt es langsamer angehen und zuerst so etwas sagen wie: ›Hallo, Trevor, ich bin Elija. Ich bin auch im Schachkurs‹.« Elija nickt wieder. »Okay, das war's, Jungs. Laßt es einfach langsam angehen.« Zitternd entfernte ich mich.

»Hallo, Trevor. Ich bin Elija. Ich bin auch im Schachkurs«, hörte ich Elija hinter mir sagen. Ich wirbelte herum.

»Hallo«, antwortete Trevor nervös.

»Kann ich mich hier hinsetzen?« fragte Elija.

»Ja.«

»Warum ging das Baby über die Straße?«

»Ich weiß nicht. Warum?«

»Es war am Huhn festgetackert.«

Trevor lachte laut heraus. Endlich etwas befreiende Komik! Elija war höchst zufrieden mit sich. Ich entschuldigte mich bei dem Lehrer, der nickte und zu seiner Lektion zurückkehrte. Er wies auf ein Schachbrett aus Filz, das an der Wand hing, und führte Manöver mit den beweglichen Klett-Schachfiguren aus, die dazugehörten, während er verschiedene Strategien erläuterte. Dann bekamen alle Kinder Gelegenheit, gegeneinander zu spielen. Trevor begann aufzutauen. Er half Elija sogar bei einigen Zügen, und von Zeit zu Zeit hörte ich beide lachen. Als der Kurs zu Ende war und alle sich zum Aufbruch rüsteten, nahm ich Trevor zur Seite.

»Danke, Trevor. Du bist ein klasse Junge.«

Er schwieg, verabschiedete sich mit einem Nicken und verließ die Bücherei.

Abends in der Badewanne fragte Elija: »Val, hält Trevor mich für verrückt?«

»Ach ja, wir hatten noch gar keine Gelegenheit, darüber zu reden, nicht wahr?«

»Nein. Hält Trevor mich für verrückt?«

»Nein, du bist nicht verrückt.«

»Ist Trevor mein Freund?«

»Er könnte es werden. Laß es langsam angehen.«

»Bin ich verrückt?«

»Warum fragst du das? Hat jemand zu dir gesagt, daß du verrückt bist?«

»Nein. Warum habe ich im Schachkurs die falsche Antwort gegeben?«

»Du meinst, als du deine Hand gehoben hast und der Lehrer dich aufgerufen hat?«

»Ja.«

»Du hattest vergessen, daß du Weiß hattest und Weiß am Zug war, und hast versucht, einen Zug für Schwarz zu machen. Es war ein Fehler. Alle Kinder in diesem Schachkurs machen mal Fehler.«

»Wirklich?« fragte Elija ungläubig.

»Ja. Trevor hat auch einmal einen Fehler gemacht. Und Jennifer. Wenn man mal was vergißt, heißt das noch lange nicht, daß man verrückt ist, und wenn man mal einen Fehler macht, heißt das nicht, daß man verrückt ist. Es heißt, daß man lernt.«

»Echt?«

»Ja.«

Später in der Nacht, als wir schon fest schliefen, entlud sich ein heftiges Gewitter über Woodstock, und Elija schrie laut in der Dunkelheit. Ich rannte in sein Zimmer und sah, daß er kerzengerade im Bett saß.

»Ich muß spucken!« rief er. »Es ist zu laut!«

Ich nahm seine Hand und führte ihn ins Badezimmer. Wilde Blitze zuckten und erleuchteten unseren Weg. Im Badezimmer beugte er sich über die Toilette und übergab sich. Ich wischte ihm den Mund mit einem Waschlappen sauber und legte die Arme um ihn. »Schon gut, das macht nichts. Komm, wir gehen wieder in dein Zimmer.«

Dort schaltete ich die kleine Lampe an. Ich hielt Elija im Arm, bis das Gewitter weiterzog, die Blitze weniger häufig zuckten und das Donnern leiser wurde.

»Warum kann ich den Donner nicht ertragen?« fragte er.

»Das hat etwas mit deinen Sinnen zu tun. Weißt du, was deine Sinne sind?«

»Nein.«

»Also, du siehst mit den Augen. Du schmeckst mit der Zunge. Du riechst mit der Nase und hörst mit den Ohren.«

»Oh, ja.«

»Du reagierst sehr empfindlich auf bestimmte Geräusche.«

»Bin ich verrückt?«

»Nein. Du bist nicht verrückt. Du bist autistisch.«

»Habe ich es so schwer in der Schule, weil ich autistisch bin?«

»Manchmal. Aber ich sag dir was.«

»Gut, Val.«

»Es gab einen Mann, der hieß Albert Einstein. Er war ein bedeutender Wissenschaftler, der den Menschen half, viele neue Erkenntnisse über den Raum und das Universum zu gewinnen. Er war dazu fähig, weil er in Bildern denken konnte. Das hatte etwas mit seinen Sinnen zu tun und damit, wie sein Gehirn arbeitete. Albert Einstein war autistisch, genau wie du, und er hatte es schwer in der Schule, als er ein Junge war.«

»Echt?«

»Ja. Und es gibt noch andere. Unsere Freundin Sharron beispielsweise.«

»Sharron?!«

»Ja. Früher in der Schule haben die anderen Kinder sie ›schwachköpfige Sherry‹ genannt.«

»Das macht mich traurig.«

»Mich auch.«

»Oh, buuh-buuuh.« Elija formt sein Gesicht zu einer extremen Ausdrucksmaske der Traurigkeit und sieht so verloren aus wie Stan Laurel, wenn er seinen Kopf neigt und aussieht, als würde er gleich in Tränen ausbrechen.

»Die anderen Kinder in der Schule wissen nicht, daß du autistisch bist, und sie wissen nicht, wie sie reagieren sollen, wenn du etwas machst, woran sie nicht gewöhnt sind, wie Trevor heute. Aber das heißt nicht, daß du irgendwas falsch machst. Es heißt nicht, daß du verrückt bist. Du bist du selbst. Das ist das Höchste, was ein Mensch im Leben erreichen kann, und du bist auf einem guten Weg dahin.«

»Danke, Val.« Elija seufzte und schmiegte sich an mich. »Ist Jenny autistisch?«

»Ich glaube nicht, aber sie ist irgendwie wie du. Sie ist voller Mitgefühl. Weißt du, was das bedeutet?«

»Nein.«

»Das heißt, das sie Verständnis für andere Menschen hat, egal, wie sie sind oder was sie tun. Sie behandelt dich anständig. Wir werden sehen, ob Trevor dich auch anständig behandeln wird. Es dauert seine Zeit, bis man das herausgefunden hat. Unser Freund Jim Sinclair hat lange dazu gebraucht.«

»Echt?«

»Ja. Jim merkte es überhaupt nicht, wenn Leute logen oder unfreundlich waren. Du bist sensibel. Deshalb hast du es manchmal so schwer, aber Sensibilität ist auch eine Stärke. Und es gibt noch andere Dinge, die du sehr gut kannst, beispielsweise Zeichnen und Rechtschreibung.«

»Ja, und ich bin ein guter Komiker.«

»Das bist du.«

Elija klopft mir sanft auf den Rücken. Die Bewegung ist leicht mechanisch und sehr süß. »Danke, Val.«

»Schon gut! Ich habe Glück, dich als Sohn zu haben.«

Weit entfernt grollt leiser Donner. Elija versteift sich in meinen Armen. »Oh nein! Es kommt zurück!«

»Nein. Das Gewitter kommt nicht zurück. Es zieht weiter.«

»Wird es wieder laut werden?«

»Nein. Bald wird es ganz vorüber sein.«

Er seufzt. »Ich hab dich lieb, Val.«

»Ich hab dich auch lieb, Elija.« Wir liegen eine Weile schweigend auf dem Bett. »Kannst du die Regentropfen ans Fenster klopfen hören? Es ist ein ganz leises Geräusch.«

»Ja. Es ist entspannend.« Er seufzt wieder. »Val?«

»Hmmm?«

»Sind wir sooo?« Elija hält mir seine Hand dicht vors Gesicht, so daß ich die Geste sehen kann, die er macht. Er hat die Finger zu einem X gekreuzt. Ich erkenne die Anspielung sofort. Es ist ein Laurel & Hardy-Gag in dem Film *March of the Wooden Soldiers (Die lieben Kleinen im Spielzeugland)*. Oliver macht diese Geste, als er Stan die Natur seiner Beziehung zu ihrem grantigen Chef verdeutlichen will. »Wieso, er und ich sind doch sooo«, sagt Oliver und kreuzt emphatisch die Finger, als Stan stark bezweifelt, daß der Chef ihnen die Gehaltserhöhung geben wird, um die Oliver bitten will.[4] Später stellt sich heraus, daß die Beziehung zwischen Oliver und dem Chef keineswegs so gut ist, wie die Geste nahelegt. Im Gegenteil, schließt Sam, sind sie eher »so«: Er hebt beide Hände und hält sie weit auseinander. Seit dieser Gewitternacht fing Elija an, die beiden Gesten zu benutzen, um zwischen Leuten zu unterscheiden, an die er »sich gewöhnt hatte«, und solchen, an die er sich gar nicht gewöhnen wollte.

»Ständig lese ich, daß es autistischen Menschen an Einfühlungsvermögen mangelt und daß sie unfähig sind zu erkennen, was eine andere Person denkt, weiß oder fühlt«, schreibt Jim Sinclair. Aber Empathie »ist ein nebulöser Begriff und bedeutet oft lediglich die Projektion eigener Gefühle auf andere Leute.«[5] Er führt aus:

Es ist daher viel leichter, sich in jemanden »einzufühlen« (d. h. seine Gefühle zu verstehen), dessen Methode der Welterfahrung der eigenen gleicht, als in jemanden, dessen Wahrnehmungen vollkommen anders sind.... Zwar ist es unterschiedlich, inwieweit [Neurotypiker] ihre vorgefaßten Annahmen über meine Erfahrung prüfen und sich die Mühe machen, ihre eigene Sichtweise in Begriffen zu vermitteln, die ich verstehen kann, aber bislang habe ich noch nie mit einem [Neurotypiker] interagiert, der solche Dinge so wichtig nahm wie ich. Ob im Verlauf einer Interaktion eine echte Kommunikation stattfindet, scheint davon abzuhängen, wie effektiv ich in der Lage bin, Verständnisdiskrepanzen zu erkennen und sowohl meine eigenen Begriffe als auch die des Gesprächspartners zu >übersetzen<, um sicherzustellen, daß unser Aufmerksamkeitsfokus zur selben Zeit auf dieselbe Sache gerichtet ist.

Jim wirft eine wichtige Frage auf, die ich in der Fachliteratur oder im sonderpädagogischen Umfeld gern einmal thematisiert sehen würde: »Wenn ich weiß, daß ich Menschen nicht verstehe, und ich soviel Energie und Mühe aufwende, um sie zu begreifen, wie ich es tue, habe ich dann mehr oder weniger Einfühlungsvermögen als Leute, die mich nicht begreifen, aber noch nicht einmal bemerken, daß sie mich nicht verstehen?«[6]

»Elija?«

»Ja, Val.«

»Spielst du auf dem Pausenhof meistens mit den anderen Kindern, oder spielst du alleine?«

»Ich spiele alleine.«

»Und was machst du?«

»Ach, Comedy... oder ich denke mir Abenteuer aus und rette Leute.«

Was ist mit dem Pausenhof-Komiker? Dem verschrobenen Einzelgänger? Dem einsamen Sonderling? Um diese Zeit herum, als Elija allmählich begriff, daß er autistisch und anders als die meisten Menschen war, kam der Film *Man on the Moon* heraus, die Geschichte des Komikers Andy Kaufman. Ich erinnerte mich an Kaufman von seinen berüchtigten Tagen in »Saturday Night Live«, als er Elvis-Imitationen machte, lange bevor die ganze Nation das zum Freizeitvergnügen erkor. An diesem Punkt meiner Karriere als Elijas Mutter erkannte ich eine Medienfixierung, wenn ich eine sah. War Andy Kaufman ein hochfunktionaler Autist? Ich mußte mich das fragen, denn das wenige, das ich von ihm wußte, löste eine Resonanz in mir aus.

Kaufmans Mutter sagt, als Kleinkind habe Andy stundenlang aus dem Fenster gestarrt.[7] Möglicherweise lichtelte er. Er hörte sich auch endlos und immer wieder seine Kinderplatten an, die alle in verschiedenen bunten Farben gehalten waren. Er schaute zu, wie »die Farben sich auf dem Plattenspieler drehten«, schreibt Kaufmans Biograph, und »beobachtete, wie die Nadel über die Platte lief und den Klang hervorbrachte«.[8] Immer wenn der Plattenspieler lief, war er »vollkommen zufrieden«. Ein paar Jahre später begann er mit seinen »Fernsehprogrammen« – jeden Tag setzte er Nummern aus Fernsehsendungen zusammen und spielte sie nach. Irgendwann teilte Andy »den Nachmittag in acht halbstündige Sendungen ein. Er sang und tanzte, spielte Helden und Affen, Richter und Verteidiger, Bösewichte und Monster, Heldinnen und Hunde«.[9] Kaufman selbst sagt, daß er nicht viel von diesen Sendungen in Erinnerung behalten hat, nur daß eine »wie eine alte Stummfilm-Comedy war«[10]:

Damals liefen viele Stummfilme statt Zeichentrickfilme [im Fern-
sehen]. Ich verstand nicht, worum es in diesen Filmen ging, ich
wußte nur, daß die Leute schneller herumliefen als sonst, unter
Musikbegleitung... Wenn ich das für mich selbst nachspielte, gab es
keine Handlung. Ich wanderte nur eine halbe Stunde lang schnell
herum, schnitt alle möglichen Grimassen, fiel hin und sowas....
Meine Eltern sagten immer: Warum gehst du nicht mal raus und
spielst? Und ich sagte: »Ich kann nicht! Ich mache meine Show.«

Andys Eltern bemerkten oft, er habe ein »trauriges Gesicht«
gehabt, wenn er nicht durch seine Vorstellungen beflügelt
war, und er sei zwischen diesen Stimmungen hin- und her-
geschwankt.[11] »Solche Energie, solche Begeisterung! Eine
Freude! Und dann später der Rückzug in sein Schneckenhaus, die einsamen Augen«, schreibt sein Biograph.[12] Andy
wurde in der Vorschule dem Psychologen vorgestellt, weil
seine Lehrer auf das »traurige Gesicht« und sein sonderbares
Verhalten aufmerksam geworden waren. Während der ganzen Schulzeit und später auf dem College wurde er immer
wieder von Psychologen untersucht. Unterdessen entwickelten sich seine Programme zu anspruchsvollen professionel-
len Komiker-Nummern. Er wurde zunächst für Auftritte bei
Kindergeburtstagsfeiern engagiert, entwickelte dann eigene
Fernsehsendungen für Kinder und trat schließlich als der
verdrehte, beunruhigende Komiker in »Taxi« und »Saturday
Night Live« auf.
    »Ich hatte, glaube ich, schon einen Hang zum Entertain-
ment, als ich ein winzig kleiner Junge war«, erklärte Kaufman in einem Interview.[13]

Ich blieb den ganzen Tag in meinem Zimmer, jeden Tag, während
die anderen Kinder draußen Ball spielten... und stellte mir vor, daß
eine Kamera in der Wand war.... Ich stellte mir vor, ich würde in
einer Fernsehshow auftreten und sie wurde gesendet, irgendwo auf
der Welt, und wurde von Leuten gesehen. Ich war jeden Tag vier
Stunden auf Sendung .... Als ich größer wurde und zur Schule

gehen mußte, setzte ich meine Fernsehauftritte auf dem Pausenhof fort. Ich ging in eine Ecke des Schulhofs und machte meine Fernsehshows, ganz allein. Und alle sahen mich in meiner Ecke des Schulhofs. Es muß ausgesehen haben, als würde ein Verrückter mit sich selbst reden. Aber eines Tages kam ein kleiner Junge, der hinter einem Ball herrannte, vorbei und hörte, wie ich meine Show abzog, und er blieb stehen und fing an, sich die Sendung anzusehen, und er war fasziniert.... Also kamen auch die anderen Kinder, jeden Tag mehr, bis ich ein großes Publikum hatte.. Ich hatte ein richtiges Gefolge... Sie hörten auf, Ball auf dem Pausenhof zu spielen. Sie kamen in meine Ecke des Schulhofs.

Kaufmans Vater Stanley war bekannt für seine aggressiven Wutanfälle, ein Schattensyndrom, das bei Eltern autistischer Kinder häufig auftaucht. Er machte sich Sorgen um die Zukunft seines Sohnes, weil Andy sich in der Schule »überhaupt nicht anstrengte«.[14] Er hatte kein Interesse an den Schulfächern und war die ganze Zeit abgelenkt, weil er ständig an seine Fernsehshows dachte. »Er war hochintelligent«, sagt Stanley, »aber er wollte nicht, daß das irgend jemand mitbekam.«[15] Er bekam mittelmäßige Zensuren, ohne zu lernen, und zeigte wenig Interesse an irgendwelchen Sportarten. »Es wäre ihm nie in den Sinn gekommen«, bemerkt sein Biograph, »sich anzupassen oder sich zu ändern oder besser zu werden oder sich irgendeinem beliebten Zeitvertreib oder Schulfach zuzuwenden, das ihn nicht interessierte. Seine Nonkonformität war nicht als Provokation gedacht, obwohl sie so aufgefaßt wurde. Wenn es Rebellion war, dann eine Rebellion ohne eine Sache, für die er eintrat.«[16]

Wer soll die Bäume vom Wald unterscheiden? Wer sind die Pioniere an den Grenzen sozialer Paradigmen? Ich lud Jim Sinclair und Scoot, einen Jungen, der auf die staatliche Schule in Syracuse ging und dessen Mentor Jim war, ein, uns in Woodstock zu besuchen. Elija und Scoot hatten sich zu Beginn des Sommers auf unserer mittlerweile jährlich stattfindenden Reise ins Autreat kennengelernt. Scoot war hyperaktiv und hatte ein Aufmerksamkeitsdefizit. Mit seinem feuerroten Haar und den großen roten Sommersprossen war er die Verkörperung von Überschwang und Ausgelassenheit. Er war laut, unschuldig anstößig, stand ständig unter Volldampf und geriet immer wieder in riskante Situationen, wie ein Welpe, der es nicht besser weiß. Scoot inspirierte Elija, der eher ruhig ist und weniger sprachgewandt. Sie ergänzten einander in jenem Sommer im Autreat, tobten durch das alte Jugendbewegungs-Ferienlager und tollten im Swimmingpool herum. Scoot brachte Elija bei, laute Furzgeräusche zu machen, indem man gegen die Handinnenfläche blies. Es war eine echte Freundschaft, und Elija wartete in heller Aufregung auf die Ankunft seines Freundes.

»Mama, ich finde es so aufregend, daß Scoot und Jim nach Woodstock kommen. Aufregender als die klassische Comedy.« Und das wollte etwas heißen!

Jim und Scoot kamen mit dem Zug, begleitet von Jims Diensthund Isosceles, eine kluge Schäferhund-Labrador-Mischung, den Jim ausgebildet hatte. Jim ist *der* Pionier auf dem Gebiet: Er hat den Einsatz von Hunden, der herkömmlicherweise auf die Unterstützung von Blinden beschränkt ist, auf Behinderungen des autistischen Spektrums ausgeweitet. »Soziale Signal-Hunde«, wie er sie nennt, können autistischen Menschen helfen, die »sich oft ihrer Umgebung nicht bewußt zu sein oder Gefahren nicht zu erkennen scheinen.«[17] Hochfunktionale Leute, sagt Jim, »können die Orientierung verlieren, selbst wenn ihnen die Umgebung vertraut ist, oder können in unvertrauten Umgebungen verwirrt oder desorientiert werden.« In solchen Situationen kann ein speziell dafür ausgebildeter Hund die betreffende Person nach Hause oder zu einem anderen Ziel führen. Immer wenn ich Jim zusammen mit Isosceles sehe, ist Jim heiter und hellwach. Die subtile Kommunikation zwischen den beiden ist bewegend mitanzusehen.

Elija und ich warten auf dem Bahnsteig, als der Zug einfährt. Die Hände gegen die Ohren gepreßt, verfolgt Elija, wie die großen Räder auf den Schienen zum Stillstand kommen. Ein Schaffner erscheint, öffnet die Tür und läßt geräuschvoll die Metalltreppe herunter, damit die Passagiere aussteigen können. Isosceles springt zuerst heraus, gefolgt von Scoot.

»Scoot!« höre ich Jims Stimme streng aus dem Innern des Zuges rufen, aber der Rotschopf hat bereits Elija und mich liebevoll und wild umarmt und stürmt jetzt den Bahnsteig hinunter.

»Komm, Jim! Ein Fahrstuhl!«

»Scoot! Warte, bis ich ausgestiegen bin!«

Scoot dreht sich um und lächelt breit. »Entschuldige, Jim«, ruft er und kommt zu uns zurückgelaufen. Elija ist amüsiert von der Szene und lacht fröhlich. Ich helfe dem Schaffner, Jims Rollstuhl und sein Gepäck aus dem Zug zu laden. Dann macht Jim sich daran, die beiden großen Stufen herabzusteigen, auf seine Krücken gestützt. Als ich Jim vor fünf Jahren im Autreat kennenlernte, brauchte er noch keinen Rollstuhl, aber seine Gehbehinderung, die nichts mit seinem Autismus zu tun hat, verschlimmert sich zusehends.

»Hat sie alles?« fragt der Schaffner mich und meint Jim.

»Ja«, antworte ich und zucke innerlich zusammen über den Fauxpas des Schaffners, nicht, weil er Jims Geschlecht nicht erkannt hat (wie könnte er?), sondern weil er mich, eine nichtbehinderte Person, etwas gefragt hat, was er eigentlich Jim selbst hätte fragen sollen.

Scoot, der hört, wie der Schaffner Jim als Frau bezeichnet, ruft beschützerisch aus: »Er ist ein Junge, kein Mädchen!« Aber der Schaffner scheint es nicht zu hören. Es ist eine Komödie der Irrungen, und dabei ist Jim noch nicht einmal aus dem Zug gestiegen. Isosceles sitzt auf dem Bahnsteig und verfolgt aufmerksam jede seiner Bewegungen. Ich stelle den Klapprollstuhl auf. Er ist purpurrot, Jims Lieblingsfarbe. Dann hänge ich Jims Taschen daran, die meisten sind ebenfalls purpurrot, und ergreife Scoots Matchbeutel. Jim setzt sich erschöpft in den Rollstuhl. Seine blauen Augen schauen einen Augenblick lang voller Gefühl in meine, während er mir die Krücken reicht.

»Jeder in dem Zug weiß mittlerweile, wer Scoot ist«, sagt er mit dem trockenen Humor, den ich an Jim lieben gelernt habe. »Komm, Isosceles.« Er befestigt eine Leine an dem purpurnen Halsband des Hundes.

»Jim! Jim! Ein Fahrstuhl! Komm!« Scoot saust wieder los. Elija, der sich normalerweise nicht veranlaßt sieht, bei so etwas mitzumachen, folgt ihm auf den Fersen. Dann zieht Isosceles Jim in seinem Rollstuhl den Bahnsteig herunter und holt rasch die Jungs ein, die auf dem ganzen Weg zum Fahrstuhl, der sich am anderen Ende des Bahnsteigs befindet, neben Rollstuhl und Hund herlaufen.

Wir laden alles ins Auto und steigen ein. Es wird ziemlich eng. Isosceles, der auf dem Rücksitz neben den beiden Jungen sitzt, jault auf, als wir vom Parkplatz fahren.

»Scoot!« sagt Jim streng, als trainiere er einen jungen Hund. »Laß Isosceles in Ruhe.«

»Tut mir leid, Jim.« Scoots Entschuldigung ist ernst gemeint, obwohl er es bald vergessen und den Hund wieder am Schwanz ziehen wird, und Jim, der hingebungsvoll an seinem Schützling hängt, wird ihn wieder erinnern.

Daheim angekommen, gehen Elija und Scoot mit einem Freund von mir rodeln, während Jim und ich drinnen bleiben und uns auf dem Sofa sitzend unterhalten. Jim und ich sind gleichaltrig. Er ist in den sechziger und siebziger Jahren aufgewachsen, als Autismus noch als emotionale Störung galt.

»Seit ich in den Kindergarten kam, war ich bei irgendwelchen Psychofritzen in Behandlung«, erzählt er. Damals wurde er auf das Medikament Melleril gesetzt. »Sie haben es bei jedem ausprobiert.« Aber in Jims Fall gab es keine Indikation dafür: »Ich zeigte kein selbstdestruktives Verhalten. Ich war nicht hyperaktiv. Ich war nicht gewalttätig.«

»Was ist Melleril?« frage ich.

»Ein Mittel gegen Psychosen. Ein starkes Beruhigungsmittel. Es wird bei Menschen eingesetzt, die völlig außer Kontrolle und destruktiv sind. Wenn ich vorher zurückgezogen war, war ich danach katatonisch. Das war die Wirkung, die das Medikament auf mich hatte.« Der Punkt ist nicht, daß Jim etwa der Ansicht war, es sei richtig, diese chemischen Keulen einzusetzen, besonders bei Patienten, die ihre Zustimmung nach Aufklärung nicht geben konnten oder nicht gaben (ein verstörendes Kapitel in der Geschichte von Behinderten), sondern daß es ihm verschrieben wurde, obwohl keine einzige Indikation auf ihn zutraf. Damals war auch die Ansicht weitverbreitet, Autisten seien psychisch wie in einem Schneckenhaus gefangen. Es entstanden viele der heute noch verbreiteten Klischees über Autismus.

»Ich bekam immer diese Phrase zu hören: ›Komm aus deinem Schneckenhaus heraus‹, als ob da ein normales kleines Kind in mir drin wäre, das darauf wartete, herauskommen zu können«, erzählt Jim. »Aber je besser ich mich mitteilen konnte, desto offensichtlicher wurde eins: Das, was da drinnen war, war sehr viel sonderbarer, als irgend jemand erwartet hatte, als ich mich noch nicht mitteilen konnte.«

Jim begann erst mit zwölf Jahren zu sprechen. »Kurz gesagt, bis zu meinem zwölften Lebensjahr war die Rede davon, mich in eine Anstalt zu stecken, weil ich nicht sprechen konnte oder nicht sprach. Nachdem ich zu sprechen begonnen hatte, wollten sie mich dann wegen der Dinge, die ich sagte, in eine Anstalt stecken.«

Jim und Scoot blieben über das Wochenende, und Elijas Lebensgeister hoben sich. Er hörte auf, sich selbst zu schlagen und abwertende Dinge über sich selbst zu sagen, beispielsweise: »Ich bin dumm« oder »Ich bin wertlos.« Jim hat eine Theorie, nach der viele autistische Menschen sich in einem erbarmungslos neurotypischen Umfeld ihre Identität bewahren können, indem sie mit anderen Autisten zusammenkommen. Zudem kann es außerordentlichen Spaß machen. Ich sah das ganz deutlich an Elijas Stimmungsumschwung.

An diesem Abend saßen die Jungs mit mir am Eßtisch und aßen Pizza, während Jim in einer Ecke des Raums saß, damit er in unserer Mitte essen und trotzdem schlucken konnte. Jim bekommt Probleme mit einigen Aspekten der motorischen Planung, wenn er sich gleichzeitig unterhalten und essen soll. Die beiden Jungs kauten ihre Pizza, machten Witze, ulkten herum und lächelten einander breit an. Gelegentlich sagte Jim von seiner ruhigen Ecke aus etwas zu uns. Wir sprachen über Autismus und wie dünn gesät Autisten in einem neurotypischen Umfeld manchmal sein können.

»Die Welt da draußen ist seltsam, Jim!« rief Elija ihm plötzlich zu.

»Das brauchst du mir nicht zu erzählen, Elija.«

In dem Film *The Music Box* spielen Stan Laurel und Oliver Hardy die Betreiber eines bescheidenen Transportunternehmens, die den Auftrag bekommen, ein elektrisches Klavier zu einem vornehmen Haus zu befördern, das auf dem höchsten Punkt eines der steilen Hügel von San Francisco liegt. Erreichbar ist das Haus nur über eine lange Treppe. Die Jungs nehmen wiederholt den mühsamen Aufstieg in Angriff, schleppen und hieven das in einer Kiste verstaute Klavier die Treppe hinauf, aber immer wieder entgleitet es ihnen und poltert wieder zur Straße hinunter. Bei einem dieser Versuche begegnen die beiden Arbeiter einem feinen Herrn, der auf dem Weg nach unten ist. Der Herr trägt einen teuren Zylinder und einen schönen Anzug, und in der Hand hat er elegante weiße Handschuhe. Als er entdeckt, daß zwei Taugenichtse ihm den Weg versperren, bleibt er wie angewurzelt stehen. Er zupft ungeduldig an seinem Schnäuzer und wedelt dann wild mit seinen weißen Handschuhen. Aber die Jungs sind zu müde. Sie sehen ihn einfach nicht. Sie lehnen sich gegen die große Holzkiste und starren ins Leere.

»Also!« explodiert der Herr. »Wann werdet ihr zwei Holzköpfe endlich dieses Ding aus dem Weg räumen?!«[18] Er hat einen starken deutschen Akzent.

Oliver, der scheinbar seinen Meister gefunden hat, erwidert:»Was geht Sie das an?«

»Ich will vorbei«, sagt der Mann, ganz ungläubig, daß Oliver das Offensichtliche nicht zu erkennen vermag.

»Warum gehen Sie dann nicht darum herum!« versetzt Ollie ebenso aufgebracht.

»Was?! Herumgehen?! Ich?! Professor von Schwarzenhofel, Dr. med, A.D., Dr. dent, F.I.F., E.D. und F., soll darum herumgehen?!!!!!« Der Film wurde in den dreißiger Jahren gedreht, als ein Professor mit einem starken deutschen Akzent gleichbedeutend mit Freudscher Psychoanalyse war, aber unseren beiden Lieferanten ist sein akademischer Status egal. »Schaffen Sie mir dieses Ding aus dem Weg!!!« schreit der Professor hysterisch und bekommt einen Wutanfall, lange bevor sogar Wüterich Oliver einen Koller bekommen kann. Erhitzt und aufgebracht schlägt sich der Professor selbst den Zylinder vom Kopf, der die vielen Stufen hinunterspringt und schließlich weit unten auf der Straße landet. Ein paar Sekunden vergehen. Dann wird der Hut von einem Lastwagen plattgewalzt.

»Dafür werde ich Sie festnehmen lassen!!! Ich bringe Sie ins Gefängnis!!!« bellt der Professor, schiebt Stan und Oliver aggressiv zur Seite und stürmt den Hügel hinunter.

Elija lacht sich immer halb tot über diese Szene und will sie immer wieder sehen. Wir brauchen alle ein wenig Respektlosigkeit, um glücklich zu bleiben. Nehmen wir beispielsweise Muskies Website. Muskie ist Mitglied von ANI und Autismus-Aktivist, und auf seiner Website parodiert er die neurotypische Kultur und ihre von Abwehr und Angst geprägte Haltung gegenüber Autisten. Satirisch beschreibt er dort eine Störung, das »neurotypische Syndrom«: »Das neurotypische Störungsbild ist durch ständige Sorge um Sozialkontakte, Überlegenheitsphantasien und obsessiver Konformität gekennzeichnet. Neurotypiker gehen oft davon aus, daß ihre Welterfahrung die einzig mögliche oder die einzig richtige ist.... Tragischerweise betrifft das mehr als

9 625 von je 10 000 Personen.« Es ist ein Witz, eine Satire, und es ist erfrischend, den Spieß einmal umgedreht zu sehen, zu sehen, wie Elija seine Depression abschüttelt und es mit erneuerter Energie mit dem Gehänsel und den ständigen fehlgeschlagenen Kommunikationsversuchen in der Schule aufnehmen kann. Wer überquert hier Grenzen?

Als junger Mann war Andy Kaufman dann *in der ganzen Familie Kaufman als das ungewöhnlichste und buntschillerndste Exemplar bekannt, das je dem Genpool entsprungen war. In jeder Passachnacht beispielsweise, bei jeder Sederfeier im Familienkreis, verschwand Andy vom Tisch, rannte ums Haus herum zur Vordertür und erschien wieder, in Leinengewänder gehüllt und mit einem langen falschen Bart. Wortlos trat er ins Eßzimmer, nahm den Sitz ein, der für den hebräischen Propheten Elija bereitstand, trank von Elijas ungetrunkenem Wein und unterhielt die versammelte Verwandtschaft.*[19]

Elijas Becher ist voll. Er hat seine speziellen Interessen. Er hat seine Comedy und seine Höhen und Tiefen. Er hat seine autistischen Mentoren und seine Freunde.

»Val, kann ich ein Komiker sein, obwohl ich autistisch bin?« fragt er mich eines Abends kurz nach dem Besuch von Jim und Scoot.

Ein Freund von uns, der gerade bei uns sitzt, ein Computerspezialist, hat sofort eine Antwort für ihn parat: »Kann ich Netzspezialist sein, obwohl ich blonde Haare habe?«

»Ja«, sagt Elija.

»Kann Val Autorin sein, obwohl sie braune Augen hat?«

»Ja.«

»Na, dann kannst du auch Komiker und autistisch sein.«

Elija lächelt mutwillig bei diesem Gedanken.

»Was ist, Elija? Woran denkst du?« frage ich ihn.

»Warum ging das Huhn über die Straße?«

Kapitel 12
Das Knacken des Codes

»Ich fühle mich hier wie daheim«, sagt Elija und betrachtet schläfrig die vielen Dinge, die auf den engen Fensterbänken von Sharrons Kutter stehen. Es ist sechs Uhr morgens. Der Himmel draußen ist gemischt blau und blaßorange, wegen der Laternen, die den Bootshafen erhellen, in dem die *Sojourner* liegt. Ich bin seit Stunden wach, und neben mir liegt Elija, der in den unirdischen Himmel schaut.

»Das ist Sharrons trautes Heim, Glück allein«, sage ich, während er in der kleinen Koje, die wir uns teilen, seine langen Glieder reckt und streckt.

»Hallo, Leute. Ihr seid ja wach«, ruft Sharron aus dem dunklen Vorderteil der Kajüte, wo sie geschlafen hat, weil sie uns ihr Bett zur Verfügung gestellt hat. »Ich freue mich, daß es dir hier gefällt, Elija.«

»Ja.« Er reckt und streckt sich wieder. »Es ist... gemütlich..., Sharron«, gähnt er.

»Echt gemütlich. Du machst dich hier ja total breit!« necke ich ihn und schiebe seine ausgestreckten Arme und Beine wieder auf seine Seite des Betts hinüber.

Elija lacht, stolz auf sich, legt die Arme um meinen Hals und drückt mich.

»He, Elija!« Sharron meldet sich wieder aus der Dunkelheit heraus zu Wort. »Rat mal, was wir machen werden.«

»Was denn?«

»Wir fahren nach Disneyland!«

»Wann?!«

»Heute!«

»Cool!«

In den letzten Monaten hat Elija angefangen, umgangssprachliche Ausdrücke zu verwenden und sie bewußt in seine langsam vorgebrachten Sätze einzustreuen. »Kommt Hal auch mit?«

»Ja. Hal kommt auch mit«, erwidert Sharron.

»Gut!«

Hal, den Elija und ich von unseren jährlichen Fahrten ins Autreat kennen, ist ein sanfter Typ mit dem Asperger-Syndrom und ein guter Freund von Sharron.

»He, Leute«, unterbreche ich ihr Geplauder. »Ich muß mal. Mußt du auch, Elija?«

»Nee.«

»Gut, dann muß ich wohl alleine los.«

»Ja.«

»Nimm den Schlüssel mit«, sagt Sharron, die im Nachthemd auftaucht. »Er hängt neben dem Telefon.«

Während Sharron geschäftig Milch und Frühstücksflocken für Elija zusammensucht, erhebe ich mich von der schmalen Koje und werfe mir in der engen Kajüte die Sachen über, die ich schon gestern anhatte. Sie sind schlaff von dem langen Flug quer über das ganze Land und der schweißtreibenden Fahrt in Hals Jeep. Er hat uns vom Flughafen abgeholt.

»Weißt du, ich könnte eine Tasse Kaffee vertragen«, sage ich. »Hat hier irgendwas schon so früh offen?«

»Es gibt eine Kaffeeklappe, wo die Fischer hingehen. Hinten auf der Pier.«

»Gut. Bis gleich.«

Ermutigt durch die Aussicht auf Koffein trete ich durch die schmale Kajütentür auf das Achterschiff und in die frische Luft hinaus. Aus dem blauen Himmel ist jede Spur des orangefarbenen Lichts der Hafenlaternen verschwunden. Die ganze Szenerie erinnert mich an unsere unkonventionelle Lebensweise vor ein paar Jahren in Woodstock. Beengte Wohnverhältnisse, wenig Schlaf, spät ins Bett und satirischer Witz. Auf dem Achterdeck steht ein kleiner Grill, auf dem Sharron sich manchmal etwas zu essen macht. Ihr Kickboard und das Mountainbike sind ordentlich daneben abgestellt. Topfblumen blühen, und es gibt eine Wäscheleine. Ich setze einen Fuß fest auf den Landungssteg und schwinge dann den Rest meines Körpers von Bord. Die *Sojourner* gibt Sharron den verläßlichen Schutz, den sie brauchte, als wir uns kennenlernten. Sie hat ein paar Bilder verkauft, um den Kutter zu erwerben, dessen beide alte Maschinen nicht mehr funktionieren. Aber er schwimmt, und dank des monatlichen Sozialhilfe-Schecks, auf den sie nach ihrer Diagnose ein Anrecht hat, kann sie sich die 300 Dollar Liegegebühren leisten. Ohne die Sozialhilfe würde sie unter einer Brücke leben, hat Sharron mir einmal gesagt. Der Bootshafen ist keine romantische Mittelstandsidylle, kein schicker Jachthafen für die Reichen und Schönen. Er ist tapfer und rauh, besonders nachts, aber Sharron mit ihrer Einsiedler-Natur blüht hier auf. Ich liebe Sharron dafür, für ihr hartnäckiges Bestehen auf Unabhängigkeit und ihre schlichte Weisheit.

Der Morgenluft, die vom Ozean kommt, strömt in meine Lungen. Es ist beruhigend, über den leicht schwankenden Landungssteg zu gehen, Wasser unter sich, und an einer Reihe von Fischerkähnen vorbeizuschlendern. Ich lese die Namen der Fischerboote, lasse mir Zeit dabei, und meine Gedanken wandern zu einigen Zeilen aus »Ausfahrt«, einem Gedicht von Ingeborg Bachmann über das Zur-See-Fahren.

> *Die erste Welle der Nacht schlägt ans Ufer,*
> *die zweite erreicht schon dich.*
> *Aber wenn du scharf hinüberschaust,*
> *kannst du den Baum noch sehen,*
> *der trotzig den Arm hebt*
> *– einen hat ihm der Wind schon abgeschlagen*
> *– und du denkst: wie lange noch*
> *wird das krumme Holz den Wettern standhalten?*
> *Vom Land ist nichts mehr zu sehen.*
> *Du hättest dich mit einer Hand in die Sandbank krallen*
> *Oder mit einer Locke an die Klippen heften sollen.*[1]

Für Bachmann ist der Blick auf das zurückbleibende Ufer ein Akt des Erinnerns, des Bilanzziehens über Härten, so gut ertragen, daß sie zu einer Schönheit gemildert wurden, die man niemals zurücklassen möchte. Es tut gut, wieder in der Nähe von Sharron mit ihrem entdeckenden Geist zu sein, jetzt, wo die letzten Jahre mit ihr und Elija und der gegenwärtige Augenblick zu einem kunterbunten Durcheinander von Schönheit geworden sind.

Ich gehe weiter den geraden und engen Weg des Landungsstegs hinunter. Am Ende angekommen, schiebe ich eine schwere Metalltür auf, die klirrend wieder hinter mir ins Schloß fällt. Es ist ein vertrauter Klang, als hätte ich die Tür schon viele Male geöffnet und wieder geschlossen. Die Toiletten und Waschräume, zu denen nur die Bewohner der Hausboote einen Schlüssel haben, die in diesem Bootshafen liegen, sind ein paar Schritte weiter. Später, denke ich, als ich die Tür aufschließe, werde ich nochmal hierherkommen, um zu duschen und mir den Schweiß und das Salz von gestern abzuwaschen. Nachdem Hal und Sharron uns vom Flughafen abgeholt hatten, waren sie direkt mit uns an den Strand gefahren, wo das Meer sich so weit vor Elija auftat, daß er sich überglücklich in die großen Wellen stürzte und fröhlich zuließ, daß sie ihn hinrollten, wohin es ihnen gefiel.

In dem Gedicht fährt Bachmann fort:

> *Da ist etwas mit den Tauen geschehen,*
> *man ruft dich, und du bist froh,*
> *daß man dich braucht. Das Beste*
> *ist die Arbeit auf den Schiffen,*
> *die weithin fahren,*
> *das Tauknüpfen, das Wasserschöpfen,*
> *das Wändedichten und das Hüten der Fracht.*
> *Das Beste ist, müde zu sein und am Abend*
> *hinzufallen. Das Beste ist, am Morgen,*
> *mit dem ersten Licht, hellzuwerden,*
> *gegen den unverrückbaren Himmel zu stehen,*

der ungangbaren Wasser nicht zu achten
und das Schiff über die Wellen zu heben,
auf das immerwiederkehrende Sonnenufer zu.[2]

Es ist über sieben Jahre her, daß Elija seinen ersten epileptischen Anfall hatte und die Enthüllung des Autismus über uns
kam. Obwohl ich es damals nicht gedacht hätte, kann ich
heute bekennen: Das Beste war die harte Arbeit, die Müdigkeit, die Ausfahrt mit Elija.

Hinter den Waschräumen sind große, asphaltierte Park-
plätze, die sich bis zu der entfernten Pier hinziehen. Ich gehe
über die Asphaltfläche, halte den Blick auf den weiten Ozean
gerichtet und dränge die Fast Food-Konglomerate – die
Erbauer der leeren, sterilen Parkplatzflächen, die die Kontinuität unseres Lebens unterbrechen – an die blinde Periphe-
rie meines Sehens. Die Fläche zwischen Sharrons Bootshafen
und der Pier ist ein Niemandsland, eine massierte Werbefalle
von Denny's und Wendy's und Red Lobster. Sharrons Hafen
dagegen hat Charakter und ist lebendig. Direkt gegenüber
dem Steg, an dem ihr Boot liegt, ist eine abgetakelte Fußgängermeile, ein Gewimmel von älteren Lokalen, Imbissen und
schäbigen Kneipen, die vor dem modernen Asphalt da waren,
der von allen Seiten vordringt.

»Es ist sicher hier«, versicherte Sharron mir gestern spät-
abends, als Elija schon schlief, obwohl ich lieber nicht allein
im Dunkeln zu den Waschräumen gehen sollte. »Niemand
würde erraten, daß hier Leute leben«, fügte sie hinzu. »Alle
denken, das sind nur Fischerkähne.«

Sharron lebt in ihrem anspruchslosen Paradies. Ihr Viertel
ist ein Mikrokosmos von Leuten aus der Arbeiterklasse, die
die Imbisse betreiben, und ein paar Alkoholikern, Stamm-
gästen, die abends die Kneipen frequentieren. Sie kennt alle
und jeden, und sie wird gegrüßt, wenn sie rausgeht. Gestern
abend, nach dem Baden im Ozean, haben wir Bratfisch und
Pommes in einer der Imbißstuben gegessen, die treue *Sojourner* im Blickfeld. Die Nachtluft war mild. Wir saßen draußen,

auf stabilen Holzstühlen, und der Tisch war mit einem karierten Plastik-Tischtuch gedeckt. Sharron unterhielt sich mit der Kellnerin, während Hal und ich einen Krug Bier leerten, das schwach schmeckte, mich aber trotzdem schwindelig machte.

»Ich mag Kalifornien!« rief Elija aus. Er amüsierte sich prächtig. Sharron hatte ihren Tretroller vom Boot geladen und ihn den Landungssteg entlang bis zum Imbiß geschoben. Nach dem Essen fuhr Elija damit die Fußgängermeile herauf und hinunter. Von Zeit zu Zeit kam er an unserem Tisch vorbeigesaust, breit grinsend und hart mit dem Fuß das Pflaster tretend. Jedesmal wenn er vorbeifuhr, strahlte Sharron vor Stolz auf ihren Enkel.

»Vielleicht kommt ihr ja wieder zusammen, du und dein Freund«, sagte sie ermutigend zu mir, während wir Elijas Fahrt verfolgten. Vor einem Monat hatte ich über meine Trennung von einem Mann geklagt, der, wie ich dachte, ein Gefährte hätte werden können. Seit der Trennung von Ben hatte ich es gelegentlich mit einer neuen Beziehung versucht, aber keine hatte länger gedauert als ein Jahr. Immer entstanden irgendwann Spannungen, das war unvermeidlich. Das Leben mit einem autistischen Kind und meine beruflichen Ambitionen erlegten mir einfach zu viele Verpflichtungen auf. Da blieb wenig Zeit für einen Partner, und wahrscheinlich hatte ich während der schweren Zeit, als Elija und ich uns durch lange Tage unerbittlicher Krisen schleppten, nie wirklich damit gerechnet, einmal wieder in einer langjährigen Beziehung zu leben. Aber war jetzt nicht alles anders? Denn hier vor mir ist Elija, der auf seinen eigenen zwei Beinen durch den Hafen rollert und dann und wann stehenbleibt, um unabhängige Meinungen kundzutun: »Ich mag Kalifornien!« »Ich mag den Strand!« »Ich mag die großen Wellen. Laßt uns wieder an den rauhen Ozean fahren!« Schon saust er wieder davon, und Hal steht vom Tisch auf, um ihm zu folgen.

»Weißt du«, erzähle ich Sharron, »Ben und ich sind wieder Freunde geworden.«

»Vielleicht werdet ihr ja wieder zusammenfinden«, erwidert sie, nicht im mindesten überrascht. Sharron gelingt es immer, Dinge zu sagen, die in der Luft liegen, Dinge, die wenige wagen, laut auszusprechen.

»Es ist geradezu unheimlich«, entgegne ich.

»Was ist unheimlich?«

»Genau an dem Tag, als mein Freund und ich uns getrennt haben, hat sich auch Ben von seiner Freundin getrennt. Ich war zu ihm gefahren, um Elija abzuholen. Es war Muttertag. Ich nahm Ben zur Seite und wollte es ihm erzählen, aber bevor ich ein Wort sagen konnte, erzählte er mir von seiner Trennung. Klingt wie irgendso'ne Seifenoper, was?«

»Ja«, wiederholt Sharron, »vielleicht werdet ihr zwei wieder zusammenfinden. Vielleicht hat er sich verändert.«

»Vielleicht haben wir uns alle verändert.«

Elija kommt wieder vorbeigesaust. Hal folgt ihm lässig. Ich versinke in Gedanken an den Muttertag und wie Ben und ich uns gegenseitig unseren Verlust enthüllten, als würden wir etwas ganz anderes offenbaren. Aber was? Ganz spontan hatte ich die Arme um ihn gelegt und eine Art Eintracht in dieser Umarmung gesucht. Ben war mein Kamerad. Wir waren müde Veteranen, die das Auf und Ab unseres Lebens und das unseres Sohnes verstanden.

Was wird sein? Gibt es einen Code in dem sich ständig wandelnden Meer der Geschehnisse, der geknackt werden möchte? Alles, was ich weiß, ist, daß ich zufrieden bin, in diesem Augenblick, hier auf der Pier, von der aus ich das Meer sehen kann. In der Kaffeeklappe lachen Fischer und verspeisen ihr herzhaftes Frühstück. Ich gebe der Kellnerin einen Dollar für einen Kaffee. Sie gießt den Kaffee in einen Styroporbecher. Ich gebe ein bißchen Sahne dazu, gehe auf die Pier hinaus, lehne mich an das Geländer und schaue auf das Meer hinaus, das sich sichtbar über den Horizont hinaus zu entfernten Punkten der Erde wölbt. Dies ist ein Ort zum Erinnern und Sich-Sammeln. »Was wird sein«, fragt Ingeborg Bachmann, »wenn wir die Schönheit bestehen?«[3]

Erfrischt durch das Alleinsein, finde ich bei meiner Rückkehr Sharron und Elija vertieft in ihre jeweiligen Projekte vor. Sharron liest eine E-Mail von einem Philosophenfreund aus San Francisco, der kürzlich einen Aufsatz mit dem Titel »Eine topologische Theorie des Autismus« fertiggestellt hat.[4]

»Greg gehört zu den AUTASTICS«, erzählt Sharron mir.

»Was ist das für eine Gruppe?«

»Eine der größten Gruppen von Asperger-Leuten im ganzen Land. Sie treffen sich einmal im Monat in San Francisco. L.A. hat auch eine Ortsgruppe, genannt AGUA. Ich bin da Mitglied. Kalifornien ist spitze, Mensch! Mit den AUTASTICS und AGUA muß man rechnen!«

Elija, der es sich auf der Koje bequem gemacht hat, spielt mit einem »Little Professor«, einem Geschenk von Sharron, bei dem man aufgefordert wird, aus Buchstabensalat Worte zu bilden und sie richtig zu buchstabieren. Gelegentlich beugt sich Sharron vor, um sich seine Antworten anzuschauen.

»Gut geschrieben! Gut geschrieben!« Dann wendet sie sich wieder mir zu. »Willst du mein neues Bild sehen? Es wird die Weihnachtskarte der Autism Society of Los Angeles. Sie haben mich beauftragt, sie zu malen.«

»Klar will ich!«

»Es ist ein religiöses Motiv«, fügt sie mit leichtem Mutwillen in der Stimme hinzu. Sie holt ein Foto des Gemäldes hervor und reicht es mir. »Das Baby Jesus mit Maria und Josef.«

Die Implikationen des Bildes sind auf stille Weise radikal. Nur eingeweihte Betrachter werden wissen, das seit neuestem in der Behindertenbewegung Debatten über den neurobiologischen Zustand von Jesus geführt werden. War er ein hochfunktionaler Autist? War er manisch-depressiv? Bei Sharron ist die Heilige Familie farbig. Jesus ist ein braunhäutiges Baby mit krausem schwarzem Haar. Strahlendes, buntes Licht leuchtet um seinen Kopf, während die bewundernden

Eltern leicht besorgt dreinblicken. Sie wissen, daß sie ein ungewöhnliches Kind haben. Sie sind voller Ehrfurcht und Angst.

»Wieder ein sehr schönes Bild, Sharron. Ich mag deine sakrale Kunst.«

»Danke.«

In diesem Jahr hat Sharron als Gastrednerin an einer großen Autismus-Konferenz in Los Angeles teilgenommen. Sie saß mit auf dem Podium und sprach über ihre Lebenserfahrung, und danach bekam sie eine Urkunde, kunstvoll gedruckt mit Goldbuchstaben, überreicht.

»Alles war bestens, aber als ich diese Urkunde bekam, dachte ich: ›Oh-oh, ich bin nicht *normal*.‹ Ich wußte gar nicht, daß ich immer noch solche Vorurteile über Autismus hatte.«

Während sie über das Phänomen des internalisierten Normalismus spricht, stöhnt Elija, der auf dem Bett sitzt, auf. Er ist frustriert, weil er die Schreibweise eines Wortes nicht hinbekommt. Er wird langsam wütend.

»Du schaffst es schon«, versichert Sharron ihm und wendet sich dann wieder mir zu. »Mir gefällt Elijas langes Haar.«

»Mir auch. Er will es so haben.«

»Halten die Leute ihn manchmal für ein Mädchen?«

»Ständig. Aber er sagt, es stört ihn nicht.«

»Das ist gut.«

Elija ist jetzt ganz vertieft. Das Stirnrunzeln ist verschwunden, und muntere Geräusche dringen aus dem kleinen Kasten in seiner Hand.

»Du solltest ihm zu seinem zehnten Geburtstag einen Gameboy schenken«, rät mir Sharron. »Das würde Elija gefallen.« Sie schaut ihm über die Schulter. »Gut geschrieben!«

»Danke, Sharron«, erwidert er, auf das kleine Bildfeld fixiert.

Wir liegen alle noch ein wenig auf dem Kutter herum und warten auf Hals Ankunft.

»Ich habe Pläne für ein neues Bild«, verkündet Sharron.
»Ja?«

»Es wird ein großer Zirkus, eine große Autismuskonferenz. Unmengen von Leuten nehmen teil, und verschiedene Nummern werden geboten. Die Zirkusleute führen ihre Kunststücke für die zuschauenden Mainstream-Leute auf. So geht es nämlich auf Autismuskonferenzen zu. Die Asperger-Leute scheinen immer mehr Spaß zu haben als die Neurotypiker, die das Ganze organisiert haben!« Sharron lacht gackernd über diese Erkenntnis und fährt dann mit ihrer Bildbeschreibung fort. »Hoch über allem die Konferenzteilnehmer. Ich werde Temple Grandin malen, die auf dem Seil tanzt, ein kleines Schirmchen in der Hand. Ein Bär, ebenfalls mit einem Schirmchen in der Hand, folgt ihr. Und der kleine Puzzlekopf ist auch mit auf dem Bild.«

»Wer?«

»Du weißt doch, das Logo der Autism Society of America.«

»Ach! Das Ding!« Der kleine Puzzlekopf, wie Sharron ihn nennt, ist Gegenstand höhnischer Kritik von Autismus-Aktivisten geworden. Das Logo der ASA ist das Bild eines Kindes, dessen Kopf aus Puzzleteilen zusammengesetzt ist. In den Rundschreiben der verschiedenen ASA-Ortsgruppen, die ich im Laufe der Jahre in der Post hatte, fehlte oft ein Teil aus dem Puzzlekopf. Dieser Mensch, impliziert das Logo, ist unvollständig und rätselhaft.

»In meinem Bild wird der kleine Puzzlekopf einen Zylinder tragen! Er wird ein bißchen aussehen wie Elija.« Sharron lacht. »Ich will das Bild als Poster verkaufen, auf der großen ASA-Autismuskonferenz im nächsten Jahr. Glaubst du, sie werden wütend auf mich sein?«

Der Verband, der in den siebziger Jahren von Eltern gegründet wurde, die genug vom psychoanalytischen Dogma hatten, hat eine wichtige Funktion, aber Leute wie Sharron, Jim Sinclair und Muskie sind noch einen Schritt weitergegangen. Sie sind die authentischen Stimmen des Autismus, und deshalb müssen sie von Zeit zu Zeit selbst die ASA und deren Wertvorstellungen in Bezug auf Behinderung in Frage stellen.

»Eines Tages«, sage ich zu Sharron, »wird die ASA einen autistischen Menschen – du weißt schon, jemanden, der in Bildern denkt – den Auftrag erteilen, das Logo zu entwerfen. Das würde ich nur zu gern erleben. Und wer weiß, vielleicht wirst du dieser Jemand sein.«

Elija knackt jetzt mit Leichtigkeit den Code seines neuen Spiels und findet versteckte Wörter in dem Buchstabensalat. Dann kommt Hal und steckt den Kopf durch die Kajütentür.

»Hallo, Elija!«

»Hallo, Hal!« Elija blickt auf seinem Spiel auf. »Ist es Zeit, nach Disneyland zu fahren?«

»Genau.«

»Juppiii!« Elija wirft den Plastikkasten zur Seite, steht vom Bett auf und gesellt sich zu Hal, der draußen auf dem Achterschiff steht.

»Brauchst du deine Schuhe nicht?« höre ich Hal draußen vor der Tür fragen.

»Oh, stimmt ja... Ich Dummie!« antwortet Elija, witzelt über seine eigene Vergeßlichkeit.

Der Gipfel des Matterhorns schimmert bedeutungsvoll in der Ferne. Wir haben die grandiosen Tore von Disneyland durchschritten und sind in die Nostalgie eingetaucht. Das Matterhorn mit seinem weißen Gipfel und der seltsamen synthetischen Oberfläche, die in der heißen Sonne von Anaheim glitzert, hat plötzlich die Erinnerung an meinen Vater heraufbeschworen. Dr. T. liebte Vergnügungsparks, besonders wenn seine Nachkommenschaft ihm folgte wie sechs kleine Gänslein.

»Kommt, wir fahren noch mal mit dem Piratenschiff!« rief er mir und meinen Geschwistern zu, als wir vor über 25 Jahren Disneyland besuchten. Ich war damals ungefähr in Elijas Alter. In Vergnügungsparks war mein Vater stets im

Eilschritt unterwegs. »Da, seht ihr! Beeilt euch!« rief er und zeigte glücklich mit dem Finger: »Da ist keine Schlange!« Ich erinnerte mich an die »Piraten der Karibik«. Ich erinnerte mich an Lichtelei mit den elektrischen Leuchtkäfern, die sanft über dem ruhigen, dunklen Wasser pulsierten, bevor unsere Galeone unvermittelt in die Unterwasserhöhlen der Piraten abtauchte.

»Dein Opa Mel hat diese Fahrt geliebt«, erzähle ich Elija, als unser Schiff in die geheimen Grotten einfährt und das Lied der Piraten uns in vollkommenem Stereoklang umgibt. »Yo-ho, yo-ho, das Piratenleben!« Elija ist entzückt. Ich sah seine Lichtelei mit den Leuchtkäfern, die wir gerade passiert haben, und jetzt zieht er die Hand durch das Wasser, nimmt all die faszinierenden Dinge um uns herum in sich auf. Die mechanisierten Gliederpuppen, die reden, trinken, spielen und sich prügeln, haben einst meinen Vater mit ihrem bizarren Humor und ihren Bühnenszenen hynotisiert.

»Opa Mel ist hier. Ich habe ihn gesehen!« enthüllt Elija später, nachdem wir ausgestiegen sind. Elija nimmt mich gern auf die Schippe, wenn ich wehmütig an meinen lieben alten Papa denke.

»Ja!« Ich spiele mit. »Opa Mel ist *im Geiste* hier!« Wir stellen uns hinten in der langen Schlange vor dem Geisterhaus an. »Ich wette, er ist da drin! Im Geisterhaus!« Ich lache schaurig.

»Hat Opa Mel das Indiana Jones-Abenteuer gefallen?« will Elija wissen.

»Das gab es noch nicht, als ich mit ihm in Disneyland war.«

»Nein?! Wann warst du denn hier?«

»Vor langer Zeit, im Sommer des Jahres 1973«, antworte ich, zittrig stimmlos wie eine alte Frau. »Ich war damals ungefähr in deinem Alter, mein Junge.« Ich tätschele ihm mit zittrigen Händen den Kopf, und er gluckst vor Lachen.

»He, Elija. Willst du noch mal mit den ›Jägern des verlorenen Schatzes‹ fahren?« fragt Sharron augenzwinkernd.

»Das ist meine Lieblingsfahrt. Deshalb habe ich heute extra meinen Indiana Jones-Hut aufgesetzt.«

»Ehrlich?«

»Ehrlich.«

»Dann mal los!« Elija verläßt die Schlange, in der wir stehen, und rennt in die entgegensetzte Richtung, bis Hal, der den Plan des gesamten Vergnügungsparks klar vor Augen hat, die Sache richtigstellt.

»Da geht's lang, Elija.«

»Oh!«

Hand in Hand machen sie sich in der richtigen Richtung auf, dicht gefolgt vor mir und Sharron.

»Als ich das letzte Mal in Disneyland war«, erinnert sich Sharron ziemlich lautstark, »gab es überall nur ganz kurze Schlangen, also haben wir perseveriert. Wir sind wieder und wieder mit dem ›Jäger des verlorenen Schatzes‹ gefahren. Es war wie im Himmel.«

»Ehrlich?« Elija ist verblüfft.

»Ja, und je öfter man mitfährt, desto unempfindlicher wird man gegen den Lärm. Es ist eine Desensibilisierung. Weißt du, was das bedeutet?«

»Nein.«

»Wenn du oft genug mitfährst, mußt du dir nicht mehr die Ohren zuhalten.«

»Wirklich?« Elija glaubt das nicht so recht. Den ganzen Tag schon hat er sich die Ohren zugehalten, um die lauten Geräusche auf den Fahrten auszublenden.

Wir erreichen den Eingang zum Indiana Jones-Abenteuer und sehen, daß keine Schlange von Besuchern aus dem Haupteingang quillt. »Juuhuuu!« Wir gleiten hinein, bewegen uns frei durch die kühlen, höhlenartigen Gänge, die normalerweise mit sich langsam vorwärtsbewegenden Schlangen gelangweilter Besucher vollgestopft sind. Wir sind schnell und befreit, und die Kühle aus der Klimaanlage ist wohltuend. Irgendwann werden wir die gewaltigen unterirdischen Kammern dieser phantastischen alten Mine erreichen, und die großen Jeeps werden uns auf eine gefahrvolle Reise ins Abenteuer mitnehmen. Die Laternen an den Steinwänden flackern und greifen nach Elijas Aufmerksamkeit. Lautes Gerumpel ertönt und erstirbt wieder, als ob der schwere Fels über uns jeden Augenblick zusammenstürzen könnte. Elija bleibt wie angewurzelt stehen.

»Wartet!« ruft er, lichtelt an einer der Laternen, die Hände fest gegen die Ohren gedrückt. »Wartet!« wiederholt er. Dann, vorsichtig, immer noch gebannt in das flackernde Licht schauend, läßt er die Hände sinken. Wieder lautes Gerumpel, in der Mine wird es dunkler, die Laternen verlöschen fast und werden dann wunderbarerweise wieder heller.

»Guck, Val! Ich muß mir nicht mehr die Ohren zuhalten!«

»Ich habe es gesehen! Großartig!«

Elija reißt den Blick von der Laterne, lächelt uns glücklich an und schießt vor, geht uns voran durch gewundene, unbevölkerte Gänge. Donner grollt. Er wird lauter. Die Lautstärke steigt rapide an, als wir die Riesenkammer erreichen, wo die gigantischen Jeeps vorfahren, in die die Passagiere einsteigen können. Elija preßt die Hände auf die sensiblen Ohren und schaut uns mit gequältem Gesichtsausdruck an.

»Schon gut. Eins nach dem andern«, versichere ich ihm. Ich höre selbst die Sorge in meiner Stimme.

Er lächelt Sharron und Hal an, die hinter mich getreten sind.

»Sharron!« brüllt er durch den ohrenbetäubenden Lärm hindurch.

»Was ist?!«

»Bist du bereit?« Es klingt, als würde er den Start eines Pferderennens ansagen.

»Ja!« Sharron teilt seine Begeisterung.

»Ich will mit dir fahren!«

»Okay!«

Sie steigen auf den Vordersitz eines Jeeps, der gerade vorgefahren ist. Ein Angestellter sagt ihnen, daß sie sich anschnallen sollen, und weist Hal und mich an, uns auf die

Rücksitze zu setzen. Als mein Gurt eingerastet ist, sehe ich, daß Elija fast panisch mit seinem Gurt kämpft. Er hat die Hand von seinem rechten Ohr gelöst und versucht, den Lärm auszublenden, indem er das Ohr gegen die Schulter preßt. Der Motor des Jeeps heult auf; gleich wird er losfahren. Der Lärm ist gewaltig. Es könnte losgehen, bevor Elija sich zu seiner eigenen Sicherheit angeschnallt hat! Aber dann bedeckt er rasch das entblößte Ohr mit der Hand. Er hat es geschafft, den Gurt einrasten zu lassen. Ich tippe ihm auf die Schulter. Er dreht sich um, ein abenteuerlustiges Grinsen im Gesicht, und ich hebe ermutigend den Daumen. In Erwiderung ruft er etwas.

»Was?! Ich kann dich nicht hören!«

»ICH... MAG... KALIFORNEN!« Seine Stimme dringt durch die Kakophonie zu mir. »DAS... IST.... MEINE.... LIEBLINGS...FAHRT!« Dann nimmt Elija rasch eine Hand vom Ohr, nur eine Sekunde lang, und zeigt mir den erhobenen Daumen. Und los geht die wilde Fahrt!

Sharrons Ratschlag, Elija einen Gameboy zu seinem zehnten Geburtstag zu schenken, war wie üblich ein Volltreffer. Binnen kürzester Zeit wandte er die logischen Strukturen des Spiels auf fast jeden Aspekt seiner wachen Stunden an. Wenn Elija nicht den kleinen grünen Kasten in der Hand hielt und geschickt mit den Kontrollknöpfen die sich bewegenden Bilder auf dem Schirm manipulierte, zeichnete er Bilder, die von Spielen wie Ray Man und Dragon Dance inspiriert waren. Wieder füllte sich das Haus mit Zeichnungen, die alle irgendeinen Punkt der Action-Handlung auf einer bestimmten Spielstufe darstellten, genauso wie es auf dem Bildfeld des Gameboys erschien. Elija forderte mich auf, einen Stift in die Hand zu nehmen und meinen Weg durch die gefährlichen Landschaften zu verfolgen, die er auf dem Papier entworfen hatte – genauso wie es auf dem Bildschirm aussehen würde.

Es war ein Sommer der Gameboy-Spielstufen, Paßwörter

und spezieller Listen. Elija schrieb Seite um Seite eines dicken Ringsbuchs voll mit Titeln von Gameboy-Spielen, die er irgendwann einmal entwerfen wollte. Nach irgendeinem Titel auf der Liste gefragt, stürzte er sich nahtlos in Erklärungen der Details des künftigen Spielverlaufs. Er improvisierte phantastische Namen für alle Spielstufen und erläuterte, welches Ziel ein Spieler erreichen konnte, wenn er den Helden durch verschiedenste Fährnisse gelotst hatte.

Auf Elijas längster Titelliste standen fast tausend Einträge. Oft war er der Protagonist und Held des Spiels. Es gab »Elija in der Erde«, »Elijas Gefangenenwelt« und »Elija macht Unfug« (Version I und II) Es gab eine Komiker-Serie mit dem »Charlie Chaplin Game Pack« und den »Jim Carrey-Abenteuern«. Es gab den »Bösen Affen« und seinen Gefährten, den »Bösen Pavian«; »Knack den Code«; »Be Bossy!«; »Pinocchio rettet die Lage«; »Feast on It!«; »Underground Meany«; »Bloody Meaney«; »Sprich Französisch«; »Knuckle Sandwich«.

Manchmal lasen sich die Titel wie telegraphische Tagebucheintragungen aus einem Tag im Leben des Elija. Nachdem er beispielsweise einen Nachmittag mit einem buddhistischen Freund verbracht hatte, setzte er »Chanting Boy« auf seine lange Liste. Eines Abends lieh ich den Film *Rain Man* aus und sah ihn mir zusammen mit Elija an, und am nächsten Morgen stellte ich fest, daß er seiner Liste »Rain Boy« hinzugefügt hatte. Der Großteil seiner Gespräche, besonders während des Tages, war von Gameboy-Jargon durchsetzt. »Du fragst dich bestimmt, wie Spielstufe 2 von ›Spellbound Forest‹ ist«, war eine häufig gehörte Gesprächseröffnung, ob er nun mich ansprach oder irgend jemanden sonst, der gerade in der Nähe war.

Der Sommer verging wie im Fluge. Elijas lange Listen waren ein Beweis dafür, daß die Zeit verging. Eines Abends Ende August stolperten Ben und ich bei einem Konzert in der Stadt übereinander.

»Hallo. Wo ist Elija?« frage ich, denn heute war der Tag der Woche, an dem Elija immer bei Ben übernachtete.

»Er schläft bei meinen Eltern.«

»Bist du allein hier?«

»Ja.«

»Ich auch.«

Wir setzten uns nebeneinander, und nach dem Konzert beschlossen wir, irgendwo noch etwas zu trinken. Als wir auf der Tinker Street unter dem klaren Himmel standen und überlegten, wo wir in dem winzigen Woodstock so spät abends noch hingehen könnten, hörten wir Musik aus einem Restaurant herüberschallen.

»Laß uns da reingehen«, schlug ich vor. »Oben ist ein Club.«

Wir überquerten die Straße und betraten den Club. Er war voller junger Männer und Frauen in den Zwanzigern, die Techno hörten. Ein Stroboskop zerhackte Scheinwerferlicht, und als Ben zwei Kognakschwenker mit Grand Marnier von der Bar holte, sah es aus, als bewege er sich in einem alten Stummfilm. Wir setzten uns an den kleinen Tisch, den ich entdeckt hatte, nippten an dem Kognak und schauten zu, wie eine exzentrische junge Frau mit einem Tuch auf dem Kopf das Mikrophon ergriff und zu singen begann, kunstvoll ihre Stimme zwischen die wechselnden Elektro-Rhythmen und die eingefügten Texte von vertrauten alten Melodien plazierte. Die Tanzfläche füllte sich. Die Tänzer schwenkten ihre Arme in dem pulsierenden Licht.

»Möchtest du tanzen?« fragte Ben.

»Klar.«

Wir standen auf und gingen auf die Tanzfläche, experimentierten mit unseren Körpern zu einer Musik, die so fern unserer Erfahrung war. Ben und ich waren die Ältesten hier. Wir sprachen nicht miteinander, dafür war es zu laut. Aber ich beobachtete alles. Ich erhaschte einen Blick auf Bens Gesicht in dem Strobo-Licht, nahm die vertrauten Sorgenfalten wahr und entdeckte neue graue Strähnen über seinen

Schläfen. Als er merkte, daß ich ihn ansah, verzog sich sein Mund zu einem großzügigen Lächeln. Wir hielten den freundlichen Blickkontakt, bis ich, überwältigt von Gefühl, den Blick abwandte und wieder zu tanzen begann. Unsere Körper haben sich in jener Nacht nicht berührt, aber wir tanzten in einem intimen Raum der Erinnerung unter diesen jungen Leuten und ihrer Szene.

Vor Elijas Geburt waren Ben und ich gemeinsam um die Welt gereist. Nach der Hochzeit hatten wir ein Jahr in Tokio verbracht, eine Art wagemutige Hochzeitsreise, und waren dann durch Asien und Europa gereist. Diese Club-Szene erinnerte mich an andere fremdartige Situationen, in die wir gemeinsam geraten waren, manchmal gewollt, manchmal nicht: Striplokale in Pataia, Kabuki und Sumo-Ringen in Tokio, verlassene Tempel in Pagan und Notaufnahmen von Krankenhäusern. Das Stroboskoplicht versetzte mich in Trance. Ich fühlte mich Ben gleichzeitig nahe und sehr fern. Nach ein paar Songs setzten wir uns auf ein Sofa und sahen noch eine Weile den Tänzern zu. Dann meinte Ben, er sei müde, und wir fanden beide, es sei an der Zeit, nach Hause zu gehen. Wir standen auf, traten in die Sommerluft hinaus, umarmten einander, sagten »Gute Nacht«, »Es hat Spaß gemacht« und »Es war schön«, und gingen dann zu unseren Autos und fuhren zu unseren getrennten Wohnungen und überlegten, was da gerade eben passiert war.

»Ich liebe deine Augen! Sie sind golden wie Diamanten!« sagt Elija am Abend darauf zu mir, als ich ihn ins Bett bringe. Er redet wie ein Zigeuner, mit geheimnisvollem Akzent. »Ich liebe deine Nase! Sie ist silbern wie russische Münzen!« In diesem Sommer bekam Elija Nachhilfeunterricht im Lesen. Seine Nachhilfelehrerin hat ihm vor kurzem beigebracht, wie man Vergleiche bildet, und jetzt ist es ein Sprachspiel geworden, das er während des Zubettgeh-Rituals spielt. Er entwirft verdrehte Konstruktionen und lacht über sich selbst. »Ich liebe dein Kinn! Es ist wie... es ist wie... wie eine Pizza!«

»Mein Kinn ist wie eine Pizza? Wie anziehend!«

»Ja!« kreischt er, zufrieden mit seinen Dada-Experimenten. Dann wird es einen Augenblick still im Raum. Endlich, Elija wird schläfrig, denke ich, bis er sagt: »Du fragst dich bestimmt, wie Spielstufe 3 von ›Rocky Peaks‹ ist.«

»Ja... das frage ich mich«, entgegne ich zum zig-sten Mal.

Er stürzt sich in eine langatmige Beschreibung des Spielverlaufs und berichtet von seinen Strategien für die morgige Gameboy-Session. Er weiß, daß er pro Tag nur 45 Minuten lang spielen darf, und er überlegt sich gründlich vorher, was er in dieser Zeit alles schaffen will.

»Glaubst du, ich werde morgen Spielstufe 4 von ›Rocky Peaks‹ erreichen?«

»Ich weiß nicht, aber auch wenn du jeden Tag nur ein bißchen schaffst, wirst du irgendwann deine Ziele erreichen.«

»Ja!« seufzt er und malt sich glücklich aus, wie er zu immer höheren Spielstufen aufsteigt.

Was wird sein? Was wird werden?

»Val, ich hatte gestern nacht einen Traum«, sagt er, läßt das Gameboy-Denken sein.

»Und was hast du geträumt?« Ich liege neben ihm und spüre, wie der Schlaf mich fast übermannt.

»Ich war ein Detektiv und habe alle meine Freunde auf dem Pausenhof gerettet.«

»Du bist ein guter Junge, Elija.«

»Ich weiß. In dem Traum kamst du auch vor.«

»Ja? Was habe ich denn gemacht?«

»Du hast den Code geknackt.« Als er das sagt, zappelt Elija unter seiner Decke, als hätte ihn blitzartig eine Freude durchfahren, eine so tiefe Freude, daß er sie nicht zügeln kann. »Du hast den Code geknackt, meine Mama«, wiederholt er und klopft mir lieb auf die Schulter. Dann wendet er mir den Rücken zu und schmiegt sich mit seinem langen Leib an mich. Ich lege die Arme um ihn.

»Jetzt ist aber höchste Zeit, daß du schläfst.«

Lange Zeit ist es ganz still im Raum. Jetzt ist Elija sicher eingeschlafen, denke ich, bis ich höre, daß er leise etwas vor sich hinwispert.

»Die Räder des Busses dreh'n sich, dreh'n sich, dreh'n sich, dreh'n sich...«

»Das Lied hast du zum letzten Mal gesungen, als du noch ganz klein warst! Das war dein Lieblingslied, als du drei Jahre alt warst, erinnerst du dich?«

»Nö.« Er singt weiter. »Die Scheibenwischer machen wisch-wisch-wisch, wisch-wisch-wisch, wisch-wisch-wisch...«

Was wird sein, wenn wir die Schönheit bestehen?[5]

»Weißt du was, Val?« Elija hört unvermittelt zu singen auf. »Ich kann in die Zukunft sehen!«

»Ehrlich?«

»Ja.«

»Und was wird sein?«

»In zwei Jahren...«

»Ja?«

»Werde ich zwölf Jahre alt sein.«

Anmerkungen

Kapitel 2
Die Gabe des Verlusts

1 Ludwig Wittgenstein, *Tractatus logico-philosophicus*, Frankfurt a. M.: Suhrkamp, 1969, Nr. 5. 6
2 Ebd. Nr. 1
3 http://www.onhealth.com (Suchbegriff »Phenobarbital«)
4 Ebd.
5 Ebd.
6 Ebd.
7 Ingeborg Bachmann, *Das dreißigste Jahr. Erzählungen*, München: Piper, 1961, S. 69
8 Franz Kafka, *Das Schloß*, hrsg. von Malcolm Pasley, Frankfurt a.M.: Fischer, 1999[4], S. 27f.
9 Wittgenstein, *Tractatus logico-philosophicus*, Nr. 7

Kapitel 4
Zufällig auch Sharron Loree

1 Franz Kempf, *Everyone's Darling: Kafka and the Critics of His Short Fiction*, Columbia, S.C.: Camden House, 1994, S. 69
2 Temple Grandin, *Dr. Temple Grandin Speaks on »Visual Thinking of a Person with Autism«*, Video, Future Horizons, 1999. (Die ursprüngliche Quelle war eine unveröffentlichte Videoaufzeichnung eines Vortrags von Temple Grandin, die nicht mehr existiert. Vom Inhalt her sind beide Videos vergleichbar.)
3 Ebd.
4 Ebd.
5 Donna Williams, *Ich könnte verschwinden, wenn du mich berührst*, Dt. von Sabine Schulte, Hamburg: Hoffmann & Campe, 1992, S. 19

Kapitel 5
Nietzsche in der Badewanne

1 Friedrich Nietzsche, *Also sprach Zarathustra*, Frankfurt a. M.: insel taschenbuch 2676, 2000, S. 86
2 Ebd.
3 Ebd.

4 American Psychiatric Association, *Diagnostic and Statistical Manual of Mental Disorders*, 4. Fassung, Washington, D.C.: American Psychiatric Association, 1994, S. 70-71, 77. Deutsche Übersetzung: H.-U. Wittchen et al., Hrsg. und Übers., *Diagnostisches und Statistisches Manual psychischer Störungen*: DSM-III-R, Weinheim 1989

5 Wilhelm Griesinger, zitiert von Leo Kanner, »Historical Review of Mental Retardation: 1800-1965«, *American Journal of Mental Deficiency* 72, September 1967, S. 167

6 Leo Kanner, *Child Psychiatry*, Springfield, Ill.: Charles C. Thomas, 1948

7 Leo Kanner, »Autistic Disturbance of Affective Contact«, *Nervous Child 2*, 1943, S. 217-250

8 Edward Shorter, *Geschichte der Psychiatrie*, Dt. von Yvonne Badal, Berlin: Alexander Fest Verlag, 1999, S. 453

9 Ebd., S. 453-455

10 Lorna Wing, »Asperger's Syndrome: A Clinical Account«, *Psychological Medicine* 11, 1981, S. 115-129

11 Ami Klin, Fred R. Volkmar und Sara S. Sparrow (Hrsg.), *Asperger Syndrome*, New York: Guilford, 2000, S. 32

12 Ebd., S. 33

13 Ebd.

14 Henry Friedlander, *Der Weg zum NS-Genozid: Von der Euthanasie zur Endlösung*, Dt. von Johanna Friedman, Martin Richter und Barbara Schaden, Berlin: Berlin Verlag, 1997, S. 60

15 Zitiert aus: Victor D. Sanua, »Leo Kanner (1894-1981): The Man and the Scientist«, *Child Psychiatry and Human Development 21* (Herbst 1990), S. 9

16 Shorter, *Geschichte der Psychiatrie*, S. 255

17 Bruno Bettelheim, *Die Geburt des Selbst: erfolgreiche Therapie autistischer Kinder*, Dt. von Edwin Ortman, Frankfurt a. M.: Fischer Taschenbuch Verlag, 1987, und *Kinder brauchen Märchen*, Dt. Liselotte Mickel und Brigitte Weitbrecht, Stuttgart: Deutsche Verlagsanstalt, 1977

18 Zitiert in Sanua, »Leo Kanner«, S. 15-16

19 Kanner, zitiert in Sanua, a. a. O., S. 8

20 Uta Frith, Hrsg., *Autism and Asperger Syndrome*, Cambridge: Cambridge University Press, 1991, S. 68-69

21 Ebd., S. 70

22 Lawrence Osborne, »The Little Professor Syndrome«, *The New York Times Magazine*, 18. Juni 2000, S. 56

23 Christopher Gillberg, »Asperger-människan – en kylig särling utsatt för stora psykiska påfrestningar«, *Läkartidningen* 87, 1990, S. 2973. (Für die Autorin von Katarina Ricken ins Englische übersetzt.)

24 Ebd.

25 Frith, *Autism and Asperger Syndrome*, S. 32

26 Ebd., S. 86f
27 Shorter, *Geschichte der Psychiatrie*, S. 475
28 Klin, Volkmar und Sparrow, *Asperger Syndrome*, S. 15
29 Friedrich Nietzsche, *Die fröhliche Wissenschaft*, Stuttgart: Kröner, 1976, S. 199
30 Ebd., S. 177
31 Ebd., S. 226f
32 Ebd., S. 227
33 Ebd.

Kapitel 6
Mein Vater war ein Laberheini

1 Valerie Tekavec (Paradiž), *Peacocks and Beans*, Detroit: Ridgeway Press, 1996
2 Ami Klin, Fred R. Volkmar und Sara Sparrow, Hrsg., *Asperger Syndrome*, New York: Guildford, 2000, S. 86
3 Ebd., S. 84
4 Geoffrey Cowley, »Understanding Autism: Why More Kids and Families are Facing the Challenge of ›Mindblindness‹«, *Time Magazine*, 31. Juli 2000, S. 46-54
5 Klin, Volkmar und Sparrow, *Asperger Syndrome*, S. 84
6 Sanjida O'Connell, *Mindreading: An Investigation into How We Learn To Love and Lie*, London: Heinemann, 1997, S. 18
7 Ebd., S. 5
8 Klin, Volkmar und Sparrow, *Asperger Syndrome*, S. 161
9 John J. Ratey und Catherine Johnson, *Das Schattensyndrom: Neurobiologie und leichte Formen psychischer Störungen*, dt. von Max Looser, Stuttgart: Klett Cotta, 1999, S. 238
10 Tony Attwood, *Asperger's Syndrome: A Guide for Parents and Professionals*, Philadelphia: Jessica Kingsley Publishers, 1998, S. 142

Kapitel 7
Echolalie Spaß Spaß Spaß

1 Gertrude Stein, hrsg. von Richard Kostelanetz, mit einer Einführung von Kenneth Rexrodt, *The Yale Gertrude Stein*, New Haven, Conn.: Yale University Press, 1980, XV.
2 Temple Grandin, *Dr. Temple Grandin Speaks on »Visual Thinking of a Person with Autism«*, Video, Future Horizons, 1999.
3 Stein, *The Yale Gertrude Stein*, XVI.
4 Gertrude Stein, *Ein Geburts=Tage-Buch*, eingedeutscht von Gabriele Cenefels, Frankfurt a. M.: axel dielman-verlag, 1994
5 Grandin, *Dr. Temple Grandin Speaks.*

6 Die deutschen Begriffe stammen aus: Axel Brauns, *Buntschatten und Fledermäuse. Leben in einer anderen Welt*, Hamburg: Hoffmann & Campe, 2002 (Anm. d. Ü.)

7 Gertrude Stein, *Das Geburts=Tage-Buch*

8 Ebd.

9 Ebd.

10 Ebd.

Kapitel 8
Luftballon-Tage

1 Ilana Katz, »Was Einstein Autistic? The Einstein/Autism Meld« (Vortrag bei der National Autism Convention der Autism Society of America, 1994)

2 Dennis Overbye, *Einstein in Love: A Scientific Romance*, New York: Viking, 2000, S. 5

3 Katz, »Was Einstein Autistic?«

4 Overbye, *Einstein in Love*, S. 8

5 Ebd., S. 7

6 Ebd.

7 Ebd.

8 Katz, »Was Einstein Autistic?«

9 Overbye, *Einstein in Love*, S. 83

10 Steven Pinker, »E = mc²: His Brain Measured Up«, *New York Times*, 24. Juni 1999, A 31.

11 Temple Grandin, *Ich war die Anthropologin auf dem Mars*, dt. von Stefan Gebauer, München: Droemer Knaur, 1997

Kapitel 9
Den Zeichentrickfiguren tut nichts weh

1 Walt Disney Productions, *Pinocchio*, 1940.

2 Jim Sinclair, persönliche Mitteilung am 31. Dezember 1996

3 Louis Untermeyer, Hrsg., »Jabberwocky«, in *The Golden Treasury of Poetry*, New York: Golden Press, 1959, S. 208

4 Temple Grandin, *Dr. Temple Grandin Speaks on »Visual Thinking of a Person with Autism«*, Video, Future Horizons, 1999.

5 »Stories About Stories: Learning and Building Through Popular Media« (Vortrag beim Autreat, Autism Network International, 1999)

6 Ludwig Wittgenstein, *Tractatus logico-philosophicus*, Frankfurt a. M.: Suhrkamp, 1969, Nr. 5. 6

7 Ray Monk, *Wittgenstein: Das Handwerk des Genies*, dt. von Hans Günter Holl und Eberhard Rathgeb, Stuttgart: Klett-Cotta, 1992, S. 19

8 Ludwig Wittgenstein, *Philosophische Untersuchungen*, Frankfurt a. M.: Suhrkamp, 1969, Nr. 139

9 H. O. Mounce, *Wittgensteins Tractatus*, Chicago: University of Chicago Press, 1981, S. 3

10 M. Fitzgerald, »Did Ludwig Wittgenstein Have Asperger's Syndrome?« European Child and Adolescent Psychiatry 9 (2000), S 62.

11 Marjorie Perloff, *Wittgenstein's Ladder: Poetic Language and the Strangeness of the Ordinary*, Chicago: University of Chicago Press, 1996, S. 7-8

12 Fitzgerald, »Did Ludwig Wittgenstein Have Asperger's Syndrome?«, S. 62

13 Ebd.

14 Ebd., S. 63

15 Ebd., S. 62

16 Valerie Tekavec (Paradiž), »Art from the Realm of Uncanny Acuity«, *Woodstock Times*, 12. Mai 1994, S. 15

17 Ludwig Wittgenstein, Bemerkungen über die Farben, Werkausgabe Band 8, Frankfurt a. M.: Suhrkamp, 1994[6], 68

18 Ebd., 59

19 Ebd., 71

20 Wittgenstein, *Philosophische Untersuchungen*, 89

Kapitel 10
Leben unter Glas

1 Andy Warhol hat wahrscheinlich nie etwas vom Asperger-Syndrom gehört, weil er 1987 starb, sieben Jahre bevor es als neue Kategorie ins DSM-IV aufgenommen wurde. Obwohl Autismus-Forscher, angefangen mit Lorna Wing, seit 1981 immer engagierter auf das hochfunktionale Ende des autistischen Spektrums hinwiesen, hatte dieses Wissen noch keine größere Öffentlichkeit erreicht. Erst in den neunziger Jahren, nachdem Aspergers Studie von Uta Frith ins Englische übersetzt worden war, begann das Bewußtsein in der Öffentlichkeit zu wachsen. Das fiel mit dem dramatischen Anstieg der Zahl der Diagnosen zusammen.

2 Andy Warhol, *Die Philosophie des Andy Warhol von A bis B und zurück*, dt. von Regine Reimers, München: Droemer Knaur, 1991, S. 114

3 Ebd., S. 179

4 Kim Evans (Regisseur und Produzent), *Andy Warhol: Portrait of an Artist*, Film, RM Productions (London), 1987

5 Warhol, *Philosophie*, S. 183

6 Kynaston McShine, Hrsg., *Andy Warhol Retrospective*, New York: Museum of Modern Art, 1989, S. 460

7 Donna Williams, *Ich könnte verschwinden, wenn du mich berührst*, dt. von Sabine Schulte, Hamburg: Hoffmann & Campe, 1992, S. 22

8 Ebd., S. 21

9 Victor Bockris, *Andy Warhol*, dt. von Monika Hahn-Prölss, Düsseldorf: Claassen, 1989, S. 22

10 Ebd, S. 32

11 Warhol, *Philosophie*, S. 159
12 Bockris, *Warhol*, S. 159
13 Williams, *Ich könnte verschwinden*, S. 101
14 Evans, *Andy Warhol*
15 Warhol, *Philosophie*, S. 14
16 Ebd., S. 145
17 Ebd.
18 Bockris, *Warhol*, S. 34
19 Ebd., S. 35
20 Ebd.
21 Williams, *Ich könnte verschwinden, wenn du mich berührst*, S. 81
22 Bockris, *Warhol*, S. 58f
23 Ebd., S. 69
24 Ami Klin, Fred R. Volkmar und Sara S. Sparrow, Hrsg., *Asperger Syndrome*, New York: Guilford, 2000, S. 37
25 Bockris, *Warhol*, S. 51
26 Ebd., S. 50
27 Ebd., S. 50f.
28 Ebd., S. 56
29 Temple Grandin, *Ich war die Anthropologin auf dem Mars*, München: Droemer Knaur, 1997, S. 42
30 Williams, *Ich könnte verschwinden, wenn du mich berührst*, S. 100
31 Wendy Lawson, *Life Behind Glass*, London: Jessica Kingley Publishers, 2000
32 Warhol, *Philosophie*, S. 30
33 Ebd., S. 8
34 Grandin, *Anthropologin auf dem Mars*, S. 176
35 Bockris, *Warhol*, S. 38
36 Ebd.
37 Ebd., S. 33
38 Warhol, *Philosophie*, S. 34
39 Ebd., S. 35
40 Ebd., S. 35f.
41 Ebd., S. 178
42 Grandin, *Anthropologin auf dem Mars*, S. 181
43 Warhol, *Philosophie*, S. 150ff
44 Grandin, *Anthropologin auf dem Mars*, S. 209
45 Warhol, *Philosophie*, S. 152
46 Bockris, *Warhol*, S. 153

Kapitel 11
Pausenhof-Komiker

1 *Helpmates (Hilfreiche Hände)*, Film, Regie James Parrott, Produktion Hal Roach/Metro-Goldwyn-Mayer, 1932

2 Jim Sinclair, »Bridging the Gaps: An Inside-Out View of Autism (oder Do You Know What I Know?)« in Eric Schopler und Gary B. Mesibov, Hrsg., *High-Functioning Individuals with Autism*, New York: Plenum Press, 1992. Mein Zitat stammt aus Sinclairs Website: http://www.members.xoom.com/_XMCM/Jim Sinclair/bridging.htm, S. 9

3 Ebd., S. 9-10

4 *March of the Wooden Soldiers* (alternativer Titel: *Babes in Toyland*) Regie Charles R. Rogers und Gus Means, Film, Metro-Goldwyn-Mayer, 1934

5 Jim Sinclair, »Thoughts about Empathy«, *The Maap* (Frühjahr 1989). Mein Zitat stammt aus Sinclairs Website: http://www.members.xoom.com/_CMCM/Jim Sinclair/empathy.htm, S. 2

6 Ebd., S. 2

7 Bill Zehme, *Lost in the Funhouse: The Life and Mind of Andy Kaufman*, New York: Random House, 1999, S. 14

8 Ebd., S. 11

9 Ebd., S. 18

10 »Andy Kaufman Soundstage Show«, WTTW, Chicago 1983

11 Zehme, *Lost in the Funhouse*, S. 70

12 Ebd.

13 »Andy Kaufman Soundstage Show«

14 Zehme, *Lost in the Funhouse*, S. 26

15 Ebd.

16 Ebd., S. 49

17 Jim Sinclair, »What Do SsigDogs Do?«, http://www.members.xoom.com/_XMCM/Jim Sinclair/dogtasks.htm, S. 2

18 *The Music Box* (*Die Music-Box*), Film, Regie James Parrott, Produktion Hal Roach/Metro-Goldwyn-Mayer, 1932 das »neurotypische Syndrom«: http://www.isnt.autistics.org

19 Zehme, *Lost in the Funhouse*, S. 105

Kapitel 12

Das Knacken des Codes

1 Ingeborg Bachmann, *Sämtliche Gedichte*, München: Piper, 1998[6], S. 39

2 Ebd.

3 Ingeborg Bachmann, *Sämtliche Gedichte*, S. 43

4 Greg Yates, »A Topological Theory of Autism«, http://www.aascend.org, 2000

5 Bachmann, *Sämtliche Gedichte*, S. 43

Internetadressen

http://www.loree.org
Sharron Lorees Seite, auf der man ihre Bilder ansehen und
mehr über sie erfahren kann.

http://www.autistics.org
Von und für Menschen auf dem autistischen Spektrum, eine
der politisch fortschrittlichsten Internet-Seiten über Autismus mit Informationen, Kontakt- und Hilfsangeboten. Von
dieser Website aus kann man auch Grußkarten versenden,
die Neuro-Vielfalt und Autismus feiern.

http://www.ani.autistics.org
Internetseite des Autism Network International, einer
Selbsthilfeorganisation für autistische Menschen, die für die
Rechte von Autisten eintritt und auch Veranstalter des jährli-
chen, in Kapitel 9 dieses Buches beschriebenen Autreat ist.

http://www.amug.org/~a203/index.html
Eine Website über das Asperger-Syndrom und Autismus (mit
großartigem Bildmaterial!).

http://www.aspergersyndrome.org
Eine ganz hervorragende, von Eltern erstellte Website über
das Asperger-Syndrom.

Danksagung

Ich möchte all unseren autistischen Freunden meinen wärmsten Dank aussprechen, besonders den Mitgliedern des Autism Network International, die Elija und mich in ihre Gemeinschaft aufgenommen haben und großzügig ihr Leben mit uns teilten. Mein besonderer Dank gilt Sharron Loree, deren Freundschaft, Witz und künstlerische Sensibilität Elijas und meinem Weg eine völlig neue Richtung gab und uns in Bereiche unermeßlicher Fülle führte. Ich danke Jim Sinclair für seine elegante Intelligenz, seinen visionären Geist und seine Liebe zu meinem Sohn. Dan Asher drängte mich, mir wichtige ethische Fragen zu stellen, bevor ich mit diesem Buch begann, und Hal Messinger ist unser Reisegefährte und Disneyland-Begleiter, dem ich für den Spaß danke, den wir dabei hatten und haben. Ich schulde auch Professor Temple Grandin Dank, die während meiner Recherchen zu diesem Buch lange, hilfreiche Gespräche am Telefon mit mir führte. Und Donna Williams' Autobiographie *Ich könnte verschwinden, wenn du mich berührst* ist mir ein Leitstern gewesen.

Meine tiefempfundene Anerkennung und mein Dank gilt Jamey Wolff vom Children's Annex in Kingston und all den talentierten Erziehern und Erzieherinnen dieses wunderbaren Kindergartens, deren Betreuung Elijas Leben verändert hat. Die Autismusforscher Uta Frith, Psychologieprofessorin am MRC Cognitive Development Unit in London, Steve Safran, Professor für Sonderpädagogik am Ohio University College of Education, und Ami Klin vom Yale Child Study Center der Yale University School of Medicine, haben mir freundlicherweise ihre fachliche Unterstützung gewährt. Ich danke Professor Mark Jeffrey von der University of Alabama in Birmingham, der sich durch erste Kapitelentwürfe gekämpft und sie großzügig kommentiert hat.

Die freundlichen Angestellten der Bibliothek der New York Academy of Medicine waren außerordentlich hilfreich, als ich dort zu Hans Asperger und Leo Kanner recherchierte. Meinen besonderen Dank möchte ich Dr. Maria Asperger-Felder aussprechen, die mir großzügig biographische Informationen über ihren Vater und Schwester Viktorine Zak zur Verfügung stellte. Paul Trehin, ehrenamtlicher Generalsekretär der World Autism Organization, stellte mir freundlicherweise Material zur Geschichte des Autismus zur Verfügung, und meine schwedische Übersetzerin Katarina Ricken half mir, wichtiges Material zur Biographie von Hans Asperger ausfindig zu machen.

Aufenthaltsstipendien für Hedgebrook und die Millay Colony for the Arts, großzügig gewährt von der Concordia Foundation, ermöglichten es mir, ohne die Ablenkungen des Alltagslebens ungestört an dem Buch zu arbeiten. Ich bin meinen Freunden aus Woodstock, New York, dankbar, die mich beim Schreiben des Kapitels über Andy Warhol sehr unterstützten, und meiner Schwester Margot O'Dell bin ich zutiefst dankbar dafür, daß sie immer an meine Arbeit geglaubt und mich im Anfangsstadium des Schreibens, wo man sehr verletzlich ist, ermutigt hat.

Die brillanten, multi-talentierten Frauen aus meiner Schreibgruppe, die meine Hauptstütze und Rettungsleine als Autorin sind, haben mich vom ersten Entwurf bis zur Fertigstellung dieses Buches standhaft unterstützt und meine Arbeit mit seltener Kameradschaftlichkeit begleitet: Judy Upjohn, Jeanne DeMers, Gail Bradney, Prudence See und Lisa Philipps. Mein besonders herzlicher Dank gilt Colette Dowling, meinem ersten Schreibkumpel, meiner Verlags-Mentorin, die mir während unserer lebhaften und manchmal lautstarken Diskussionen im China-Restaurant alle Kniffe beigebracht hat. Ich bin Dennis Overbye zu Dank verpflichtet, dessen Recherchen zu seinem Buch über Albert Einstein mir eine Inspiration waren.

Ich danke Elizabeth Kaplan, die meine Agentin wurde, als

dieses Buch noch im Anfangsstadium war, und die von Anbeginn an an das Projekt glaubte. Auch meinem Lektor bei The Free Press, Philip Rappaport, der mir gleich das Gefühl gab, in seinem Verlag eine Heimat gefunden zu haben, bin ich zutiefst dankbar. Seine Einsicht beim Lektorieren, seine sensible Höflichkeit und sein aufrichtiges Interesse an meinem Projekt veranlaßten mich, mein Bestes zu geben.

Schließlich möchte ich Familienangehörigen und Freunden danken: Avis und Greg Gebert und ihren drei wunderbaren Söhnen Andrew, Nathan und Carter. Meine deutsche Familie, die Schneiders, begleiten mich bei jeder literarischen Unternehmung. Ich empfinde tiefe Dankbarkeit, daß Emma Missouri immer für uns da ist, uns liebt und uns ermutigt, zu neuen Abenteuern aufzubrechen. Ich danke meiner Mutter Corrine, einer Kinderpsychologin und Frau von Gedankentiefe und Herzlichkeit, die Elija vom Tag seiner Geburt an verstand. Ich danke meiner Großmutter Monica, mit der ich mich sehr verbunden fühle, denn beide haben wir ein Kind mit einer Behinderung großgezogen. Ich danke all meinen Toten – meinem Vater Mel, meiner Großmutter Jennie und meinem Großvater Max. Daß ich sie zur Zeit von Elijas Diagnose verlor, eröffnete mir eine Sichtweise des Autismus, die ich nie erahnt hätte. Ich danke meinem Ex-Mann, und ich bin überglücklich über unsere neugefundene Freundschaft! Ich danke seinen Eltern Grace und Jerry, die durch und durch Familie sind. Daniel, Elijas Großonkel, vermittelte mir bei unseren Frühstücken einen tiefen Einblick in die Schizophrenie und die historische Verbindung der Störung mit dem Autismus. Fannie, Elijas Urgroßmutter, ist meine Inspiration, mein Rollenvorbild, eine wahre Freundin und Ratgeberin. Schließlich bin ich meinen engsten Freunden und Kunstkumpeln dankbar, der ganzen schurkischen Bande: Bart Friedman, Anna Grace, David Chambard, Martina Dörr, Erika Laurion, Georges Jacquemart, Andrew Gebert, George Crane, Wendy Klein, Bob Berky, Bet Williams, John Hodian und Cecilia Hae-Jin Lee.

Zutiefst dankbar bin ich den Literaten, die mich beeinflußt haben, alle verstorben, aber deren Werk und Denken in mir sehr lebendig sind: Else Lasker-Schüler, Ingeborg Bachmann, Franz Kafka, Friedrich Nietzsche und Ludwig Wittgenstein.

Und schließlich sage ich: DANK DIR, ELIJA, mein kostbarer Vogel, der mir gleich ist, mein verdrehter Seelenverwandter.